VÍRGENES, ESPOSAS, AMANTES Y PUTAS

AMARNA MILLER

VÍRGENES, ESPOSAS, AMANTES Y PUTAS

mr

© Editorial Planeta, S. A., 2021
Ediciones Martínez Roca, sello editorial de Editorial Planeta, S. A.
Avda. Diagonal, 662-664, 08034 Barcelona
www.mrediciones.es
www.planetadelibros.com

Diseño de cubierta: Relajaelcoco
Imágenes de cubierta: © Relajaelcoco y Amarna Miller

ISBN: 978-84-270-4764-8
Depósito legal: B. 21.664-2020
Preimpresión: Safekat, S. L.
Impresión: Rodesa, S. A.

Índice

INTRODUCCIÓN

Así empezó todo

Oigo a mi madre volviendo del trabajo. La puerta de color verde oxidada por los años se atranca siempre en la mitad del recorrido, soltando un chirrido agudo que he aprendido a ignorar. Tengo once años y estoy haciendo la tarea, concentrada en algún ejercicio de mates que no consigo resolver. Llevo un collar elástico que simula un tatuaje, un pijama heredado de mi prima y las uñas mordidas. Soy de las más bajitas de mi clase y mi pelo cortado a tazón, justo por debajo de la oreja, hace que parezca una seta rechoncha. Un champiñón con gafas. Deseo ser especial. Tener algo que resulte interesante, una habilidad de esas que muestras en clase con orgullo, como poder tocarme la nariz con la punta de la lengua, o saltar bien a la comba. Pronto descubriré que puedo mover objetos con la mente o hipnotizar a la gente con un trabalenguas ancestral que he descifrado en un pergamino. Tal vez tenga una hermana secreta que es bruja y me enseñe a hablar con los animales. O a lo mejor descubriré que puedo comunicarme con seres de otro mundo. No he decidido todavía qué prefiero, estoy en ello. Lo que sí tengo claro es que me siento sola, e intento llenar ese hueco con peluches y mucha imaginación.

Mis intentos por encajar con el resto no están dando los frutos deseados. Mi último recurso es comprarme a escondidas la *Super Pop*; mientras hojeo las páginas de la revista intento memorizar cuáles son los cincuenta secretos infalibles para nunca perder a tu mejor amiga y las tácticas para conquistar a mi chico ideal (test de compatibilidad incluido). Empiezo a ver series en la tele, como *Malcolm in the middle* o *Yo y el mundo* para tener temas de conversación en el recreo y me hago una lista con los grupos más escuchados del momento (Ricky Martin, Jennifer López, Dido, Andrés Calamaro y Ella Baila Sola). Tengo tan analizado mi entorno que a este ritmo pronto podré sacar una tesis doctoral de cómo es el mundo preadolescente de principios de los 2000.

Todavía no sé lo que es el *bullying,* pero intuyo que hay algo en mi vida que no está bien del todo. Estoy triste la mayoría del tiempo, tengo insomnio y problemas para comer. Quiero de corazón sentir que soy una niña, pero me veo empujada a reflexionar sobre cosas que todavía no comprendo del todo. Se me exige que tenga una madurez y una fortaleza que no sé cómo gestionar. Me refugio en la idea de que según vaya pasando el tiempo todo se tranquilizará, pero la realidad es que mi vida tiene cada vez más reglas, prohibiciones y etiquetas. Se meten conmigo por llevar el pelo corto y no tener agujeros en las orejas. «Es de chicos», me gritan en el recreo. Cada año que pasa hay una nueva norma que debo aprender. Ahora resulta que no puedo entrar en el mismo baño que los niños de clase. También tengo que cubrirme cuando me cambio delante de alguien, y llevar unos pantalones cortitos debajo del uniforme porque se ha puesto de moda jugar a levantarnos la falda mientras estamos en el patio. Ya no puedo ir en braguitas por casa y me obligan a ponerme la parte de arriba del bikini cuando estamos en la playa. ¿Pero no os dais cuenta de que estoy demasiado ocupada buscando amigos? No tengo espacio mental para pensar en toda esta tontería de hacerse mayor. Me dan igual los chicos, los granos o que me salgan pelos en las piernas. Intento desesperadamente comprender este juego de dinámicas que me ha venido dado. Y aunque no entiendo nada, en el fondo intuyo que tengo que ponerme las pilas rápido porque solo me quedan un par de años antes de que me venga la regla, me crezcan las tetas y las caderas. Antes de que alguien me pregunte por primera vez si me he enrollado con alguien, o si ya «lo he hecho».

La adolescencia llega con la forma de un misil nuclear que se estrella en mitad de mi pituitaria. Repentino. Inesperado. Como una persona muy grande haciendo un esfuerzo por intentar encajar en una tienda llena de piezas delicadas de cristal, sin percatarse de que lo está rompiendo todo a su paso. Las hormonas aparecen dando un golpe de Estado en mis ovarios. Me llenan los muslos de estrías y la cara de grasa. De repente, estoy plagada de pelos huérfanos en partes del cuerpo a las que nunca antes había prestado atención. Mis fantasías infantiles pasan a un segundo plano cuando me doy cuenta de que los problemas solo se van a multiplicar. Soy un capitán al que le han cambiado de lugar todos los puertos que conoce. Navegando yo sola y sin ayuda la experiencia de crecer. Madurar. Me han dicho que esto debería ser una explosión de felicidad, nuevas emociones y evolución personal, pero, sinceramente, me siento a la deriva. Tras ser dulcemente ignorada durante años, la gente empieza a prestarme atención. Especialmente, los chicos. Pese a los intentos desesperados de ser vista como la misma chica de siempre, pasas a formar parte de otra categoría, como si un alienígena de pechos redondeados y pelo sedoso hubiese ocupado tu cuerpo hasta ahora humano para hacerse pasar por ti. Es casi como hacerse famosa. Te has convertido sin quererlo en un objeto de deseo, una tentación.

Al principio intento resistirme a la experiencia. Me miro al espejo explorando esta nueva cara, este nuevo cuerpo desconocido. En general, mi decisión es que no quiero ser adulta. Creo que no estoy preparada para dar este paso. No quiero hacerme mayor. No quiero ser mujer. Me niego a llevar sujetador, sigo peinando a mis muñecas y presto poca o ninguna atención a los niños del cole, pero casi en contra de mi voluntad me empiezo a sentir atraída por la idea de comprender mi nuevo capítulo vital.

Este laberinto es mi punto de partida y es ahí donde empieza el libro que tienes entre las manos. En el mismísimo momento en que me di cuenta de que tener dos X en mis cromosomas iba a condicionar la manera de relacionarme con el mundo y conmigo misma. Cuando la sociedad me hizo descubrir lo que significa ser una puta, una estrecha, una bollera, una víbora, una marimacho.

Una zorra. Entonces comprendí que la vida no es ese lienzo en blanco en el que pintas lo que te viene en gana, sino que estás influida por tus circunstancias culturales: qué significa la feminidad, el paradigma de la belleza o cuánto nos importa el qué dirán.

A lo largo de estas páginas voy a exponer algunas de las experiencias que las mujeres vivimos a lo largo de nuestra vida, tomando como marco de referencia mis anécdotas personales, que, por cierto, son las de una mujer que vive en Occidente. Caucásica. Cis. Con estudios superiores. Clase media. Criada en una ciudad grande. Hija única. Que calza un 37, no tiene coche y adora el helado de leche merengada. Hola, qué tal. Mi vida está llena de condicionantes que reducen mi perspectiva, y por ese motivo quiero poner por delante que mis análisis se ven limitados por las situaciones que he vivido. Generalizo siendo consciente del peligro que supone escribir en plural y hablar sobre «las experiencias de las mujeres» cuando eres una ficha más del tablero. Este libro es una recopilación de mis opiniones espolvoreada con unas cuantas historias. No es una tesis, ni un estudio, ni aspira a crear un marco teórico. Ni yo ni nadie tenemos el monopolio de las experiencias femeninas, ni del feminismo. Sí, también voy a hablar de feminismo. Y además voy a hacerlo dando por sentado que todo el mundo que me está leyendo considera que, como sociedad, tenemos que aspirar a alcanzar la equidad entre los géneros. Si opinas de otra manera, tienes todo mi permiso para regalar este libro a alguien que te caiga mal, usarlo como tope para la puerta o de calzador en la mesa de la salita de estar; hacerte un sombrero y llevarlo en las carreras de Ascot; crear una obra de arte dadaísta o dejarlo en una caja para que lo encuentren tus bisnietos. No hay ningún problema. Tampoco voy a pararme a definir conceptos básicos, ni voy a intentar convencer a nadie de por qué debería formar parte del movimiento. Y ya que estoy, aprovecho para mencionar que, aunque te consideres feminista, es posible que no estés de acuerdo conmigo en todo lo que digo. Está bien. Nuestras ideas se enriquecen escuchando y reflexionando con los otros, no intentando imponer un pensamiento único. Al escribir este libro estoy buscando cómplices, no alumnos.

Dicho sea de paso, tampoco intento llevar la razón. Mi discurso no es un monolito. A lo largo de los años ha evolucionado y estoy segura de que, con el tiempo, seguirá transformándose.

Lo que busco es abrir un espacio para el debate donde poder reflexionar sobre el vínculo que las mujeres tenemos con los diferentes ámbitos de nuestra vida: la relación que formamos con los hombres, con otras mujeres y con nosotras mismas. Cómo nos enfrentamos al sexo. De qué manera gestionamos nuestra identidad pública. Las contradicciones que desafiamos en nuestro día a día. Qué peligros afrontamos de forma estructural. Masticar todas estas ideas para contribuir a dar una perspectiva más compleja al mundo y alcanzar algún tipo de verdad. Ojo, no pretendo abarcar todas las cuestiones que afectan la vida de las mujeres, sino hablar de aquellas que he experimentado personalmente o sobre las que tengo una opinión formada.

He reflexionado mucho acerca de cómo enfocar todo esto. Cuando hablas en primera persona, es fácil que tus experiencias sean instrumentalizadas y tu discurso se vea deformado. Si a esto le sumas las complicaciones vinculadas a hablar de temas polémicos (y soy consciente de que algunas cosas de las que hablo en este libro lo son), tenemos el caldo de cultivo perfecto para la tergiversación, los malentendidos y la agresión. Por eso he decidido plasmar mis ideas desde la vulnerabilidad, con la creencia de que esta perspectiva me empodera tanto a mí como a mi discurso. Escribir sobre tu vida con sinceridad significa abrirte en canal sin saber quién se va a acercar a juzgar tus órganos. Dejas expuestas las partes más frágiles de tu anatomía: tus deseos, tus fantasías, tus temores. Como en ese juego de mesa noventero que consistía en sacar los huesos, los dientes y los riñones de un paciente enfermo. Cada capítulo es un órgano, y yo estoy quieta e inerte esperando a que nada pite mientras sale de mi cuerpo.

Aunque, lógicamente, me da miedo exponerme a este nivel, también siento que se trata de un ejercicio de confianza necesario para poder llegar a analizar las experiencias de una parte de la población que ha sido ignorada en el relato cultural durante siglos. Es necesario hablar de aquellas situaciones que hacen de nuestro paso por el mundo como mujeres algo único; compartir nuestras vivencias nos ayuda a enriquecer la base de datos del conocimiento y, sobre todo, a consolidar nuestra presencia como individuos en la sociedad.

Por muy paradójico que suene, aceptar mi fragilidad y mostrarla a través de este libro me ha empoderado, y por ese motivo he sido capaz de expresar con palabras temas complejos que he vivido en primera persona, como el maltrato o el acoso sexual. Te animo a que me leas desde esa misma vulnerabilidad, entendiendo que no quiero persuadirte para que pienses como yo. No creo que el absolutismo o las luchas dialécticas sean la manera correcta de conquistar espacios.

También he meditado sobre si debería o no hablar de trabajo sexual. Las opiniones al respecto están muy polarizadas y sacar el tema es sinónimo de meterse en un campo minado. Pero me parecía hipócrita y absurdo hacer un capítulo analizando la relación de las mujeres con su sexualidad obviando que durante una buena parte de mi vida yo misma estuve implicada en la industria del sexo. Por muy harta que esté a nivel personal de hablar sobre ello, he decidido entender este fragmento como un punto y final; una manera de resumir mis opiniones y dejar atados esos cabos que hayan podido quedar sueltos en mi discurso público. Los dos capítulos dedicados al tema son aquellos con más carga teórica, y menos anécdotas personales de todo el libro. No es casualidad. He hecho hincapié en relegar mis vivencias a un segundo plano a favor de aportar estudios y cifras que apoyen unos argumentos desconocidos por la mayor parte de la población. Es mi manera de demostrar, en un tema especialmente peliagudo, que mis ideas están basadas en datos y no únicamente en mi propia experiencia.

Cuando pienso en esa niña pequeña que no quería crecer, me doy cuenta de todas las cosas que me hubiese venido bien escuchar en aquel entonces, pero que tuve que aprender a base de caerme y volverme a levantar. Me hubiese gustado que alguien me hablase de lo que es la inteligencia emocional, la asertividad, el empoderamiento o el maltrato. Que me explicasen qué era la píldora anticonceptiva. La masturbación. El poliamor. ¿A qué edad está bien empezar a llevar maquillaje? ¿Cómo me depilo las cejas? ¿Por qué ahora dicen que me tengo que poner sujetador? ¿La regla me tiene que dar asco? ¿Es malo que me atraigan las chicas? ¿Qué es esto del feminismo? Todas estas cuestiones y unas cuantas más las respondí yo sola, tarde, y normalmente después de un buen traspié. La mayoría podían haberse resuelto con una conversación en el momento adecuado. Mi caso no es una excepción. Somos muchas las que nos hemos sentido perdidas a la hora de enfrentarnos al mundo, y otras tantas las que nos hemos hecho y seguimos haciéndonos esas mismas preguntas, muchas veces sin llegar a formularlas por vergüenza o miedo a ser juzgadas. Como mujeres estamos todavía aprendiendo a hablar, de forma torpe y sin entender del todo cómo visibilizar nuestros problemas. Esas experiencias que no nos hemos atrevido a confesar. Como la vez que un tío te siguió hasta el portal de tu casa o cuando te dijeron que no podías ir al trabajo sin maquillar.

Este libro surge con la idea de compartir todas aquellas cosas que me hubiese gustado oír unos cuantos años atrás, pero que finalmente tuve que descubrir por mi cuenta. Esos conocimientos y aprendizajes vitales que me han ayudado a descifrar el rompecabezas que significa ser mujer en la sociedad actual.

Más o menos.

Todavía estoy en ello.

CAPÍTULO 1

Miedo, culpa y soledad

El miedo al mundo

Abro la puerta de la casa eufórica y voy saltando los peldaños de las escaleras de tres en tres para reunirme con mis amigas. Llevo un conjunto de camiseta y pantalones a juego de color azul oscuro con flores amarillas y el pelo recogido a los lados de la cabeza con dos horquillas. Hoy es un día especial: es la primera vez que mis padres me dejan bajar sola a la calle. No sin antes advertirme que tengo que volver antes de la hora de la comida y mandarles un mensaje cada vez que el grupo se mueva de localización. Solo voy a ir a jugar al escondite a la plaza del pueblo, pero esto es un *big deal* en mi corta trayectoria vital. Cuando estoy en Madrid, solo puedo salir si hay algún adulto vigilándome, cosa que no sucede demasiado a menudo. El resto de mi tiempo lo paso dentro de casa.

Ahora es diferente. ¡Estoy de vacaciones! Hemos venido a un pueblecito costero para pasar los meses de verano y mis padres consideran que el número de peligros que me acechan aquí es mucho más reducido, así que puedo hacer cosas que me están vetadas en la ciudad. Yo no entiendo exactamente de qué tengo que tener miedo, pero de alguna manera soy consciente de que es mejor ir con cuidado. Me han repetido, casi como en una letanía, que tengo que evitar llevar faldas cortas o sentarme con las piernas abiertas, siempre llevar la blusa bien abotonada y no juntarme demasiado con los chicos. Si algún desconocido se me acerca, tengo que ignorarle e ir corriendo a casa.

Esto de los chicos lo he aprendido hace poco. Hace algunos meses un tipo me tocó el culo mientras andaba por la calle y, en vez de reaccionar como los superhéroes de mis cómics y pegarle la leche que se merecía, me quedé paralizada y sin saber qué hacer. Mi padre, que estaba paseando unos metros por detrás de mí, se encargó de la situación, pero desde entonces me siento culpable por no haber sabido reaccionar a tiempo. ¿Por qué no fui capaz de decirle nada?

Según me hago mayor, mis miedos empiezan a tener nombre. Pasan de ser una bruma impalpable a cobrar una forma clara: tengo miedo de que me secuestren, de que me maten. Pero, sobre todo, tengo miedo de que me violen. Que me arrinconen en una esquina para tocarme las tetas, o que un desconocido se meta conmigo en el ascensor y me baje las bragas a punta de navaja. Ya no soy esa niña que va a jugar a la plaza del pueblo, pero sigo mandando un mensaje con mi localización cuando llego a casa, esta vez a mis amigas, para que no se preocupen por mí. Apago la música si estoy en el metro de noche, pero me dejo los auriculares en las orejas para no dar pie a ninguna conversación indeseada. También me pienso dos veces el tipo de ropa que voy a llevar dependiendo de si voy a ir o no acompañada: nada de faldas por encima de la rodilla ni camisetas ombligueras si tengo que ir a un sitio yo sola.

Sin querer, todos mis referentes me han enseñado que las mujeres somos el sexo débil. Más pequeñas, más frágiles, más emocionales y, sobre todo, más vulnerables. Víctimas potenciales instruidas para tener miedo al mundo. Programadas para ser la presa, nunca el cazador. Así es como me siento: una gacela asustadiza que corre en cuanto oye el más mínimo ruido. Y si hay algo que he aprendido en los documentales de La 2 es que la historia de la gacela nunca acaba bien: o se la comen, o se pasa toda la vida huyendo. No puede defenderse. Aunque nosotras sí que podemos. Tenemos todo lo que necesitamos para aprender a contraatacar, pero no lo hacemos porque hemos sido criadas en el guion del miedo. Un condicionamiento que nos hace pensar que o bien lo que nos pasa no es para tanto, o bien somos las culpables de lo acontecido y, en cualquiera de los casos, no tenemos derecho a quejarnos.

Tampoco quiero afirmar que la única manera de protegernos es a través de la respuesta física; saber kárate a duras penas nos va a quitar el miedo que nos han inculcado. Cuando hablo de que las mujeres tenemos que aprender a defendernos, estoy también haciendo referencia a esas herramientas de gestión psicológica que nos ayudarían a salir de situaciones indeseadas. Véase: aprender a quejarnos cuando algo no nos gusta y también a verbalizar nuestras necesidades aunque esto implique incomodar a la otra persona. Y, sobre todo, comprender que la complacencia que nos han enseñado a demostrar no puede poner en peligro nuestra integridad.

Si tenemos en cuenta que la mayor parte de las violaciones son perpetradas por familiares o conocidos de las víctimas, podemos afirmar que el líquido conductor de la violencia es la sensación de pérdida de voluntad mezclada con la manipulación extrema, y no tanto la indefensión física.

Hace unos años el Ministerio del Interior español fue objeto de polémica después de publicar una guía de recomendaciones para prevenir violaciones. Todos los consejos estaban destinados a las mujeres, desde «No haga autoestop ni recoja en su coche a desconocidos» a «Eche las cortinas al anochecer para evitar las miradas indiscretas». Ponían el foco de atención en la víctima y no en el agresor. El mensaje es claro: la responsabilidad de prevenir las agresiones es cosa de ellas. Si te violan, es porque no has puesto lo suficiente de tu parte. A lo mejor se te olvidó «Sentarte cerca del conductor en un autobús poco concurrido», o tal vez no llevabas «Un silbato para ahuyentar al delincuente».

Desde pequeñas nos enseñan que, para evitar la violencia, las mujeres tenemos que estar en un constante estado de alerta, en muchas ocasiones a costa de perder una relación normal con nuestro entorno. En el momento en el que no podemos salir de casa sin estar acompañadas o llevando la ropa que nos apetezca, nuestra autonomía como individuos se ve limitada. Y aun con esas, decidimos ceder parte de nuestra independencia a favor de sentirnos seguras. Así es como se perpetúa el guion del miedo: responsabilizando a las mujeres de la violencia que se ejerce contra ellas y haciéndoles creer que no tienen poder para defenderse. Que su única posibilidad es desconfiar, y protegerse. ¿Y si hiciésemos una guía destinada a los violadores? En la web «This is not an invitation to rape me»[1] se publicaron diez consejos básicos antiviolación desde una perspectiva muy diferente a la que estamos acostumbrados (traducidos al castellano por la web «Escéptica»):

1. *No pongas drogas en las bebidas de las mujeres.*
2. *Si ves a una mujer caminando sola por la calle, déjala tranquila.*
3. *Si te detienes para ayudar a una mujer cuyo automóvil se ha averiado, recuerda no violarla.*
4. *Si estás en un ascensor y una mujer entra, no la violes.*
5. *Nunca te cueles en casa de una mujer por una ventana o puerta sin pestillo. No la asaltes en el aparcamiento, ni la violes.*
6. ¡PIDE AYUDA A TUS AMIGOS! *Si eres incapaz de abstenerte de agredir personas, pide a un amigo que te acompañe cuando estés en lugares públicos.*
7. *No lo olvides: no es sexo si lo haces con alguien dormido o inconsciente.* ¡Es VIOLACIÓN!
8. *Lleva contigo un silbato si te preocupa que puedas atacar a alguien «por accidente», puedes entregárselo a la persona con la que estés para que pida ayuda.*
9. *No lo olvides: la honestidad es la mejor política. Si tienes la intención de tener sexo más tarde con tu cita independientemente de lo que ella quiera, dile directamente que existe una gran probabilidad de que la violes. Si no comu-*

[1] «Esto no es una invitación a violarme», en castellano *(http://www.thisisnotaninvitationtorapeme.co.uk).*

nicas tus intenciones, ella podría tomarlo como una señal de que no planeas violarla e, inadvertidamente, sentirse a salvo.

10. *No violes.*

Cuando reflexionamos sobre el miedo al conflicto, es fácil caer en las comparaciones: ¡los hombres también temen la violencia! Por supuesto. Lo que pasa es que a ellos se les enseña a reaccionar, mientras que para las mujeres la indefensión es estructural. Se nos inculca desde la más tierna infancia que debemos tener miedo, y que no podemos ni debemos luchar contra nuestros agresores. Si analizamos el tema con perspectiva intentando ver más allá de los casos individuales, nos daremos cuenta de que hay un patrón muy claro: la violencia es una herramienta de autoridad que los hombres han utilizado históricamente para enarbolar su poder entre ellos y sobre nosotras.

Susan Brownmiller fue una de las primeras personas que planteó las agresiones sexuales como un problema político y no como una cuestión pasional perpetrada por individuos enfermos. En su libro *Contra nuestra voluntad: hombres, mujeres y violación,* publicado en 1975, afirmó que la coacción sexual y la amenaza de su posibilidad crean un condicionamiento cotidiano en las mujeres que limita tremendamente su independencia. Pensando que solo podemos encarnar el papel de la gacela asustadiza, dejamos de hacer muchas cosas por miedo a que puedan agredirnos. Su discurso fue revolucionario porque planteaba la violación como una declaración de superioridad de los hombres hacia las mujeres, una dinámica que tenía más que ver con los mecanismos de poder que con un acto aislado de lujuria. Esta perspectiva subvertía radicalmente la idea de que cualquier mujer podía evitar una violación si estaba alerta y tomaba las suficientes precauciones. La culpa, por primera vez, no era de la chica descuidada, sino de un sistema que enseñaba a los hombres que el sexo era un derecho al que podían acceder a la fuerza. Así, el miedo es entendido como un instrumento utilizado de forma sistémica para controlar la autodeterminación femenina.

El «guion del miedo» y la culpa

Como en el relato cultural las mujeres somos objetos de violencia que se quedan paralizados frente al conflicto, la conclusión generalizada es que necesitamos ser protegidas. Es otro resultado más del «guion del miedo», ese conjunto de enseñanzas que nos insta a temer las agresiones, principalmente sexuales, pero también de otros tipos. La posibilidad de un enfrentamiento nos aterroriza tanto a nosotras como a nuestras familias, y constriñe la manera en la que vivimos nuestra vida. Los «consejos» que les damos a las mujeres para evitar problemas son infinitos: no andes por la calle de noche, no viajes sola, lleva pantalón por debajo de la falda, llama a un taxi cuando vuelvas a casa, crúzate de acera si ves a alguien raro, finge que hablas por teléfono, llámame cuando llegues, lleva siempre las llaves en la mano…

El guion del miedo intersecciona con dos sentimientos que también acompañan a la mujer desde la infancia: la culpa y la soledad. La culpa de ser causantes, en menor o mayor medida, de nuestro sufrimiento y el de nuestros seres queridos. Y el aislamiento que soportamos como consecuencia de los intentos de protección.

La culpa es una herramienta de control social. Para establecer una relación de dominación con un individuo se le responsabiliza de cualquier suceso que le afecte negativamente tanto a él como a su entorno. De ahí que en los secuestros se amenace con matar, o dañar de alguna manera a los allegados de la persona chantajeada. Si le pasa algo a tu hijo porque tú te negaste a pagar, no podrás vivir con ello.

La religión judeocristiana es experta en instrumentalizar este sistema de culpa/castigo. Y según su tradición, las mujeres somos causantes de muchos de los males que la humanidad padece. De hecho, el premio a la primera culpable de toda la historia se lo lleva una mujer: Eva, por desafiar a Dios y tentar a Adán con la dichosa manzana. En otras versiones tenemos a Lilith, culpable de ser demasiado independiente y condenada por este motivo a convertirse en un demonio. A partir de ahí, se desata el caos en el mundo: a nosotras se nos castiga a parir con dolor y a ellos, a tener que trabajar para mantenernos. Ahí es nada. Doblete de culpas para las mujeres, responsables por una parte del pecado primigenio y, por la otra, de provocar la tentación, haciendo que aflore la maldad en los hombres. «La astucia de siglos de historia represiva consiste en convencernos de que nacemos pecadoras y nuestra existencia como tal es una infracción», afirma Liliana Mizrahi en su libro *Las mujeres y la culpa*.

Toda nuestra realidad, desde la forma en que entendemos nuestra sexualidad hasta la relación que tenemos con nuestro cuerpo o cómo interaccionamos con los otros estará marcada por el sutil velo de la culpabilidad. ¿Esto que estoy haciendo está bien? ¿Debería decir algo? ¿Tengo derecho a hacerlo? Hayamos o no crecido en un ambiente religioso, estas preguntas están inscritas en nuestro subconsciente desde la infancia como una serie de leyes y normas que marcarán cómo vivimos nuestra vida.

No podemos olvidarnos de que la identidad femenina se entiende en el imaginario popular como dulce, receptiva, dócil, complaciente, sumisa. Sin autonomía. Y como simples mensajeras de las intenciones ajenas, nuestro margen de error a la hora de acatar los roles impuestos es muy reducido. De hecho, aquella que subvierta los roles y transgreda el espacio tradicional destinado a la mujer estará incumpliendo las expectativas puestas en ella y como consecuencia se enfrentará a castigos sociales severos. Somos educadas para ser hijas responsables, madres cariñosas y parejas indulgentes. Vírgenes prudentes, esposas recelosas y amantes pasionales. Pero los roles que nos definen también constriñen nuestra identidad construyéndola en función de las necesidades y los deseos de los otros. Somos instruidas para cuidar de los demás, muchas veces por encima de nuestro propio bienestar. El resultado de semejante mezcla de papeles y tareas es que nos sentimos tremendamente responsables de la felicidad de las personas de nuestro entorno. Y cuando algo sale mal, llega la culpa. Nuestro juez interno es tan duro y llevamos tantos años sometidas al condicionamiento social que tendemos a aceptarnos a nosotras mismas solo a través de la mirada externa.

Sí, estoy afirmando que la culpa es un sentimiento mayoritariamente femenino. Por supuesto que los hombres también experimentan culpabilidad, pero en su caso suele coincidir con una falta u ofensa real, mientras que las mujeres se enfrentan a la culpa por absolutamente todo. Nos sentimos culpables de que nos violen («¿Qué tipo de ropa llevabas?»), de no disfrutar del sexo («Frígida») o de disfrutarlo demasiado («Ninfómana»), de ser prudentes («Estrecha») o promiscuas («Zorra»), de no poder tener hijos, o de no quererlos («Se te pasa el arroz»). Somos responsables si decidimos no dar de mamar a nuestro bebé, pero también si prolongamos la lactancia por encima de lo que la sociedad considera correcto. De ser maltratadas («¿Cómo no lo viste venir?»), de incorporarnos al espacio de trabajo demasiado pronto después de parir, pero también de renunciar a nuestra carrera laboral tras tener hijos. Culpables de no cumplir con los cánones impuestos, de no ser lo suficientemente buenas para nuestros propios criterios, para el mundo y para los otros. Esta problemática repetida durante años hace que la autoestima y el amor propio de las mujeres se vean dañados.

Una gran parte de este entuerto comienza en la educación. Mientras a ellos se les enseña en el *entitlement* (una suerte de autoridad que legitima cualquier cosa que la persona de marras lleve a cabo), a nosotras se nos inculcan como valores principales la responsabilidad y la desconfianza. Tiene sentido. Hasta hace muy poco tiempo las consecuencias de la «imprudencia» femenina eran muy graves, tanto para ella como para su familia. Quedarte embarazada en el momento o con la persona inadecuada podía suponer un auténtico problema, así que se crearon una serie de mecanismos sociales que minimizasen las posibilidades de que esto sucediera. El miedo a la ofensa moral («Dios no quiere que tengas un hijo fuera del matrimonio») era una de las principales herramientas que constituían este entretejido educacional. Así, el deshonor se convirtió en la consecuencia más peligrosa de los diversos riesgos a los que las mujeres se enfrentaban a lo largo de su vida: violación, embarazo no deseado, pérdida de la virginidad antes del matrimonio… Si alguna de estas amenazas se materializaba, el futuro de la chica y su propio ser quedarían malogrados. Desviados. Fuese ella o no la causante de los acontecimientos, la mujer era vista como responsable de su propia desgracia. Responsable de lo que los otros hicieran con su cuerpo.

Aunque hoy en día esta historia nos suene lejana, seguimos siendo herederos del mismo discurso. Nos repiten constantemente que seamos cuidadosas: no andes por la calle sola, no hables con desconocidos, mira hacia los lados antes de entrar al portal. Pero si en algún momento, pese a todas las precauciones, los temores cobran forma y somos víctimas de la violencia, nos seguimos enfrentando a una doble culpa: la de no haber podido prevenirla («No tuve suficiente cuidado») y la de haber quedado rota tras el suceso («A partir de ahora, nadie querrá estar conmigo»). Sí, la idea de la ofensa moral y la deshonra todavía sigue viva[2].

Sexo y culpa

Las agresiones sexuales son probablemente el arquetipo de violencia donde más se responsabiliza a la mujer y un buen ejemplo para entender la premisa de la «doble culpa». Por una parte, se acusa a la víctima de haber provocado de alguna manera la violación. «La prueba —dice Virginie Despentes en su libro *Teoría King Kong*—. Si verdaderamente hubiéramos querido que no nos violaran, habríamos preferido morir, o habríamos conseguido matarlos». Esta culpa toma muchas formas: puede que estuvieses en el lugar equivocado, que llevases ropa demasiado corta o que tu actitud no fuese lo suficientemente recatada. Como en aquel juicio a tres policías canadienses acusados de agredir sexualmente a una compañera de trabajo, donde el abogado de la defensa preguntó a la denunciante en el juicio si había llevado un «top corto

---

[2] Por cierto, ¿qué pasaría si utilizásemos estas fórmulas con los hombres con la misma insistencia que lo hacemos con las mujeres? No persigas a chicas por la calle. No intimides a las personas con las que hablas. No violes. No agredas. No toques sin consentimiento.

con las mangas abiertas» con la intención de «dirigir la atención de los hombres hacia ella»[3].

¿Te vestiste así y no querías tener sexo? ¿Estás segura? En el imaginario masculino, la mujer que hace ostentación de su sexualidad o su belleza está alardeando de un poder del que ellos carecen. El poder del sexo. Si ella quisiese, podría ceder a tu deseo, pero no quiere. Así, llevar una falda corta o actuar con coquetería se convierten desde su perspectiva en una suerte de agresión. ¿Pero cómo puede atreverse a mostrar la mercancía si después no me va a dejar tocarla? Ahí surge la confrontación.

Un buen ejemplo de esta ideología es la creciente comunidad de Incel, personas que se denominan a sí mismas como *involuntary celibates* (célibes involuntarios). Esta subcultura nacida en internet está compuesta por hombres mayoritariamente heterosexuales de entre dieciséis y treinta años[4] que desean tener relaciones sexuales, pero son incapaces de encontrar mujeres con las que llevar a cabo sus fantasías. La frustración, el resentimiento y, sobre todo, la idea de que el sexo es un derecho que les está siendo negado son el caldo de cultivo ideal para actitudes violentas y extremadamente misóginas. Los Incel piensan que las mujeres son seres frívolos y malvados que encuentran placer en rechazarlos. Aquí aparece de nuevo la idea del *entitlement* y el sexo entendido como algo legítimo que les ha sido arrebatado a los hombres. La mujer es vista como un mercader adinerado que pasea por la ciudad mientras enseña sus joyas a los pobres: «¡Mirad lo que tengo! ¡Oro, rubíes, diamantes! ¡Y vosotros no tenéis nada!». Cuando te dicen: «Si no quieres que te violen, no te pongas esa ropa», lo que quieren decir realmente es: «Si no quieres

---

[3] Dun, T., «Complainant denies defence's claim she wanted sex with Toronto officers accused of assaulting her». CBC News. Recuperado de *https://www.cbc.ca/news/canada/toronto/trial-tps-cross-examination-1.4151926* (8 de junio de 2017).

[4] Beauchamp, Z., «Our incel problem». VOX. Recuperado de *https://www.vox.com/the-highlight/2019/4/16/18287446/incel-definition-reddit* (23 de abril de 2019).

que te roben, no enseñes tus joyas. No ostentes tu poder. Y si lo haces, atente a las consecuencias». Es ahí cuando ellos intentan imponer su autoridad, mostrando su supremacía en forma de agresión. «Una chica guapa, muy joven y muy guapa, es una especie de violencia. Se la "recibe" de manera tan inmediata como una bofetada. Corta la respiración y provoca una especie de dolor. "La belleza es una promesa de felicidad", como dijo Stendhal. Los hombres saben que lo más probable es que esa promesa no se cumpla, y eso les hace sufrir», dice la escritora Nancy Houston en *Reflejos en el ojo de un hombre.* «Aun cuando la mujer guapa no suscite su deseo a propósito, suelen vivirla [...] como una provocación. Consciente o inconscientemente, pueden considerarla "culpable" de ser guapa». Tú, mujer, tienes el sexo. Pero yo tengo la fuerza, y sé cómo utilizarla. La agresión no es una consecuencia de la lujuria desenfrenada, sino un acto simbólico de poder.

Es este simbolismo, este conjunto de creencias, el que hace que los violadores nieguen sistemáticamente su delito. Cuando escuchamos sus declaraciones en los procesos judiciales, nos damos cuenta de que muchos de ellos realmente piensan que no han violado a nadie. ¿Cómo puede ser? Intentan evadir su responsabilidad indicando que la culpa es de la propia víctima. Frases como «Iba provocando», «Se estaba haciendo de rogar» o «En el fondo, le apetecía» se escuchan comúnmente en las bocas de los agresores. De alguna manera consiguen excusarse a sí mismos y a su conciencia. «No ha sido una violación, era una puta que no se asume y a la que él ha sabido convencer», dice Despentes en su libro.

Por si esto no es suficiente, también se culpabilizará a la mujer que se reponga tras una agresión sexual. Nuestros referentes nos han dicho que después de una violación la mujer queda rota, destrozada, inservible. Te lo repiten una y otra vez: tu sexualidad no va a volver a ser la misma, y los hombres que estén a tu lado se volverán locos de dolor y de celos cuando se enteren. Irónicamente, cuando la víctima no encarna este papel sufriente, se pondrá en duda su acusación. ¡Tan mal no estará, si puede continuar con su vida! ¿Tal vez, de alguna manera, lo deseaba? En un caso polémico del año 2016, la víctima fue investigada por un detective privado contratado por sus agresores con la intención de desestimar su testimonio. Sorprendentemente, el juez aceptó como pruebas el informe del detective en el que se ve que la chica «ha continuado con su vida [...]: se ha ido de viaje, ha salido con sus amigas y, en definitiva, ha comenzado a rehacer su rutina». Como si no tuviese el derecho a llevar una vida normal después de ser agredida[5].

Sabemos que abordar las agresiones sexuales como un evento que marcará irremediablemente la vida de la mujer hasta el fin de sus días («Una de las peores cosas que te pueden pasar en la vida») fija a quien la sufre en el trauma, pero a la vez nos esforzamos mucho en culpabilizar a aquellas que saben recuperarse. Con semejante perspectiva, nuestra única salida ha sido no hablar de ello. Tal vez poniéndole otros nombres («Se pasó un poco de la raya»). O incluso justificando la agresión («Yo le incité»). Siempre evadiendo la palabra, esa que tanto nos quema la boca: «Me violó». Es una manera de exonerar al agresor, restarle peso a la violencia sufrida e intentar continuar con tu vida como si no hubiese pasado nada. El secreto, la omisión..., todos sanos herederos de la culpa. El silencio nos hace daño, pero si las víctimas deciden callar es por miedo a tener que librar una nueva batalla, esta vez contra la sospecha y el estigma.

Nuestro cuerpo es objeto de deseo y, al mismo tiempo, objeto de culpabilidad. Somos las causantes de que los hombres no puedan reprimir su lujuria y por eso también somos responsables de que nos agredan. De nuevo, la idea de la mujer como una tentación incontrolable. Sin ir más lejos, la mitología clásica está plagada de violaciones «provocadas» por la belleza de las mujeres. La figura de Zeus es famosa por consumar numerosos «raptos» dis-

---

[5] Martínez, J. y Torresi, G., «Llevar una vida normal no demuestra que no haya habido violación». *La Vanguardia.* Recuperado de *https://www.lavanguardia.com/sucesos/20171116/432922525856/la-manada-sanfermines-vida-normal-psicologia-violacion.html* (16 de noviembre de 2017).

frazado de animal. Algunos de los más famosos son el de Leda, en el que el dios se transforma en cisne y se «posa» sobre ella, dejándola embarazada, y el de Europa, donde Zeus encarna a un toro blanco que la secuestra para llevarla a Creta. Por si esto fuese poco, la víctima también tenía altas posibilidades de sufrir la venganza de Hera, la celosa esposa del dios. Leto es condenada a parir durante nueve días en una isla desierta e Ío es convertida en un buey castigado a correr por medio mundo perseguido por un tábano. Son mitos, por supuesto, pero estas leyendas conforman nuestra sabiduría popular y moldean nuestro subconsciente en la llamada «cultura de la violación»: la normalización y romantización de las violaciones como un hecho cotidiano. Te enseñan que no solo no puedes hacer nada ante la agresión, sino que sufrirás doblemente: a manos del hombre que no puede controlar su deseo y de la mujer que te ve como una competencia que intenta arrebatarle lo que es suyo. Y es que parece que el varón cae en la tentación obedeciendo a una norma natural que no es efectiva en las mujeres. Se nos ha enseñado que los hombres que se encuentran en presencia de una mujer hermosa son poseídos por una inevitabilidad biológica, un hechizo que nubla sus sentidos y su entendimiento. No pueden remediarlo. Mientras nosotras tenemos el poder de controlar la excitación y el deseo, a ellos les posee, incapaces de someter su sexo.

El mensaje que nos han inculcado desde que somos pequeñas es que, si damos a entender a un hombre que estamos de alguna manera interesadas en él, ya sea con una caricia, dejando que pase su mano por tu cintura o bailando arrimados, tenemos que hacernos responsables de todo lo que pase después. Si cedes a su deseo, eres una zorra, pero si no lo haces, te conviertes en una calientapollas. En cualquier caso, eres responsable de que él no pueda reprimirse. La mujer tiene tres opciones: entregarse dócilmente al deseo masculino, esconderse de él o no entregarse y sufrir el castigo.

La identidad de la mujer se vuelve borrosa mientras intenta navegar ese laberinto donde la culpa se vincula de forma estrecha con su sexualidad. Nuestro placer queda relegado a un segundo plano, demasiado enfocadas en complacer al otro como para preocuparnos por nosotras mismas. Es aquí donde el consentimiento se vuelve terreno pantanoso (nos sentimos responsables de «interrumpir el momento» aunque no nos apetezca continuar) y comienzan los malentendidos. Porque para disfrutar del sexo en su totalidad, primero tenemos que deshacernos de la culpa que nos atormenta cuando lo practicamos. Y esa culpa sexual comienza con nuestros propios cuerpos. Se nos educa para entender nuestra imagen y nuestros procesos biológicos como si fuesen el enemigo. Culpables de crecer y que nos salga pecho, causantes sin quererlo de despertar el deseo ajeno. La menstruación, cuando llega, nos provoca asco y culpa a partes iguales. También nuestro vello, creciendo fuerte y oscuro en las axilas, las piernas y las ingles. Culpables de estar gordas, o demasiado delgadas. Responsables de no alcanzar los ideales de belleza que nos reclaman y de tener que cuadrar en una serie de patrones estrictos que se nos han impuesto socialmente.

Ya tengo trece años, pero siguen sin dejarme salir sola a la calle. El único trayecto que puedo hacer por mi cuenta es de casa al colegio. Mis padres me hacen prometer que iré por las calles más concurridas, aunque eso suponga dar un buen rodeo. Aunque sigo todas sus indicaciones, hace un par de meses un hombre de unos cuarenta años se pegó mucho a mí en el metro y empezó a acariciarme suavemente la mano. Llevaba traje, corbata y un maletín en la mano. Parecía un ejecutivo. Yo miré hacia otro lado, fingiendo que no me daba cuenta. Paralizada. Sin saber qué hacer. Estoy segura de que alguien más en el vagón tuvo que ver lo que pasaba, pero nadie dijo nada ni se enfrentó a él. Cuando llegué a casa, me lavé muy fuerte la zona donde había posado sus dedos. Sucia, me siento sucia. No les dije nada a mis padres por miedo a que se enfadaran conmigo.

Los niños de mi clase han decidido aficionarse a desabrocharnos el sujetador por encima de la camiseta del uniforme y hasta han creado una competición interna en la que adjudican puntos dependiendo de la dificultad de la tarea. Un punto si la chica en cuestión tiene el pecho grande. Dos puntos si lo hacen mientras estamos en clase. Tres puntos si lo abren a la primera. Si te cuesta más de tres intentos, no cuenta. Cuando me enfrento a uno de ellos, me contesta que no intentaría desabrochármelo si no se me intuyesen las tetas a través de la ropa.

Nuestro cuerpo, nuestro sexo, nuestra identidad existe únicamente para ser vivida, consumida y utilizada por los otros. Si a esto le sumamos que la sexualidad femenina sigue siendo una gran desconocida, el resultado es un saco de problemas que van sumando más y más lastre a nuestra trayectoria vital. La desinformación y la falta de educación hace que no acabemos de comprender del todo cómo funciona nuestro deseo. ¿Debería correrme con la penetración? ¿Me tiene que gustar el sexo anal? ¿Tengo que llegar siempre al orgasmo? ¿Qué es esto del *squirting?* Por cada pregunta, una nueva culpa. «La culpa unida al sexo [...] crea un arma de destrucción masiva en nuestra identidad, nuestros cuerpos y nuestra autoestima», afirma Liliana Mizrahi. «Nos quieren putas, pero estrechas, exuberantes pero discretas, liberadas pero en la medida que ellos quieran, delgadas de pecho grande y culo respingón. Nos exigen lo imposible, su idea de perfección, lo que crea en nosotras frustración, que se traduce de nuevo en culpa. La pescadilla que se muerde la cola. La espiral misógina».

Merecedoras de nuestros problemas

Por supuesto, la culpa no sería un instrumento de sometimiento tan efectivo si las mujeres no la tuviésemos intrínsecamente naturalizada. Ni siquiera reflexionamos sobre ello. Aceptamos con facilidad la responsabilidad que recae sobre nosotras, justificando con motivos personales e incluso biológicos que estamos hechas para complacer a los otros. «Disfruto a través de tu deseo», «Soy feliz cuando tú eres feliz». Desarrollamos un retorcido síndrome de Estocolmo hacia la culpabilidad. Nos sentimos bien de sentirnos culpables porque es lo único que conocemos, convirtiendo esas responsabilidades inculcadas en un veneno que nos consume y nos alimenta a partes iguales. A los veintitrés años y tras una ruptura, escribí un poema:

Yo soy aquella,
la que en tu quilla canta,
la que en tu quilla calla y canta
y quiebra corazones
y cuenta quimeras
y cuaja tu cabeza de quejidos.
La que carece de cuerpo
y cubre tu cabeza de crujidos.
La que conoce el camino de tu carne.
Yo soy aquella,
la culpable.

Cuando la culpa forma parte de nuestra identidad, es muy complejo comprender dónde acaba la construcción y empieza el individuo. ¿Cómo es posible distinguir esa línea? Si estás acostumbrada a darlo todo por los otros, ese estado se convierte en tu zona de confort, y hacer cosas únicamente «para ti» es la excepción. Desdobladas entre lo que somos y lo que aspiramos a ser, intentando navegar las aguas turbulentas de una sociedad que nos alaba como libres, autónomas y empoderadas, pero solo dentro de los límites estipulados. Si rompes con las normas, mereces el castigo. Y así, sin quererlo, elaboramos un sistema de excusas que nos hace regodearnos legítimamente en nuestro propio sacrificio. Es el «no debo», «no puedo», «no lo conseguiré», «no soy lo suficientemente guapa», «no soy lo suficientemente lista», «no soy lo suficientemente buena», «no es el momento»... Los supuestos deberes para con nuestro entorno nos mantienen alejadas de nuestros verdaderos deseos. La culpa nos impide comunicarnos con ellos, entenderlos y expresarlos. Y así perpetuamos un continuo en el que acabamos cumpliendo las profecías de desgracia. No hacemos lo que queremos y somos infelices. La tristeza reafirma la culpa en un círculo vicioso que nos hace merecedoras de todo lo que nos pase. Quiero trabajar en otro país, pero no puedo dejar solos a mis padres, así que tengo dos opciones: o me quedo con ellos sintiéndome culpable de dejar mi vida pasar, o me voy sintiéndome culpable de abandonarlos. Quiero un ascenso, pero siento que no soy lo suficientemente buena para que me lo concedan, así que no lo pido y no me lo dan. Me siento culpable de no enfrentarme a mi jefe y culpable de mantener una situación que no me hace feliz. Haga lo que haga, no hay salida. Angustia. Frustración. Autocompasión.

Aislamiento y soledad

El aislamiento es la otra gran variable que intersecciona con los sentimientos de miedo y culpabilidad. Son las aristas de un triángulo que compone la identidad femenina. No hablo de la soledad elegida, por supuesto, sino de aquella que aparece como consecuencia de los intentos de protección de nuestras figuras de autoridad. Recordemos que desde la infancia se nos inculca que la mujer es un ser vulnerable. De hecho, es interesante analizar cómo se apoya a las niñas a participar en juegos que no impliquen contacto físico, ya sea por temor a que sufran tocamientos fuera de lugar o a que se ponga en peligro su integridad física, comprendida como más frágil. Mientras que ellos son animados a formar parte de juegos de equipo o de contacto, como el baloncesto, el fútbol, o las artes marciales, a ellas se las incita a saltar a la comba, hacer danza o gimnasia rítmica. Para protegerlas, se las aísla.

Otro ejemplo, esta vez literario. En *Don Quijote de la Mancha* Cervantes narra el cuento de la pastora Marcela, que ha tenido que aislarse de la sociedad e irse a vivir al campo por ser demasiado hermosa. De nuevo, la idea de la mujer que huye para evitar la violencia. «Hízome el cielo, según vosotros decís, hermosa, y de tal manera que, sin ser poderosos a otra cosa, a que me améis os mueve mi hermosura; y, por el amor que me mostráis, decís, y aun queréis, que esté yo obligada a amaros», dice ella. «Cuanto más, que habéis de considerar que yo no escogí la hermosura que tengo; que, tal cual es, el cielo me la dio de gracia, sin yo pedilla ni escogella. Y, así como la víbora no merece ser culpada por la ponzoña que tiene, puesto que con ella mata, por habérsela dado naturaleza, tampoco yo merezco ser reprehendida por ser hermosa [...]. Yo nací libre, y para poder vivir libre escogí la soledad de los campos». La belleza de Marcela es un veneno que consume a los hombres de su entorno. La aprecian por su atractivo, esperando además que ella también les quiera («por el amor que me mostráis, decís, y aun queréis, que esté yo obligada a amaros») por el simple hecho de perseguirla. Presionada y culpabilizada por aquello que «el cielo le dio en gracia», su única opción es aislarse en el campo, huyendo de la mirada de los hombres. Marcela se exilia para poder ser libre.

Recuerdo un día en el que, intentando explicarle a un hombre de mediana edad en qué consistía el feminismo, me confesó que, cuando él era joven solía salir por ahí de fiesta con sus amigos mientras sus hermanas se quedaban en el piso haciendo las tareas del hogar, bordando y cocinando. Su manera de naturalizar esta reclusión era afirmar que, quedándose en casa, se aseguraban de que «no les pasaría nada malo». Ya no nos quedamos bordando, pero seguimos aislándonos consciente e inconscientemente para evitar las agresiones. Aún hoy en día la primera pregunta que me hacen cuando digo que viajo por el mundo es «¿Tú sola?, ¿no tienes miedo a que te pase algo?».

El veredicto social es claro: mejor en casa, recluida pero sin violencia, que en la calle temiendo la posibilidad de un ataque. Si aún y con esas la mujer decide adentrarse en el espacio público, nos han enseñado que solo estará verdaderamente a salvo acompañada de un hombre. Este ente masculino puede tomar la forma de su hermano, su padre o su pareja. Tal vez es ese amigo que la acompaña a casa después de salir de fiesta. La presencia del hombre tiene capacidades disuasorias, tanto tangibles (fortaleza física) como simbólicas (es poco probable que otro hombre ataque a una mujer que ya está «cogida»). Si no hay ningún hombre que pueda ir con ella, se les pedirá a otras mujeres que la escolten.

Siempre en grupo, nunca sola. De nuevo, se enfrenta a una dualidad: o conformarse con el aislamiento doméstico o resignarse a la compañía forzada mientras es custodiada en el espacio público.

Pero ¿no se contraponen el sentimiento de soledad y la imposición de compañía? Si la mujer ha de estar acompañada en el espacio público, ¿cómo puede sentirse aislada? Aunque *a priori* pueda parecer una contradicción, en realidad esta custodia es otra forma de reclusión, ya que limita la interactuación normal de la mujer con su entorno. Separadas de nuestro contexto por el guion del miedo, comprendemos subconscientemente el mundo en el que vivimos como inasequible. Es entonces cuando aparecen los sentimientos de marginación y exclusión. Como si todo nuestro mundo estuviese creado para ser vivido y disfrutado por los otros. En semejante torbellino, la identidad de la mujer se ve afectada y en más de una ocasión queda supeditada a la del hombre que la acompaña. Quedamos relegadas a ser las «esposas de», «novias de», «hijas de»... Dice Virginia Woolf en su libro *Una habitación propia:* «Traté de recordar entre todas mis lecturas algún caso en que dos mujeres hubieran sido presentadas como amigas [...]. De vez en cuando hay madres e hijas. Pero casi sin excepción se describe a la mujer desde el punto de vista de su relación con los hombres».

Hechas para los otros

En 1991 la escritora Katha Pollitt decidió denominar este fenómeno como el «principio de la Pitufina» dentro de su artículo «Hers; The Smurfette Principle»[6]. En el texto, Pollitt describe cómo la gran mayoría de series infantiles tienden a estar protagonizadas por grupos de amigos masculinos, entre los que se incluye a una única chica: la Pitufina. Este personaje femenino se representa de forma estereotipada: Abril en *Las Tortugas Ninja,* Sue

---

[6] *https://www.nytimes.com/1991/04/07/magazine/hers-the-smurfette-principle.html?pagewanted=all&src=pm.*

Storm en *Los Cuatro Fantásticos,* Shizuka en *Doraemon,* Elaine Beenes en *Seinfeld,* la princesa Leia (y más tarde, Amidala) en *Star Wars,* Penny en el reparto original de *The Bing Bang Theory*... «En los peores dibujos animados, la chica cumple normalmente el estereotipo de "hermana pequeña", un conejito vestido con un vestido rosa y lazos en el pelo que se lleva bien con los osos y tejones, más aventureros. Pero el principio de Pitufina también se ve en los *shows* más cuidados», dice Pollitt en su artículo «El mensaje es claro. Los chicos son la norma, las chicas, la excepción; los niños son centrales, las niñas, periféricas; los chicos definen el grupo, su historia y su código de valores. Las chicas existen solo en relación con los niños».

Interiorizamos hasta tal punto la necesidad de la presencia masculina que en muchas ocasiones nos apresuramos a buscar pareja («conformándonos» con cualquiera) o nos morimos de miedo ante la idea de que esta nos abandone. De hecho, el miedo femenino a la soledad es en parte consecuencia de todos los mitos del amor romántico que vivimos desde pequeñas. Al fin y al cabo, en el imaginario colectivo una de las peores cosas que le puede pasar a una mujer es no encontrar el amor. La mujer madura y soltera produce recelo (¿qué tendrá, que no ha conseguido a nadie que la quiera?), mientras que el hombre soltero de su misma edad encarna el adalid de la libertad (¡qué suerte, puede hacer lo que le apetezca!). «El miedo a la soledad es uno de los principales impedimentos para la libertad. Para las mujeres las palabras "soledad", "estar sola", "quedarse sola", son palabras aterradoras, paralizantes», leo en el libro *La mujer y la soledad.* Hablaré de estos mitos en profundidad dentro del capítulo «Todo lo que necesitas es amor».

El sentimiento de culpabilidad que ya he analizado antes también tiene un papel primordial en el aislamiento femenino. Como pensamos que somos las causantes de las desgracias que nos pasan, no compartimos nuestros problemas. Y al silenciar nuestras vivencias y nuestros temores, llega la soledad, multiplicada cuando la situación en la que nos encontramos cuestiona de una manera o de otra las reglas sociales: solas en el aborto, solas en el trabajo sexual, solas en las violaciones y en el maltrato. Como nos sentimos culpables, verbalizamos estas cuestiones casi como si fuesen una confesión. La declaración de que hay algo que pensamos que hemos hecho mal. Tenemos miedo de ser juzgadas por nuestros actos («¿Por qué no abandonaste antes a tu maltratador?», «¿Por qué saliste de casa a esa hora de la noche? », «¿Por qué no tuviste más cuidado?»), de ser avergonzadas y humilladas por no haber sabido hacerlo mejor. No queremos pasar por semejante suplicio, así que callamos. Durante siglos hemos callado.

Gracias al feminismo hemos podido empezar a compartir, primero desde el anonimato y después con nombres y apellidos, esas cosas que como mujeres nos atormentan. El acoso callejero, el temor a las agresiones sexuales, las herramientas para poder salir de una relación abusiva, el miedo a los embarazos no deseados... Y, personalmente, no creo que sea casualidad que el desarrollo de esta nueva ola del feminismo que estamos viviendo y la aparición de las redes sociales hayan ido a la par. Las redes han dado una posibilidad increíble a las mujeres de compartir cada vez más alto y más claro todas aquellas situaciones en las que pensaban que estaban solas. El movimiento #MeToo (*hashtag* creado a finales del 2017 con la intención de denunciar las agresiones y el acoso sexual que las mujeres sufren durante toda su vida y que se viralizó a raíz de las acusaciones de abuso sexual contra el productor de cine Harvey Weinstein) es un ejemplo perfecto de esta nueva alianza femenina. Y es que la idea de una unión femenina era imposible hasta hace bien poco. Si la mujer solo está segura o bien en el seno familiar —cumpliendo la función de esposa, novia, hija, hermana o madre—, o bien en el espacio público acompañada de otros hombres, le será muy complicado encontrar amigas con las que compartir sus problemas.

A esto hay que sumarle el mito extremadamente extendido de la rivalidad femenina. Para descubrir su origen, tenemos que remontarnos algunos años atrás, cuando el hombre ejercía el papel de cabeza de familia mientras nosotras nos quedábamos en casa cuidando de los hijos. En este contexto, el éxito de la mujer era medido por la calidad del marido con el que se casaba, así que encontrar «un buen partido» que la quisiese y la mantuviese era una de las pocas variables a través de las cuales la mujer podía medir sus logros. Como no teníamos acceso al poder real, nos conformábamos con tener estatus social. Incluso hoy en día, cuando este paradigma no es tan acuciante como antes, sigue habiendo una tendencia que nos enseña a medir nuestra valía en base a lo que los hombres piensan de nosotras. La mirada masculina nos moldea, y es así como se crea la rivalidad. Ellas tienen que pelearse, luchar y competir para poder llegar a ser la mejor. La más guapa. La más servicial. La más complaciente. Recordemos que *Blancanieves,* uno de nuestros cuentos infantiles de cabecera, gira alrededor de una mujer envidiosa que quiere matar a otra por ser más guapa que ella. O pensemos en Hera, la diosa que se pasa una buena parte de los mitos castigando cruelmente a las mujeres a las que su marido ha violado. «Vivimos inmersas en la comparación, midiéndonos constantemente. Aprendemos a competir para sobrevivir, siempre desde la escasez», dice Carmen Alborch en su libro *Malas: rivalidad y complicidad entre las mujeres.* La falta de referentes también juega aquí en nuestra contra. Cuando todas las series y películas que consumimos tienen un único personaje femenino (de nuevo, el principio de Pitufina) en el reparto, ¿cómo vamos a entender de qué manera se relaciona esa chica con las demás mujeres?

De ahí que hasta hace bien poco ni siquiera existiese un equivalente a la fraternidad (según la RAE, «Amistad o afecto entre hermanos o entre quienes se tratan como tales») vivida entre mujeres. La primera persona que planteó la necesidad de acuñar un nuevo término fue el escritor Miguel de Unamuno en su obra *La tía Tula* («[..] ¿Fraternal? No: habría que inventar otra palabra que no hay en castellano. Fraternal y fraternidad vienen de *frater,* hermano, y Antígona era *soror*, hermana [...] convendría acaso hablar de sororidad y de sororal, de hermandad femenina». Pero el término «sororidad» no se extendió dentro de las comunidades feministas hasta 1989, cuando la investigadora mexicana Marcela Lagarde lo definió como la amistad entre mujeres diferentes que se proponen trabajar, crear y convencer juntas. Hasta el año 2018, la palabra no fue aceptada en la RAE. La sororidad es un pacto entre mujeres que se establece con la intención de fomentar el apoyo femenino. Creado para poder hablar de nuestros problemas más allá de las diferencias de raza, cultura, estilo de vida o condición socioeconómica. Una alianza formada para romper con la culpa, el miedo y la soledad que hemos sufrido durante demasiados años. En este pacto político, las mujeres dejan a un lado sus divergencias para unirse a la hora de luchar contra los problemas sistémicos que todas sufren en base a su género. Y es que si hay algo que hemos aprendido, es que compartir nuestras experiencias nos da poder. Subvierte nuestra posición como entes sumisos que acatan todo lo que se les ordena y se mantienen impotentes ante el conflicto para convertirnos en sujetos empoderados con acción sobre su vida y sus circunstancias.

A la hora de hablar sobre la hermandad entre mujeres no puedo evitar mencionar la necesidad de centrarnos en encontrar puntos en común entre nosotras. Para mí, la sororidad consiste en gran medida en llevar a cabo esta tarea. Focalizar nuestra atención en aquellas problemáticas que nos atraviesan a todas en vez de enzarzarnos en discutir las minucias. No, no hay «feminismos buenos» y «feminismos malos», simplemente ramas del movimiento con las que algunas nos sentimos cómodas y otras no. Este es un movimiento diverso que incluye una gran variedad de opiniones, algunas opuestas entre sí. Por eso yo casi prefiero hablar de «feminismos», en plural.

Creo que deberíamos centrarnos en pensar que la base que compartimos es la misma e invertir nuestros esfuerzos en luchar por las metas comunes en vez de empeñarnos en discutir con odio y hasta la saciedad sobre la forma más correcta de alcanzarlas. Ni cualquier cosa hecha por una mujer se convierte automáticamente en un acto feminista, ni existe un único feminismo que todas debamos acatar. El reduccionismo es peligroso porque si no hay discrepancias también estamos impidiendo que las ideas evolucionen. Por eso mismo debe haber espacio para el debate. Pero no para los ataques, las batallas dialécticas ni la pedantería intelectual. El feminismo que conquista espacios es aquel que suma ideas, individuos y opiniones, no el que agrede. Si vamos por ese camino, conseguiremos que un movimiento ideado para dar voz a las mujeres silencie nuestras opiniones y experiencias por temor a ser asaltadas por otras ramas del mismo. Y si callamos por miedo al desprecio, la humillación o la agresividad; si cerramos la boca por miedo a que nos quiten nuestro «carnet de feminista», es que no estamos haciéndolo bien. El feminismo ganador escucha e intenta empatizar aunque no comparta. Refuta y replica desde el respeto. Que existan ramas del movimiento con las que no estamos de acuerdo nos hace reflexionar y cuestionar nuestros propios planteamientos. Esta tiene que ser nuestra hoja de ruta. ¿Soluciones? Hay muchas.

Compartir nuestras vivencias, arrojando luz a esos problemas que durante tanto tiempo han sido invisibles. Hablar del maltrato, de los abusos, las agresiones y la violencia no como actos aislados, sino como un problema político que nos afecta a todas y a todos. Unirnos en la sororidad comprendiendo que juntas somos más fuertes. Aprendiendo a celebrar nuestros logros y a entender nuestra valía sin depender de la aprobación ajena. Buscando el amor en nosotras mismas y no en la mirada externa. Y por último, entendiendo que responsabilizarnos de aquellos problemas que no nos pertenecen solo perpetúa el sentimiento de culpabilidad («El primer paso para dejar de culpar es ver que estamos eligiendo culpar», dice David R. Hawkins en *Dejar ir: El camino de la entrega*).

Supervivientes, no víctimas

Recuerdo que, cuando leí el libro *Teoría King Kong* de Virginie Despentes, me sorprendió la manera en la que la autora confrontaba sus sentimientos tras sobrevivir a una agresión sexual. En el capítulo de marras, la autora narra cómo ella y su amiga son forzadas por una pandilla de hombres a tener sexo. Y aunque Despentes piensa que ha superado la experiencia, la violación a otra amiga suya saca a flote el trauma que lleva tantos años ocultando.

Es entonces cuando cae en sus manos un artículo de Camille Paglia que habla de la violación desde una perspectiva diferente a la que estamos acostumbrados. «Es un riesgo inevitable, es un riesgo que las mujeres deben tener en cuenta y correr si quieren salir de sus casas y circular libremente. Si te sucede, levántate, *dust yourself*, desempólvate, y pasa a otra cosa. Y si eso te da demasiado miedo, entonces quédate en casa de mamá y ocúpate de hacerte la manicura». Paglia propone la violación como un peligro «inherente a nuestra condición femenina». «Sí, habíamos salido afuera, a un espacio que no era el nuestro —dice Despentes—. Habíamos corrido el riesgo, habíamos pagado el precio y, más que sentir vergüenza por estar vivas, podíamos decidir levantarnos y recuperarnos lo mejor posible. Paglia nos permitía imaginarnos como guerrilleras, no tanto responsables personalmente de algo que nos habíamos buscado, sino víctimas ordinarias de algo que podíamos esperar cuando se es mujer y se quiere correr el riesgo de salir al exterior. Ella era la primera que había sacado la violación del horror absoluto, de lo no dicho, de lo que no debe ocurrir nunca. Ella hacía de la violación una circunstancia política, algo que debíamos aprender a encajar. Paglia cambiaba todo: «Ya no se trataba de negar, ni de morir, se trataba de vivir con».

Sí, la posibilidad de la agresión está ahí, pero no podemos limitar nuestras libertades por temor a que esta suceda. Es un hecho que las mujeres somos objeto de una violencia innombrable. Se nos mata, se nos viola, se nos enseña a tener miedo, pero nunca a defendernos. Y este es el *quid* de la cuestión. La manera en que contamos la historia perpetúa nuestro rol como mártires. Por supuesto, cada una ha de enfrentarse a la violencia como buenamente pueda, pero a mí me gusta rechazar el concepto de «víctima», para pasar a hablar de «superviviente». Porque la víctima es objeto, padece pero no contraataca, mientras que la superviviente tiene un papel activo dentro de su propia adversidad. Sí, le pasan cosas malas, pero ha conseguido vivir más allá del sufrimiento. Se ha convertido en sujeto. «La victimización es el mayor obstáculo para superar problemas. Tanto si uno es una víctima como si no lo es, victimizarse o ser victimizada es la mejor manera para encadenarse y no avanzar», dice María Blanco en su libro *Afrodita desenmascarada.* «Si uno padece una situación de injusticia o abuso, la recuperación no pasa por evitar el dolor ni negar los hechos, y tampoco consiste en permanecer estancado en el dolor y la recreación del trauma. La resiliencia implica reconocer el dolor y sobreponerse a ello asertivamente».

Es normal que sintamos miedo, pero no debemos dejar que este nos fuerce a renunciar a nuestra autonomía. Para que una nueva identidad, fuerte y empoderada, se instale en nuestras vidas, hemos de configurarnos más allá de la perspectiva de los otros. Más allá de la culpa, y del temor al mundo. Responder constantemente a las preguntas: «¿Quién soy yo sin la mirada masculina?» y «¿Qué quiero para mí?». En ocasiones todavía me siento culpable, y aislada, y con miedo. Sé que el viaje para deconstruir todos esos sentimientos es largo; durará toda una vida. Pero ya no soy esa niña asustada que se veía a sí misma como una gacela que solo puede esconderse o correr. Nunca más una víctima, sino una superviviente. Una leona que corre riesgos, que se atreve, que no deja que el temor la paralice. Valiente. Sí, valiente, aunque a veces sienta miedo. Porque el valiente no es aquel que no tiene miedo, sino el que lo siente y aun así se atreve a vencerlo.

CAPÍTULO 2

La falta de referentes

He quedado para desayunar con una periodista que quiere entrevistarme. Nos sentamos delante de un par de cafés y una pila de tostadas mientras voy contestando una por una a sus preguntas. De dónde soy, qué carrera estudié, en qué proyectos ando metida, ¿piensas volver al mundo del arte en algún momento?, ¿te consideras feminista?, ¿qué puedes decirme sobre el poliamor?, ¿es fácil aguantar las críticas? Estoy tan acostumbrada a responder siempre a las mismas cuestiones que casi me sé las respuestas de memoria. Unto el pan con una doble capa de mantequilla mientras pienso que en casi todas las entrevistas me siento como un disco rayado, repitiendo una y otra vez el mismo discurso. Todo el mundo está tremendamente obsesionado con los detalles morbosos, probablemente intentando sacar alguna declaración intensa que pueda generar *clickbait* en el titular y un buen número de visitas a la página web del periódico, pero casi ningún reportero parece interesado en contar mi realidad o mi punto de vista desde una perspectiva objetiva. ¿No va eso en contra de la ética periodística? Estoy tan ensimismada en mis pensamientos que, cuando llega la pregunta, me pilla de sorpresa. «¿Cuáles son tus referentes?». Pausa. Silencio. Me quedo pensando. Por mi cabeza pasan un millón de fotogramas a toda prisa con retratos de personas conocidas, nombres aleatorios, portadas de libros, cuadros que he visto en museos, caras de fotógrafos a los que en algún momento he admirado y, por algún motivo, también muchas imágenes de gatos. ¿Referentes… artísticos? ¿Literarios? Suelto una ristra de nombres que me vienen a la cabeza: Buñuel, Val del Omar, Kurt Vonnegut, Ansel Adams, Richard Kern, Allen Ginsberg, Timothy Leary, William Burroughs, Ken Kesey, Joel Peter Witkin, Lynch. Yo qué sé. ¿Borges?

«Qué curioso. ¡No has mencionado ni a una mujer!», me dice mi interlocutora.

Pues es verdad. Qué rabia, ¿no? Salgo de la cafetería dándole vueltas a este tema y, según llego a casa, *googleo* «Mujeres importantes en el cine». Leni Riefenstahl, Alice Guy Blaché, Chantal Akerman, Lois Weber. Dios santo, no me suena ni un nombre. Intento acotar la búsqueda «Directoras importantes de cine». Kathryn Bigelow, Lynne Ramsay, Susanne Bier, Claire Denis, Sofia Coppola. ¡Espera, a Coppola la conozco! Aunque en verdad sé quién es porque lleva el mismo apellido que su padre. Menuda decepción. Por cierto, parece que Bigelow ganó el Oscar a mejor dirección en el 2010. El primero y único otorgado a una mujer en esta categoría. De hecho, desde que el festival celebró su primera edición en 1929 solo cinco mujeres han sido nominadas a mejor dirección. Escalofriante. ¡Normal que no me suene ningún nombre! Repito búsquedas parecidas en otras áreas y los resultados son similares. Es entonces cuando me doy cuenta de que mis referentes femeninos son prácticamente inexistentes. Puedo repetir casi de memoria el nombre de al menos cinco directores conocidos: Spielberg, Tarantino, Cameron, Scorsese, Hitchcock, Kubrik, Polanski. Mira, me han salido siete. Y no tengo ni que escribir su nombre de pila para que sepáis a quién me refiero. Pero para hablar de mujeres, hay que hacer un auténtico esfuerzo mental. Sí, puedo pensar en muchas mujeres famosas: Marilyn Monroe, Ava Gardner, Eva Longoria, Salma Hayek, Elizabeth Taylor, Scarlett Johannson, Winona Ryder…, pero todas ellas son conocidas o se dedican a algo relacionado con su imagen. Con esto no quiero decir que Salma Hayek no sea una tía superinteligente y de armas tomar, que lo es. Pero al fin y al cabo se hizo conocida por contonearse con una serpiente en *Abierto hasta el amanecer* (1996). Y esto dice mucho sobre cómo juzgamos la valía de las mujeres en la sociedad actual. ¿Cuántas nos vienen a la mente si pensamos en áreas como la ciencia, la tecnología o la dirección empresarial? Pocas. Muy pocas.

Controladas por las circunstancias

La discriminación de la mujer empezó en el preciso instante en el que los hombres fueron conscientes de que la fecundidad es uno de los recursos más poderosos de un estado. Un país próspero es un país en crecimiento, ya que en el futuro serán estos niños los que mantengan con su trabajo la cadena económica. Por este motivo, la posibilidad de engendrar otorga poder frente al enemigo y el control de esta fecundidad se convierte en un instrumento de autoridad sobre el pueblo. Quien controla a los niños controla el mañana. Un ejemplo: en el pasaje mitológico del rapto de las Sabinas, los romanos secuestran a las mujeres de un pueblo vecino para que puedan engendrar a sus hijos. Así, la violación es usada como un arma, una manera de ofender a la mujer, que se ve humillada y forzada, pero también al Estado enemigo, por mezclar tu sangre con la suya e imponer de esta manera tu herencia. Por cierto, hasta el año 2008 la violencia sexual no fue reconocida legalmente como un crimen de guerra.

En el libro de Margaret Atwood *El cuento de la criada,* se analiza muy bien la cuestión de la fecundidad planteada como instrumento gubernamental. La protagonista de la novela se ve obligada a subsistir como «criada» en la teocracia puritana de Gilead, una sociedad distópica en la que casi todo el mundo es estéril. En semejante panorama, las «criadas» son mujeres fértiles obligadas a procrear con los hombres de las castas más altas. Son consideradas seres inferiores y entendidas únicamente como recipientes de los bebés que han de dar a luz. Ni siquiera tienen nombre. Parecen seguir el principio aristotélico que afirmaba que las mujeres son «meras vasijas vacías del recipiente del semen creador». De nuevo, la capacidad de decisión y autodeterminación de las mujeres se ve limitada mediante la violencia bajo la excusa de la protección.

Esta dinámica ha sido una constante en la relación entre los géneros desde tiempos inmemoriales. Los hombres defienden y proveen, las mujeres paren y cuidan. Y por muy violento que nos suponga analizarlo desde la perspectiva actual, la división de funciones cumplía su cometido: la perpetuación de la especie. El debate feminista cobró relevancia en el único momento histórico en el que la abundancia de recursos ha hecho posible que hablemos de ello. Cuando el contexto nos ha permitido cuestionar los cometidos que habíamos tenido que cumplir hasta entonces para asegurar nuestra supervivencia. «No es una coincidencia que los intentos de emancipación femenina consiguieran avanzar solo con la doble exégesis de la industrialización y la anticoncepción: cuando las máquinas nos hicieron iguales a los hombres en el trabajo y la píldora nos hizo iguales a los hombres a la hora de expresar nuestro deseo», dice Caitlin Moran en su libro *Cómo ser mujer*.

Que históricamente no haya habido muchas mujeres en puestos de poder es una consecuencia de este contexto. Hasta hace muy poco estábamos demasiado ocupadas haciendo la colada y cambiando pañales como para pensar en dirigir una película o fundar una empresa. Virginia Woolf decía que una mujer necesita dinero y un cuarto propio para poder escribir, y en la mayoría de ocasiones, carecíamos de ambos. Sin independencia ni medios, no hemos tenido la posibilidad de desarrollar nuestras facetas más intelectuales. Por una parte, las condiciones de nuestro entorno y el machismo imperante no ayudaban a la incorporación de la mujer al mundo laboral. Ni político. Ni artístico… Las limitaciones sociales y culturales que aleccionaban a las mujeres a centrarse en los cuidados y a olvidarse del estudio o del trabajo han impedido que estas explorasen ciertas áreas del conocimiento. Dentro desde esta perspectiva, es lógico que nuestras conquistas hayan sido más modestas que las de los hombres. Si le sumamos la invisibilización sistemática de las voces femeninas por considerarlas poco válidas, secundarias o simplemente inferiores, tenemos un caldo de cultivo perfecto para que la mirada de la mujer fuese ignorada y menospreciada durante siglos. Este es el motivo por el cual la historia de muchas grandes mujeres no ha llegado hasta nuestros días.

Aun y con esas, muchas de ellas inventaron estrategias para poder superar la barrera de género y adquirir relevancia en su ámbito. La escritora Emilia Pardo Bazán fue famosa en su época por intentar ingresar infructuosamente en la Real Academia Española en tres ocasiones. La polémica se transformó en debate nacional y su marido José Quiroga le hizo elegir entre él o la literatura. Emilia eligió los libros. Tendrían que pasar ochenta y seis años para que la primera mujer ocupase un asiento de la Academia. Otras talentosas mujeres se hicieron pasar por hombres para ser escuchadas, como la fotógrafa Gerda Taro, que inventó con su amante el pseudónimo Robert Capa para firmar sus obras. Pasados los años, él se quedó con el nombre sin hacer público que muchos de sus primeros trabajos eran en realidad obra de Taro. El artista Christo también asumió la autoría de sus impresionantes instalaciones recubiertas de tela hasta que en 1994 hizo público que todas ellas habían sido realizadas en colaboración con su pareja, Jeanne-Claude. Entre los dos acordaron esta estrategia al darse cuenta de que el contexto artístico estaba dominado por la mirada masculina.

Es un hecho que, durante muchos siglos, las mujeres hemos sido leídas automáticamente como las perdedoras de la historia. Desde entonces la sociedad y sus valores han cambiado, pero todavía nos seguimos enfrentando a ese dichoso «techo de cristal» que tenemos que sortear para poder alcanzar el éxito. Se trata de una barrera invisible (de ahí que se llame «de cristal») que las mujeres se encuentran cuando se acercan a la parte más alta de la jerarquía corporativa, y que limita sus carreras profesionales impidiendo que avancen hacia cargos de niveles superiores. Cuando se habla de la brecha de género, siempre hay alguien que con aire condescendiente grita desde la última fila: «¡Pues si no ascienden, será que no son tan buenas en su trabajo!». Es la trampa de la meritocracia: si eres lo suficientemente competente en tu área, conseguirás destacar independientemente de tu género. En la teoría suena muy lógico, pero la realidad es más complicada. Según un estudio de 2015 de la Organización para la Cooperación y el Desarrollo Económicos (OCDE) hecho en sesenta y cuatro países, las mujeres representan un 56 por ciento de los estudiantes. Además, tienen una mayor probabilidad de graduarse y sus calificaciones son superiores a las de ellos. En términos de desempeño académico no hay ninguna duda: las mujeres son tan buenas como los hombres. Y sin embargo, poco menos del 3 por ciento de los directores ejecutivos en el mundo son mujeres. ¿Por qué ellas siguen siendo una excepción en los puestos de poder?

Hay muchos factores a tener en cuenta. Por una parte, tenemos la feminización del mercado laboral: las mujeres tienden a ocupar empleos que históricamente han sido desempeñados por mujeres, como el trabajo doméstico, la enseñanza o la enfermería. Casualmente, estos trabajos también son más precarios, están peor pagados e implican pocas posibilidades de ascenso. Por la otra, las empresas tienden a discriminar a aquellas mujeres que están en una franja de edad en la que podrían quedarse embarazadas. Y además, a todo este embrollo hay que sumar los factores sociales. Como, por ejemplo, que sean ellas quienes tiendan a asumir el coste de la crianza de los hijos, priorizándola por encima de su desarrollo profesional. O que ciertos rasgos que coinciden con la posibilidad de un ascenso, como la ambición, la agresividad o la competitividad, sean considerados positivos cuando son demostrados por un hombre y negativos cuando se trata de una mujer. Ellas son entendidas como más emocionales y superficiales, y estos atributos no se consideran eficaces a la hora de ejercer posiciones de autoridad. Sin embargo, es muy posible que el desarrollo de estas aptitudes sea simplemente la consecuencia lógica de un contexto cultural que no ha dado a las mujeres la oportunidad de cultivar otros rasgos. ¿Nos preocuparíamos menos por nuestro aspecto si este no se usara como vara de corte para medir nuestra valía? ¿Seríamos más agresivas si no nos hubiesen condicionado desde pequeñas a acatar órdenes y a ser complacientes? El arrojo, la capacidad de liderazgo y el ego, cualidades entendidas como necesarias para cerrar tratos importantes, son algo de lo que las mujeres, a ojos del mundo, carecemos. Intentando buscar nuestro hueco en un panorama laboral que nos empuja hacia los márgenes, desarrollamos un carácter más autoritario. Aquí aparece el mito de la jefa *bitchy,* mandona, que lo único que intenta en el fondo es ser tomada en serio.

La eterna sexualización y la falta de modelos a seguir

Luego está el tema de la sexualización. Ay de ti si eres guapa. Se dudará constantemente de tus capacidades intelectuales y tendrás que demostrar doblemente que estás donde estás por tu cabeza y no por tu físico. ¿Te suena de algo la frase «A quién se habrá follado para llegar hasta ahí»? Recuerdo una conversación que tuve con una amiga, directora de cine, que se estaba arreglando para ir a presentar su película a unos potenciales productores. Se había puesto una camiseta gris de cuello alto, el pelo recogido en una coleta y un maquillaje sobrio, casi inexistente. Contrastaba mucho con sus *outfits* habituales, mucho más frescos y coloridos. Sentí que se estaba afeando casi a propósito, así que le pregunté al respecto. «Pues claro, tía. Como vaya con una camiseta más abierta solo me van a mirar las tetas», me contestó. «Pero ¿no se supone que es gente seria?», pregunté. «Ya. Se supone. Pero prefiero que se crean que soy una tía seca a que me recuerden como la directora que está buena», fue su respuesta.

Por supuesto, todos nos arreglamos para ir a una reunión de trabajo, pero pocos hombres temen que sus habilidades laborales vayan a ponerse en tela de juicio por la cantidad de tela que les cubre. Los hombres no temen ser sexualizados. Porque incluso cuando esto pasa, raramente supone un problema para su progreso laboral. Mientras escribo esto, me viene a la mente la reflexión que hace Leticia Dolera en su libro *Morder la manzana* acerca de cómo en ciertos momentos de su carrera tuvo miedo de perder credibilidad como actriz por mostrarse demasiado sensual en los medios, mientras sus compañeros de reparto ni siquiera se paraban a pensar en ello: «no tenían que lidiar pública y mediáticamente con su sensualidad, con el hecho de tener un cuerpo».

Para completar este plato combinado de exclusión y desigualdad, vamos a salpimentarlo con una buena falta de referentes. Es una pescadilla que se muerde la cola. Como apenas vemos mujeres en posiciones de autoridad, el resto pensamos que jamás podremos alcanzar ese estatus y nos conformamos con puestos de menor nivel. Sentimos que tenemos que ser extremadamente buenas en lo que hacemos para ser consideradas una referencia en nuestra área y dudamos constantemente de nuestras capacidades. Es complicado encontrar a chicas dando charlas en los ciclos de conferencias, no únicamente porque no las llamen desde las organizaciones, sino también porque hay pocas que acepten participar. Nosotras descartamos los cumplidos relacionados con nuestras capacidades intelectuales, los ignoramos o nos repetimos que aquello no va con nosotras, mientras que a los hombres se les educa desde pequeños a competir. A presumir de todo lo que han construido y a sentirse bien cuando son admirados por ello. Aunque su proyecto esté en pañales o no tenga calidad, es raro que un hombre se avergüence de él. Este es el poder del simbolismo al que estamos expuestos desde pequeños.

Siguiendo la lógica de la meritocracia, tendría sentido pensar que, una vez alcanzada la igualdad legal de derechos, las mujeres nos habríamos apresurado a conseguir rápidamente los mismos empleos que los hombres, como en una competición a contrarreloj. Después de tantos años de opresión, ¡al fin podemos dedicarnos a lo que nos dé la gana! ¡Ir a la universidad! ¡Abrir cuentas en el banco! ¡Tener propiedades a nuestro nombre! A estas alturas ya deberíamos estar a la par, y si no lo estamos…, ¿no es esto una prueba irrefutable de que en realidad no somos tan buenas como ellos? «Como es natural, las personas que han estado psicológicamente machacadas no empiezan a hacer cosas gloriosas, seguras, ostentosas, nada más ser liberadas», afirma Caitlin Moran. «En vez de eso, se quedan pensando "Qué coño ha pasado", intentando entender por qué ocurrió, intentando —a menudo— dilucidar si fueron ellas las culpables». Y en esas estamos.

Tratando de comprender cómo podemos crear un empoderamiento femenino que esté construido en base a las necesidades de las mujeres, en vez de basado en replicar las estructuras de mando masculinas que hemos naturalizado desde pequeñas.

Intentamos parecernos a los hombres porque son lo único a lo que creemos que podemos parecernos. Por este motivo, cuando una mujer llega a un puesto de poder, tiende a mostrar características entendidas generalmente como masculinas (¿o tal vez llegan a ese puesto exactamente *por* mostrar características masculinas?). Véase Angela Merkel, Margaret Tatcher, Hillary Clinton, Theresa May… Las mujeres seguimos intentando encontrar cuál es nuestro espacio en un mundo que durante muchos años no nos ha pertenecido. Si te ponen un folio en blanco delante y te dicen «Puedes dibujar lo que quieras», es muy probable que dibujes algo que ya has visto anteriormente. O que copies un dibujo de alguien que piensas que sabe dibujar. Pero para tener un estilo propio hace falta tiempo, espacio y mucha reflexión. Necesitamos contar nuestras experiencias y nuestro lado de la historia, pero sobre todo tenemos que sentarnos, respirar hondo y, entre todas, decidir hacia dónde queremos ir. Es un trabajo largo.

Referentes sesgados

En aquella entrevista mencioné únicamente referentes masculinos porque, aunque existen mujeres notables en prácticamente todas las áreas, no suelen ser conocidas. Hay que hacer un auténtico trabajo de investigación, tener perspectiva de género y unas buenas ganas de ahondar en libros y biografías históricas para poder llegar a un conocimiento que creo que debería formar parte de la cultura general. Somos muchas las personas que nos hemos criado con referentes masculinos porque nos ha sido realmente complicado encontrar figuras femeninas que hayan sido famosas por su poder o su independencia. Si te sientes identificada con estos valores, es muy probable que tu lista de modelos a seguir esté sobre todo compuesta por hombres. Otra vez vuelve a la palestra el principio de la Pitufina. La identidad de la mujer, supeditada a la de los hombres que la acompañan o con los que se relaciona. Subordinada a lo que la sociedad espera de ella. Es más que probable que si las niñas viesen más figuras femeninas poderosas también pensarían en llegar a ser políticas, matemáticas, filósofas o directoras de cine porque sabrían que hay otras mujeres que ya han conseguido llegar hasta ahí.

Corría el año 2016 cuando una famosa editorial hizo una colaboración con una aún más famosa marca de juguetes infantiles. El resultado fue una colección de sujetos destacados llamada «La aventura de la historia». Sin embargo, entre las más de sesenta figuras (que incluía personajes como un artista pintor, un indio apache, una estrella del rock o un tenista) no habían incluido ni a una mujer[7]. Justificaron la unanimidad masculina por «motivos comerciales». Tal vez sea porque las profesiones feminizadas no son consideradas interesantes (¿a los niños les aburriría tener la figura de una maestra griega —como Aspasia de Mileto— en vez de ese maestro griego que sí incluyeron?). O quizás creemos de manera velada que las mujeres no han hecho cosas verdaderamente significativas. En la tesis doctoral *Las mujeres que nos faltan: Análisis de la ausencia de las mujeres en los manuales escolares,* Ana López Navajas analizó la presencia de personajes femeninos en los libros de texto de la ESO para descubrir que tan solo uno de cada ocho personajes que aparecen son mujeres[8]. También puede ser que desde la editorial diesen por hecho que las consumidoras empatizarían con los personajes masculinos, mientras que los hombres serían incapaces de hacer este ejercicio en sentido contrario. No es un caso aislado.

El test de Bechdel es un método que evalúa si el guion de una película, o cualquier otra representación artística cumple con los

---

[7] *https://www.eldiario.es/sociedad/Planeta-DeAgostini-coleccion-Playmobil-Historia_0_554345331.html*

[8] López Navajas, A., «Las mujeres que nos faltan. Análisis de la ausencia de las mujeres en los manuales escolares» (tesis doctoral, Universidad de Valencia). Recuperado de *http://roderic.uv.es/handle/10550/50940* (2015).

estándares mínimos para evitar la brecha de género. Para realizarlo, la obra tiene que cumplir con los siguientes requisitos:

— Que aparezcan al menos dos personajes femeninos.
— Que estos personajes hablen entre ellos en algún momento.
— Que la conversación que tengan trate de algo distinto a un hombre.

Sencillo, ¿verdad? Algunas de las pelis que no pasan el test son *El show de Truman* (1998), *El quinto elemento* (1997), la trilogía original de *Star Wars* (de 1977 a 1983), la saga de *Piratas del Caribe* (de 2003 a 2017), y *El Señor de los Anillos* (de 2001 a 2003), *Regreso al futuro* (1985), *Gladiator* (2000), *Men in Black* (1997) o *Avatar* (2009). Quién lo diría. Otro ejemplo: en el estudio «Film Dialogue» se analizaron los guiones de más de dos mil películas, con la intención de ahondar un poco más en la infrarrepresentación femenina en pantalla. Para ello, contaron la cantidad de palabras que cada personaje articulaba tomando como referente su género. Los resultados son escalofriantes. De las treinta películas de Disney analizadas, solo ocho tienen una mayoría de diálogo femenino. Mushu, el dragón de Mulán, tiene un 50 por ciento más de palabras en sus líneas de diálogo que la propia protagonista. En solo un 22 por ciento de las películas analizadas las mujeres interpretan la mayoría del diálogo[9].

Sí, es cierto que especialmente durante las últimas décadas ha habido personajes femeninos empoderados en libros o series infantiles: Molly Moon, Pippi Calzaslargas, Eliza (la protagonista de *Los Thornberrys),* Miércoles Addams, Pepper Ann o Buffy Cazavampiros. Es maravilloso, pero siguen siendo una excepción. Lo masculino es considerado como universal, mientras que el punto de vista y las problemáticas de las mujeres se pasan por

---

[9] Anderson, H. y Daniels, M., «Film dialogue from 2,000 screenplays, broken down by gender and age». *The Pudding.* Recuperado de *https://pudding.cool/2017/03/film-dialogue/* (2016).

alto. Esta discriminación llega hasta tal punto que, cuando una obra profundiza en estas cuestiones, es contemplada como parte de un género en sí mismo. Cuando señalamos algo como hecho «para mujeres» (libros para mujeres, películas para mujeres, porno para mujeres...), lo que queremos realmente decir es que esa obra tendrá «cosas que solo les interesarán a ellas». Pero ¿qué se supone que nos interesa? ¿Lápices de labios, sábanas recién planchadas, pañales desechables y *storylines* románticos protagonizados por Renée Zellweger? Menuda tontería. Pero, incluso aunque así fuera, ¿por qué lo que les interesa a los hombres es la norma y lo que nos interesa a nosotras, la excepción? ¿Por qué se da por hecho que nosotras tenemos interiorizado el sentirnos identificadas con los personajes masculinos, mientras que ellos no pueden empatizar con las obras protagonizadas por mujeres?

El valor de la ambigüedad

Aunque por ahora me estoy centrando en la falta de referentes a nivel profesional, este problema es igual de relevante en muchas otras áreas. De hecho, afecta a todos aquellos aspectos del mundo que no encajan dentro de la mirada normativa, es decir la mirada masculina, blanca y heterosexual. No porque los hombres blancos y hetero sean un ente malvado que se dedica a matar gatitos y derretir el Ártico mientras suprime la identidad del resto de individuos, sino porque históricamente han sido ellos los que han ostentado el poder, construyendo un mundo que funciona en base a sus necesidades. Seguimos viviendo en ese mismo mundo, pero ahora hay otros grupos y colectivos que tienen la suficiente voz como para clamar por que se escuchen sus demandas y requerimientos: las mujeres, el colectivo LGBTI+, las personas racializadas y un larguísimo etcétera.

Hasta hace muy poco era prácticamente imposible encontrar series, películas o programas de televisión en los que la homosexualidad no se presentase como un detalle morboso alrededor del cual construir al personaje de turno. Una serie como *Sense 8,* en la que dos de sus protagonistas son una pareja cis/trans de chicas lesbianas, habría sido inimaginable.

Mi infancia tuvo un punto de inflexión cuando en el año 2000 aparecieron las t.A.T.u., ese grupo ruso con dos cantantes femeninas que declaraban a diestro y siniestro su noviazgo. Aunque más tarde se descubriese que todo había sido una treta comercial, fueron el primer referente que tuve de mujeres bisexuales/lesbianas en el *mass media*. De alguna manera, normalizaban algo que nunca antes había visto: podías ser una mujer joven y triunfadora y, además, que te gustasen las chicas. En su videoclip más famoso, *All the things she said,* vemos como Lena y Yulia se besan bajo la lluvia, atrapadas detrás de unas rejas mientras otros jóvenes las miran con odio. «Dicen que es mi culpa, pero la quiero mucho. Quiero llevarla lejos, donde el sol y la lluvia me caigan sobre la cara, lavando toda la vergüenza [...]. Quiero volar a un lugar donde solo seamos tú y yo y nadie más, para que podamos ser libres», dice la letra. Al final del vídeo, las chicas se alejan de la mano y el espectador descubre que no se encuentran encerradas, sino que son realmente ellas las que están fuera de la valla, libres de las limitaciones impuestas por la sociedad. *¡Boom!*

Cuando a los quince o dieciséis años decidí contarles a mis amigas que era bisexual, me criticaron. Desde la ignorancia, juzgaron mi orientación, cayendo en los estereotipos de siempre. Y fue gracias a las t.A.T.u., por muy amañada que fuese su relación, que no me sentí culpable por algo que era inevitablemente una parte de mi identidad. Mientras me decían que «era una etapa», que «ya se me pasaría» o que «ahora no se iban a sentir cómodas cambiándose de ropa a mi lado», yo me imaginaba que, como en el videoclip, eran ellas y no yo las que estaban atrapadas en los convencionalismos. Ya se darían cuenta de su equivocación. Años más tarde reflexionaría sobre cómo este mismo vídeo estaba, irónicamente, grabado desde una perspectiva evidentemente masculina..., pero, aun así, llegó en el momento adecuado. Y me ayudó a mí y a muchas otras personas, a aceptar su orientación sexual. ¿Convierte esto a las t.A.T.u. en un icono del movimiento LGTBI+? Desde luego que no. La supuesta homosexualidad de las chicas estuvo orquestada por su entonces mánager, que consiguió sacar un rendimiento económico a su popularidad instrumentalizando algo que sabía que iba a resultar polémico. Pero aún y con esas, el éxito del grupo es un buen ejemplo de cómo un referente distorsionado a veces puede ser útil a la hora de normalizar temas que están fuera de los espacios normativos. Yo creo de corazón que este es siempre el primer paso del cambio social: que el *mainstream* se apropie de la cuestión de marras. Por eso hago un alegato a favor de los poderosos que pueden llegar a ser los referentes, aunque estos sean ambiguos o no encarnen al cien por cien los valores esperados.

Otro buen ejemplo sería el éxito de la controvertida serie de libros *Cincuenta sombras de Grey,* en la que se relata la relación amorosa entre el magnate de los negocios Christian Grey y la estudiante Anastasia Steele. Se hizo famosa por narrar de forma explícita las escenas sexuales sadomasoquistas de la pareja, que incluyen *bondage,* dominación y otras prácticas poco convencionales. La serie encabezó la lista de superventas mundiales durante semanas mientras los juegos sexuales del libro fueron objeto de polémica. Varias publicaciones la apodaron como «porno para mamás» por encontrar un éxito notable entre las mujeres de mediana edad que se sentían identificadas con las fantasías de su escritora, Erika Leonard James, nacida en 1963. Cuando haces un análisis de las dinámicas que se plantean en el libro, te das cuenta de que el protagonista de la historia tiene comportamientos enfermizos que casi rozan la psicopatía y que las prácticas sadomasoquistas en realidad están asociadas a graves problemas emocionales. Una historia de control sin ningún detalle especialmente transgresor. Y sin embargo, más allá de la pobreza literaria y los estereotipos rancios presentados en estas novelas, es extremadamente interesante analizar todo el fenómeno que apareció socialmente tras su publicación. No todos los días un libro erótico destinado a las mujeres se convierte en un *best seller* a nivel mundial. Se crearon mesas redondas, se plantearon tertulias y, en definitiva, se expuso la sexualidad femenina como objeto de debate. Por cierto, la publicación de la novela también desencadenó un aumento del 45 por ciento en la venta de juguetes eróticos. Y esto es poderoso. Muy poderoso.

Muchas mujeres se sintieron por primera vez libres de expresar su deseo y de hablar abiertamente acerca de un área de su vida donde normalmente se ven limitadas por miedo al juicio social. Lo más importante del «fenómeno Grey» no es la historia narrada, sino el análisis de su público objetivo. He aquí lo revolucionario de estos libros. ¿Que la representación que hacen de las relaciones y la sexualidad deja mucho que desear? Por supuesto. Pero, aunque siempre es de agradecer que en una obra de ficción se subviertan los roles convencionales, tampoco creo que sea labor del entretenimiento tener un fin didáctico. Si *Cincuenta sombras de Grey* ha favorecido, aunque sea un poco, que la sexualidad femenina se vea como algo natural y precioso de lo que podemos hablar públicamente, en vez de una anomalía que hay que esconder, ¡alabado sea! Si alguna de esas mujeres que leyeron las novelas consiguió despejar el humo de la vergüenza, se compró un vibrador y decidió explorar un poco más su cuerpo, ¡doble alabado sea![10]. En los procesos que incluyen cambios sociales es prácticamente imposible llegar en línea recta del punto A al punto B. Aunque me gustaría que el mundo abriese su mente de la noche a la mañana y rechazase instantáneamente la transfobia, el racismo, la putofobia y mil cosas más, la realidad es que, para poder alcanzar la meta, hay que ir poco a poco conquistando terreno y ganando atalayas. Y muchas veces, esas victorias pasan por comprender que, aunque un fenómeno deje mucho que desear en su raíz o en su representación, si está ayudando aunque sea un poco a normalizar cuestiones estigmatizadas, es en definitiva... positivo. Si queremos ser estratégicos, tenemos que aprender a medir los resultados en términos de efectividad. Creía que esto jamás pasaría pero sí, estoy defendiendo *Cincuenta sombras de Grey*. Podéis dejar de leer aquí si que-

---

10 Para un análisis más exhaustivo de la obra planteado desde una perspectiva feminista, revisar el texto «Hegemonía y deseo», de Clara Serra, publicado en *La Circular*.

réis, porque ahora que me he metido hasta el fondo, no pienso parar.

Me gustan las Kardashian. Sí, repito: me gustan las Kardashian. Es prácticamente imposible que a estas alturas no sepáis de quién estoy hablando, pero, por si acaso habéis estado viviendo debajo de una piedra durante los últimos diez años, haré un resumen. La historia mediática de Kim Kardashian (la cara más visible de la familia) comenzó en el año 2007, cuando un vídeo porno *amateur* que grabó con su entonces novio, el rapero Ray-J, fue filtrado a los medios y compartido mundialmente. Tras la polémica, la familia firmó un contrato millonario para retransmitir en directo su día a día dentro del *reality show Keeping up with the Kardashians*. El programa las catapultó a la fama y desde entonces Kim y sus hermanas (Kyle, Kendall, Khloé y Kourtney) se han abierto hueco en los medios de comunicación y las revistas de cotilleos, acaparando portadas y diseñando sus propias marcas de cosméticos, perfume, ropa, aplicaciones para el móvil e incluso fajas. Lo suyo es un imperio que desata tantas críticas como admiración. Al fin y al cabo, las Kardashian reproducen estereotipos machistas para ganar dinero: encarnan el papel de mujeres convencionalmente atractivas y han utilizado su sexualidad y su físico para triunfar. Han convertido su imagen en un producto de mercado y lo han vendido al mejor postor recubierto por una buena capa de cirugía estética, opulencia y brillantina. Las Kardashian son, ante todo, empresarias. Su ingenio reside en haber sabido utilizar su cuerpo, su belleza y su sexo en su beneficio, utilizando los mismos reclamos casposos que el feminismo critica. ¿Subversivo? No lo creo. Y sin embargo… sin embargo, después de que su vídeo porno fuese publicado, Kim no se excusó ni asumió el rol de víctima. No presentó arrepentimiento, no le lloró a la prensa rosa ni intentó justificar su acción. Cuando una de sus hermanas le exigió una explicación en directo, su respuesta fue: «Lo hice porque estaba cachonda y me apeteció». Dejó claro que los culpables eran aquellas personas que distribuyeron el vídeo, no ella por haber dejado que la grabaran. En su alegato está afirmando sin quererlo que disfrutar de tu sexualidad no tiene ningún componente negativo. Y esto sí que es subversivo. Estamos hablando de una familia de mujeres que se han hecho millonarias labrándose un camino en el *mainstream*. Y no hay muchos ejemplos de esto. Sus métodos distan mucho de ser transgresores. Al fin y al cabo, su relato es el relato masculino: la mujer, para ser válida y conseguir el éxito, ha de convertirse ante todo en un mito erótico. Y, sin embargo, como iconos sexuales han abierto camino a un ideal de belleza voluptuoso y racializado donde antes solo encontrábamos a mujeres caucásicas y delgadas.

Ni las t.A.T.u, ni *Cincuenta sombras de Grey* ni la familia Kardashian son ejemplos de empoderamiento, mucho menos representantes del movimiento feminista. Pero, por mucho que sus métodos no sean santo de mi devoción, han conseguido un fin. Inconscientemente han puesto sobre la palestra cuestiones importantes que afectan a la sociedad: que se puede ser una mujer sexual sin tener que rendir cuentas a nadie, que independientemente de tu orientación, puedes triunfar. Que el placer y el deseo femenino son válidos e importantes. Y este resultado es digno de admiración y análisis porque normaliza cuestiones que necesitamos empezar a naturalizar. Es una batalla ganada. Una atalaya conquistada en nuestro camino del punto A al punto B.

El poder se cuestiona desde el poder

Últimamente hay una auténtica obsesión por entender como negativa cualquier cosa que se ponga «de moda»: si está en boca de todos, tiene que ser malo. La opinión pública se lleva las manos a la cabeza cuando H&M, Mango o Pull&Bear sacan camisetas con mensajes feministas. «Strong as a woman», «Yes I'm a feminist» o «Femme Power» son algunas de las frases que pueden leerse en los estampados de las prendas. «Cuando el capitalismo se apropia de una ideología, esta pierde su significado», leo en el periódico. Pero ¿no es maravilloso que un movimiento como el feminista, en el que hasta hace muy poco éramos cuatro gatas, conquiste la corriente ideológica principal? Por supuesto, cuando una idea cae en las garras de las generalizaciones, es inevitable que su definición o el entendimiento de la misma se deforme. Hace falta un proceso de investigación para entender realmente de qué va la movida, y por eso nos preocupamos cuando esto sucede. He visto cómo pasaba delante de mí con el feminismo y también con el poliamor. ¿Existe el riesgo de que el mensaje feminista se vea trivializado? Sí. Pero aunque haya gente que lo malinterprete o que no entienda el verdadero discurso que queremos transmitir, también se abrirán debates que harán que muchas —muchísimas— personas se preocupen por investigar sus bases. Y eso es extremadamente poderoso. Los límites del sistema y la periferia están bien para acuñar y desarrollar conceptos, pero si queremos realmente propulsar el cambio social, tenemos que meternos en el meollo. No queda otra. Lo hegemónico se cuestiona desde lo hegemónico y el poder se cuestiona desde el poder.

Ojo, las jerarquías son inherentes en cuanto a que toda nuestra vida está plagada de asimetrías. Estas asimetrías producen relaciones en las que alguien ejerce su autoridad sobre otra persona: el maestro con el estudiante, el padre con el hijo, el policía con el infractor... Las relaciones de poder no son malas ni buenas, simplemente son. Decía Foucault que «El poder está en todas partes; no es que lo englobe todo, sino que viene de todas partes [...]. El poder no es una institución, y no es una estructura, no es cierta potencia de la que algunos estarían dotados: es el nombre que se presta a una situación estratégica compleja en una sociedad dada». Es prácticamente imposible escapar de estas jerarquías. Nuestro contexto nos conforma, y no podemos independizarnos de él. Lo que sí podemos hacer es luchar desde dentro contra la fuerza de poder estructural para conseguir moldear la autoridad y hacer que esta tome una nueva forma que se adapte a nuestras necesidades. Sofisticar la dinámica hasta que ningún lado se vea afectado de forma negativa. La jerarquía tiene que convertirse en una simbiosis (los dos nos ayudamos mutuamente) en vez de en una relación parasitaria (yo te absorbo hasta consumirte).

¿Os acordáis de la película *Mad Max: Fury Road* (2015)? La narración se centra en la historia de Imperator Furiosa, una guerrera en un mundo de hombres que, desobedeciendo las órdenes de su jefe, se fuga con varias esclavas en un intento por salvarlas de las violaciones sistemáticas de las que son víctimas. Furiosa las oculta en su vehículo mientras buscan una ciudad mítica donde establecer su nueva vida. El paraíso. La salvación. Sin embargo, cuando llegan allí se dan cuenta de que su utopía está devastada (o que tal vez nunca existió) y que su única posibilidad es volver atrás y conseguir reconquistar su propia ciudad. La metáfora es clara: la única forma posible de resistencia y desafío es a través del poder; la solución pasa por cambiar la sociedad actual y construir sobre ella una realidad mejor. No podemos intentar buscar paraísos. La película termina con Furiosa y las antiguas esclavas apoderándose del poblado y alzándose con el poder, esta vez (suponemos) actuando como dirigentes justas[11].

Hace poco publiqué en mi Instagram una foto de Emily Ratajkowski luciendo una buena mata de pelo en las axilas. Rápidamente me escribió una chica criticando la instantánea y diciendo que esa «no es la imagen del feminismo que queremos representar», refiriéndose al hecho de que Emily aparece en una famosa revista de moda retratada de una forma convencionalmente atractiva. Y a que ella, en esencia, es una mujer convencionalmente atractiva. Pero ¿no es increíble que un medio como *Harpers Bazaar* normalice el vello femenino? ¿No nos acerca a aquello que queremos conseguir? Entiendo que también es necesario mostrar la otra cara de la moneda: la de los cuerpos que se salen de los cánones y las bellezas poco normativas que también deciden luchar contra lo estipulado. Pero es muy poderoso que los medios de masas se hagan eco del movimiento.

Beyoncé también ha sufrido críticas por trivializar la lucha por la igualdad. En uno de sus últimos espectáculos, la cantante actúa

[11] Ejemplo tomado del artículo «De lo *hipster* al feminismo: de la diferencia a la igualdad» publicado en *La Circular* por Jorge Lago *https://www.lacircular.info/index.html%3Fp=574.html*

enfrente de un gigantesco cartel luminoso donde se lee la palabra *Feminist,* cita a la escritora feminista Chimamanda Ngozi Adichie en las letras de sus canciones y se autoproclama como defensora del movimiento a diestro y siniestro. Mientras tanto, la prensa y las estudiosas de las teorías de género se hacen la misma pregunta: «¿Se trata de una estrategia comercial?». En parte, probablemente lo sea. Lo cual no quita que, muy posiblemente, Beyoncé sea feminista. Sinceramente, me es irrelevante.

Lo verdaderamente importante de toda esta cuestión es que una artista que mueve a millones de personas con cada una de sus declaraciones está naturalizando que una mujer feminista puede ser símbolo de diversión y modernidad, en vez de encarnar a esa figura estereotipada que odia a los hombres, el sexo y el maquillaje. Cuando discutimos si el feminismo anunciado por la famosa de turno es o no válido, creo que estamos utilizando un foco de debate erróneo. Y es que ese «feminismo edulcorado» que nos presenta la corriente principal no sustituye de ninguna manera al marco teórico que ha sentado las bases del mismo. Ambos espacios pueden evolucionar de forma paralela. Tenemos que asumir que hay muchas más personas dispuestas a escuchar a Ratajkowski o a Beyoncé que a leerse un libro titulado *Teoría del feminismo radical contemporáneo.* Hemos de comprender que podemos utilizar este altavoz para que la lucha por la igualdad llegue a cuanta más gente mejor. Incluso, voy a ir un paso más allá: ojalá el feminismo siga de moda muchos más años, ojalá siga acaparando portadas y titulares. Porque eso significará que existen las suficientes personas interesadas en esta lucha como para que el foco de los medios siga de cerca su evolución.

Antes, cuando hablaba de *Cincuenta sombras de Grey*, he mencionado que el entretenimiento no tiene por qué ejercer una labor didáctica. Ni las pelis, ni las series ni los libros han de mostrarnos obligatoriamente una visión del mundo con perspectiva de género. Es genial cuando lo hacen, pero no puede ser una imposición. Si solo mostramos una visión, por muy correcta que esta nos parezca, estaríamos hablando de adoctrinamiento y caeríamos en las mismas máximas absolutistas que intentamos criticar. Esto parece entrar en contradicción con muchas de mis críticas a favor del feminismo, así que me gustaría hacer un apunte al respecto.

Las obras de ficción tratan sucesos y personajes imaginarios y no se les puede exigir nada más allá. La ficción es ficción, no educación. La cuestión aquí es que no estamos hablando de un nicho dentro de la industria («Oh, hay algunos libros sin perspectiva de género… qué desastre»). A nadie le quita el sueño que haya unas cuantas representaciones desubicadas; es una consecuencia innata de la libertad de expresión. Serían una imagen entre muchas otras. El problema real surge cuando prácticamente todos nuestros referentes presentan la misma visión. Es así como creamos una idea homogénea del mundo en el que vivimos, reduciendo la complejidad de nuestras experiencias como individuos. Y aquí surge el dilema, ¿cómo mostrar otras miradas sin censurar las ya existentes? Abogando por la variedad, la diversidad y la complejidad de las historias, mostrando al mundo que queremos ver otro tipo de obras más allá de las normativas. Creando piezas que subviertan el relato único. Comprando libros, consumiendo pelis, series, programas de televisión y otras producciones culturales y artísticas que pongan en entredicho los roles machistas a los que estamos tan acostumbrados, y que nos presenten una imagen de nuestra realidad que incluya cuantos más enfoques mejor.

Iconos vs. referentes

El tema de los iconos merece su propia reflexión aparte. Nos encanta elevar a las *celebrities* al estatus de ídolo feminista para después arrojarlas a los infiernos cuando cometen alguna falta que, por un motivo u otro, nos parezca incongruente con su discurso. Lena Dunham, Emma Watson e incluso la superheroína Wonder Woman han sufrido el amor y los desprecios del público, tras convertirlas en fetiches del movimiento. Y yo me pregunto: ¿de dónde viene esta necesidad de buscar efigies a las que adorar? Tal vez sea la consecuencia de una carencia adolescente o el resultado de las ansias periodísticas por buscar titulares carnosos. Sea como sea, la realidad es que no es positivo elevar a nadie a la categoría de ídolo. Porque los símbolos son estáticos mientras que las personas estamos en constante evolución. Nos pasan cosas. No somos ajenas a nuestro contexto. Las personas fallan. Los valores, no. A esto le sumamos que el feminismo es un movimiento plural compuesto por un montón de visiones distintas (que en muchas ocasiones ni siquiera se ponen de acuerdo entre sí; el debate a favor o en contra del trabajo sexual rinde buena cuenta de ello). ¿Cómo esperamos que alguien pueda ser la encarnación física de semejante entuerto? No, no hay ni debería haber imágenes absolutas que representen el feminismo.

Hace unos años la actriz Leticia Dolera publicó un tuit mostrando una serie de imágenes sacadas de la portada de la revista *GQ*. A un lado, aquellas protagonizadas por hombres, todos vestidos con esmoquin, camisa y corbata. En el otro, las mujeres, prácticamente semidesnudas y en posturitas sexys. «Busca las diferencias», escribió ella, intentando mostrar la brecha a la hora de representar cada género. A los pocos minutos contestó un usuario con un condescendiente «Pero vamos a ver, maja», que incluía una foto de la propia Leticia como portada de otra revista de gran tirada, en actitud sexy y con escote. Un *ad hominem* en toda regla que propició una lucha de zascas, polémica y controversia en la red. ¿Pero cómo puede hacerse llamar feminista si ella misma ha participado en los estereotipos machistas que está intentando criticar? La línea es delgada y difícil de definir. Pero empezaré poniendo sobre la mesa que desacreditar al orador no invalida aquello que está intentando promulgar. Y que, como personas, a veces nos contradecimos y somos incoherentes con nuestros valores. Las razones son diversas. A lo mejor tienes que trabajar como periodista en un medio de comunicación opuesto a tu ideología para poder llegar a fin de mes, o puede que viajes en avión por mucho que seas un ecologista obstinado (¿sabías que un vuelo Madrid / Lima produce 1,7 toneladas de CO_2 por pasajero?). Nos pasa a todos. Lo que ocurre es que la gran mayoría no tiene esas incoherencias publicadas en internet y los otros no se las pueden enseñar. Se me ocurren un montón de razones por las que Dolera pudo decidir hacer esa portada y eso no quita que el tema que estaba señalando en su tuit sea importante, legítimo y real. Por cierto, si os pica la curiosidad, ella misma aclaró los motivos que la llevaron a hacer esas fotos en un *flashback* narrado en su libro *Morder la manzana:*

> *Llevo toda mi carrera evitando mostrar mi sensualidad por miedo a que eso me reste credibilidad [...]. Empiezo a comprender que esta relación contradictoria con mi propio cuerpo y mi erotismo es consecuencia de la cultura patriarcal, que nos clasifica como putas o monjas. Que nos dice «sedúceme y sé atractiva, no vayas a ir de monja; pero no te pases o serás una puta y una zorra» [...]. Como últimamente me planteo todas esas cuestiones [...], decido hacer una portada de esas, decido mostrar al mundo una sensualidad que llevo décadas ocultando. Me hago esas fotos, ahora sí, las hago empoderada [...]. Me adueño completamente de la sensualidad que quiero mostrar. Y resulta liberador porque esta vez lo hago consciente de lo que significa para mí. Hoy creo que lo ideal hubiera sido no tener que publicarlas en una revista masculina, pues la mayoría contribuye a perpetuar los estereotipos machistas y la cosificación de las mujeres, pero en ese momento no se me ocurrió otra forma de hacerlo [...]; ahora sé que mi sensualidad no me resta credibilidad ni poder y tampoco me los añade, sencillamente me pertenece.*

Pero entonces, *espera un segundo.* ¿Puedo defender cualquier cosa, incumplirlo en mi vida privada y todo está bien con la excusa de que «soy humano», «tengo mis contradicciones» y todo esto? ¿Puedo ser activista vegano y trabajar en un matadero? ¿O un maltratador que se defina como feminista? Evidentemente, no. Como en todo, hay niveles. En mi opinión, hay que juzgar las acciones y los valores de cada individuo sobre una balanza. En general, ¿los actos de esa persona coinciden con sus ideales, por mucho que en ocasiones sea incoherente? Si la respuesta es sí, perfecto. Y si no, estaríamos hablando de un hipócrita. Y escribo esto sabiendo que realmente este es un análisis personal que cada uno de nosotros debería hacer únicamente hacia sí mismo. Juzgar los valores y comportamientos ajenos es peligroso porque solo conocemos una parte de la historia: la que esas personas han decidido mostrar. No somos conscientes del contexto que les ha llevado a tomar esa decisión, pero nos encantan los reduccionismos: Emma Watson se considera feminista, pero sale haciendo un pseudotopless en una revista. *¡Mentirosa!* En vez de ver la paja en el ojo ajeno, centrémonos en la viga que hay en el nuestro. Yo también he sufrido en muchas ocasiones esta misma crítica. ¿Cómo puede una persona que se ha dedicado al trabajo sexual considerarse feminista? Sí, he representado escenas que normalizaban roles machistas durante mi paso por el porno y también he encarnado esos mismos estereotipos en otros medios que no tenían nada que ver con el trabajo sexual.

Una vez, en una entrevista para la tele, el periodista me pidió que me diese una «vueltita por el escenario» para que los espectadores viesen «lo guapa que era». Y yo me la di, sin siquiera rechistar. Cuando salí de plató, me sentí como una mierda por haber naturalizado semejante actitud en vez de mandarle a freír espárragos y decirle que los espectadores no tenían nada que opinar sobre mi cuerpo, si lo que yo estaba haciendo allí era hablar sobre mi carrera. Hay mil motivos por los cuales he aceptado, perpetuado o representado actitudes que van en contra de mis valores feministas (que, aclaro, son míos y personales y pueden o no coincidir con las ramas del feminismo que otras personas que participan en el movimiento defienden). Algunas veces no he sabido decir «no» en el momento adecuado. Otras no me he dado cuenta de la importancia de la cuestión hasta tiempo más tarde. He tenido miedo al rechazo. Y a quedarme sin trabajo. También lo he hecho por pensar que eran «gajes del oficio». En ocasiones he tenido miedo de dar «demasiado la nota» y ser recordada como la quejica, o la chica complicada, etcétera.

No existen reglas absolutas que nos permitan entender si una mujer está sirviendo al feminismo o al capitalismo. En gran medida, depende del contexto. Que una mujer aparezca desnuda en una revista no es especialmente transgresor, y sin embargo imaginad lo subversivo que sería que una publicación masculina convencional sacase a una mujer trans en la portada. Sigue siendo una mujer desnuda en un trozo de papel, pero el contexto ha cambiado porque visibiliza a un colectivo oprimido y, por tanto, se convierte en una herramienta a favor de los valores feministas. De la misma manera, una mujer maquillada y con el pelo suelto paseando por Madrid no causaría demasiado revuelo…, pero imaginaos si cambiamos nuestro país por, digamos, Afganistán. El contexto lo es todo.

Los ídolos son siempre definidos por el entorno. Nadie que tenga dos dedos de frente o un poco de humildad se definirá a sí mismo como «símbolo» de ningún movimiento. Son la prensa y la opinión pública quienes encumbran o destierran de esta categoría a los personajes públicos. La veleta de los titulares morbosos cambiará de dirección de un día para otro, alabando a Rosalía o La Zowi como mujeres empoderadas o criticándolas como víctimas y representantes de un sistema opresor. Se buscan adalides, estandartes que alzar sobre la lucha. Pero tan pronto como den un paso en falso, *¡zas!* De heroína a villana en tan solo un segundo. ¿Podemos darnos cuenta de una vez de que esto no es sino una estrategia comercial orquestada para generar visitas? La idealización siempre, absolutamente siempre, acaba decepcionándote. Dejemos de hacerlo.

Mi propuesta es que paremos de buscar iconos para empezar a hablar de referentes. Un referente inspira sin la necesidad de imponer. Sugiere. Remite a lugares donde tal vez haya más información sobre el tema a tratar. Se trata de un modelo a seguir en términos relativos, no absolutos. De esta manera aprenderemos a coger las partes del discurso con las que nos sentimos identificadas y a rechazar aquellas que no coinciden con nuestros valores. De forma natural, y sin grandes aspavientos. Sin esperar que nadie canalice de forma inequívoca los principios de ningún movimiento a través de sus actos o su persona.

Avanzamos

Hasta hace muy poco habría sido imposible ver a una humorista trans como Elsa Ruiz en un programa de máxima audiencia o a una artista como Jedet petándolo en las redes sociales. Tenemos que celebrar que la *drag queen* Aquaria tenga su propia paleta de maquillaje desarrollada por una gran marca comercial. Que la *influencer* española más conocida, Dulceida, se declare abiertamente bisexual. Que *RuPaul's Drag Race* haya llegado a las once temporadas. Que existan series como *Girls* mostrando mujeres desnudas con cuerpos no normativos, *Sense8* y *Pose,* normalizando la transexualidad y las relaciones no monógamas o *Dear White People* haciendo un análisis profundo alrededor de la discriminación racial. *Fuck.* Todo esto son grandes victorias.

Los referentes están cambiando. Pasito a pasito. Poco a poco. Cada vez hay más foco en ofrecer modelos a seguir que engloben otras perspectivas. Personalmente, tengo ganas de que lleguemos a ese punto donde no haya que hacer libros con las «Cincuenta mujeres más relevantes de los últimos tiempos» porque de forma natural se las haya incluido en el relato universal. También tengo ganas de que dejemos de presentar a las mujeres ingenieras, astronautas y matemáticas como si fuesen anomalías, un estandarte para presumir de que las cosas están cambiando. Tengo ganas de que, cuando hablemos de mujeres artistas, nos acordemos de alguien más aparte de Frida Khalo.

Pero, mientras tanto, sigamos revisitando los libros para descubrir a todas esas mujeres importantes que han sido silenciadas por la historia, consumamos aquellos productos que cuestionen la mirada normativa y analicemos esas partes del *mainstream* que pueden ser útiles en la práctica, por muchos agujeros que existan en su teoría.

Yo ya hice mi búsqueda, y sé a qué mujeres quiero incluir entre mis referentes la próxima vez que me pregunten en una entrevista: Simone de Beauvoir, Diane Arbus, Marie Curie, Clara Campoamor, Alejandra Pizarnik, Elif Shafak, Luna Miguel, Virginie Despentes, Esther Ferrer, Itziar Ziga, Beryl Markham, Emilia Pardo Bazán, Anaïs Nin, Maria Hesse, Gloria Fuertes, Ouka Leele, Georgina Orellano, Rosalía de Castro, Fatema Mernissi, Lee Miller, Virginia Wolf, Sylvia Plath, Mary Shelley, Agatha Christie, Dorothea Lange, Ana Mendieta, Gabriela Mistral…

CAPÍTULO 3

El juego de la feminidad

Estoy en plena eclosión adolescente, mirándome al espejo que tengo detrás de la puerta mientras intento evaluar cómo me queda la ropa. Me pongo de perfil, de frente y hasta de puntillas. Finjo como si me fuese a sentar y levanto las piernas en posiciones extrañas para ver si en algún momento se me salen las chichas o se me ven las bragas. Es la primera vez que me pruebo una minifalda y me encanta. He heredado una bolsa de prendas usadas de mi prima y estoy probándome cada pieza como si fuese un tesoro de valor incalculable.

Ainhoa me saca casi cuatro años y su armario se compone de *tops* diminutos, *shorts* vaqueros y pantalones de campana. Si a esto le añades un buen par de aros chapados en oro, un collar con la virgen de Covadonga y siete anillos en cada mano, tendrás la viva imagen de su persona. Algo así como una Britney Spears de barrio. A mí, por supuesto, no me dejan ir con semejantes galas. Cualquier prenda que enseñe las piernas por encima de la rodilla está vetada en mi armario. Toda mi ropa ha sido heredada de familiares o comprada en tiendas de segunda mano, así que mi estilo de vestir va como mínimo con diez años de retraso en comparación con el mundo. No me molesta especialmente llevar ropa anticuada, pero odio no poder elegir qué ponerme. Me siento como una colcha de *patchwork*, una colección de telas inconexas combinadas sin demasiado acierto. Sí, esta bolsa tiene jerséis de lana y camisetas de grupos, pero también está cargada de ilusión. Es lo más cerca que voy a estar en mucho tiempo de ir vestida a la moda. O de ser una chica popular. Apetecible. Deseable. Por eso es tan importante.

Sentirme identificada con mi aspecto ha sido una fuente de problemas en mi vida desde que tengo uso de razón. De pequeña me confundían constantemente con un chico, probablemente por llevar el pelo corto y las orejas sin agujerear. Como quería desesperadamente que me leyeran de la forma que yo consideraba correcta, en cuanto tuve edad para hacerlo me planté en la farmacia de la esquina para sufrir una buena dosis de dolor punzante en las orejas. Salí de allí con hilillos de sangre goteando de los lóbulos y una sonrisa de oreja a oreja. ¡Al fin, nadie más se iba a confundir al juzgar mi género! Llevar pendientes se convirtió en un estandarte de mi condición como mujer preadolescente. Una especie de tótem de la feminidad. Cuando pasaba cerca de algún niño mono, me recogía el pelo de forma casualmente premeditada. Mis dos aritos de oro brillando como luces de neón, anunciando a todo aquel que quisiera leer las señales que yo era, inequívocamente, una chica.

Volvamos a la bolsa. Obviamente mis padres no han mirado lo que hay dentro, o jamás habría caído en mis manos. Cada camiseta es más corta y barriobajera que la anterior. Hay estampados de tribales y hasta una sudadera de Rottweiler. Gracias a esta pila de prendas consigo mi primera falda corta y mis primeros pantalones vaqueros, con las rodillas desgastadas y los muslos desteñidos con lejía. Al principio me siento un poco fuera de lugar cuando los llevo, como una niña pequeña que sale a la calle con los tacones de su madre, tropezando mientras los pies le bailan en una horma demasiado grande para su anatomía infantil. Pero, a la vez, me gusta la imagen de mí misma que proyecto al exterior. Destierro la ropa holgada y las camisas con estampados de perritos de mi armario y comienzo a ponerme vestidos cortos y *leggins* ajustados. Para horror de mis padres, este cambio en mi forma de vestir me hace sentir bien. Mucho más adulta. Más yo.

A mis catorce años no tenía ninguna intención de analizar por qué ciertas prendas o complementos arrojaban la imagen de que yo era una chica, pero sabía casi de forma inconsciente que pintarse las uñas, llevar pendientes, vestir de cierta manera o maquillarse eran cosas que indudablemente me incluían en la categoría social de mujer. Y no una mujer cualquiera, sino una mujer femenina. Una supermujer. Gracias a las revistas, las pelis y las series de televisión tenía muy claro que la mejor de todas las féminas es esa que ostenta las impecables características de un pura raza: cintura estrecha, caderas y pechos abultados (90, 60, 90), ropa que acentúe las curvas de su cuerpo, pestañas largas, pelo aún más largo, uñas bien hechas, la sombra de ojos en su sitio. Joan Holloway en *Mad Men* (2015), Angelina Jolie encarnando a Lara Croft, Marilyn Monroe, Scarlett Johanson… Todas ellas iconos a los que aspirar.

¿Qué es la feminidad?

Pero ¿qué es la feminidad?, ¿qué significa exactamente «ser femenina»? En resumen, implica que encajas en los parámetros que la sociedad y nuestro contexto entienden como inherentes a la mujer. La feminidad no es nada más ni nada menos que un constructo social y cultural, y como tal ha ido evolucionando a lo largo de los años. La mujer femenina de la década de los cuarenta llevaba perlas, trajes de dos piezas y peinados endurecidos con permanente, mientras que la de los noventa luce el pelo suelto, los labios perfilados, plataformas y tejanos. El cine, la moda, la televisión, los periódicos, las revistas y demás medios colaboran constantemente en la elaboración y revisión de estos estereotipos. El set de normas que te indican qué debes y, sobre todo, qué no debes hacer si quieres ser considerada dentro de esta esfera social. Las mujeres femeninas no se muerden los padrastros, ni llevan las medias rotas, ni la raya del ojo torcida. No les huele el aliento, ni hablan demasiado rápido ni se ríen demasiado alto. No tienen raíces oscuras en su pelo teñido de rubio, ni las cejas mal depiladas, ni se les sale una mata de pelo púbico por los bordes del bañador.

Este conjunto de reglas comienza a fraguarse en la infancia, cuando nos enseñan que los pantalones, el pelo corto y aspirar a ser bombero son cosas de niños mientras que ellas han de lucir joyería delicada, disfrazarse de princesas y volverse locas por el rosa. Invertir las variables es impensable, casi como llevarle la contraria al universo. ¿Un niño con falda? ¡Imposible! La realidad es que son las figuras adultas y el marco que les rodea quienes imponen a los más pequeños estas pautas que tienen que seguir para ser considerados parte del género con el que se sienten identificados. Hasta que no son adoctrinados al respecto, a ellos les da igual de qué color es su ropa y no tienen ni idea de las implicaciones que oculta el largo de su cabello. Como no han entendido todavía los modelos que los rodean, no tienen ninguna necesidad de seguirlos. Tienen sus preferencias, por supuesto, pero estas no son consecuencia de un entorno que les ha dicho que sus gustos y su apariencia tienen que estar supeditados a las reglas sociales. El punto de inflexión aparece cuando los padres, algún familiar, los profes o los otros niños del cole les hacen sentir mal por mostrar rasgos que en el imaginario popular no coinciden con la categoría a la que les han dicho que pertenecen. Así, poco a poco y de forma subconsciente, van aprendiendo qué cosas deben o no hacer para ser leídos correctamente. Por supuesto, la instrucción no acaba en la infancia. Mientras transitamos por la vida, nuestros iguales asumen el papel de policías del género, marcando las leyes que tenemos que seguir y aquellos límites que no debemos transgredir. Las discrepancias con este modelo hegemónico se pagan caro y corremos el riesgo de ser sancionados: acoso, insultos, marginación social... Se pondrá en duda el valor de nuestra identidad y se nos relegará a los márgenes. No solo juzgamos la apariencia física. A la hora de validar la pertenencia a un género, se ponen sobre la palestra una serie de rasgos de comportamiento irrefutables: los hombres no deben hablar de sentimientos, mostrarse débiles ni ser emocionales. Han de ser fuertes, viriles, los «dueños de la casa». Es interesante también analizar cómo los mandatos que construyen la masculinidad se establecen en términos negativos: se trata de sustraer de la identidad del hombre todo aquello que tiene que ver socialmente con las mujeres. Ser un hombre masculino supone sobre todo «no ser una mujer»; negando cualquier característica que tenga que ver con la feminidad: las emociones, la fragilidad, los vínculos relacionales... Las mujeres, por su parte, tienen que ser pícaras y seductoras pero dóciles. Sensibles. Discretas. Se preocupan desmesuradamente por su aspecto físico y son sexys sin llegar a la vulgaridad.

En un intento precoz por intentar cumplir ese estándar de feminidad que se supone que debemos alcanzar, algunas niñas pequeñas muestran especial interés en depilarse, maquillarse o seguir dietas adelgazantes. Jugamos a ponernos guapas, pintándonos nuestras diminutas uñas y llenando el inexistente escote de calcetines enrollados porque somos conscientes de la importancia que tendrá la belleza en nuestra vida futura. Cuando se acerca la pubertad, el juego se vuelve cada vez más serio. Se entremezcla la necesidad de dejar atrás la infancia de forma pública con las ansias de formar parte del grupo. Pero, sobre todo, de demostrar que mereces ser leída como una mujer adulta y deseable. Así es como nos han enseñado que tenemos que validar nuestra identidad en el mundo. Lamentablemente, es fácil quedarse atrapada en este círculo vicioso, sintiendo que tu esencia y tu propia existencia están inherentemente relacionadas con aquello que te han impuesto como correcto para tu género. Aquí empiezan los problemas; cuando no puedes separar lo que tú quieres ser de lo que te han impuesto que seas, tu autodeterminación se ve limitada.

Cuando empecé a vestir con ropa de mujer, se produjo otro cambio en mi entorno: los hombres dejaron de mirarme como a una niña. Y es que es imposible hablar de la feminidad sin mencionar su vinculación con la sexualidad. Vestir de forma femenina (minifalda, tops, camisetas de tirantes, pantalones ajustados...) significa cruzar una línea invisible en la que la infancia y todas sus restricciones quedan atrás. Implica gritar a los cuatro vientos: «¡Soy objeto de deseo! ¡Tengo cuerpo y estoy dispuesta a mostrarlo!». La mujer femenina agrada en cuanto a que está intentando cumplir con lo que se espera de ella. A los ojos de los hombres, está buscando su aprobación. Es complaciente. La marimacho, la que tiene los sobacos peludos o grita demasiado, manda señales muy diferentes: se ha salido del redil y su actitud agrede al modelo hegemónico, por lo que se la fuerza a encontrar su espacio en la periferia.

Llevar ropa corta significa atraer miradas allá donde pases. Se crean pausas dramáticas en las conversaciones y muchos se dislocan el cuello intentando seguirte con la mirada. Te observan como hipnotizados, con la mente repentinamente en blanco. Es ineludible. «Por todos lados, atraer las miradas de los hambrientos, estar increíblemente presente», dice Virginie Despentes en su libro *Teoría King Kong*. «Depositaria de un tesoro furiosamente deseado, mi entrepierna, mis pechos, cobraban una importancia extrema». Ser objeto de deseo te sube la autoestima, es cierto. Los *likes* de las redes alimentan tu ego y calman tus inseguridades, pero es muy probable que también te generen dependencia; un círculo vicioso en el que necesitas la validación externa para sentirte bien. Especialmente durante la adolescencia, se convierte en una manera de sentir que tu realidad es valiosa. Aunque sea únicamente por tu físico o la cantidad de carne que enseñas entre las piezas minúsculas de tela, al fin te prestan atención. Existes.

Coqueteos

Según vas haciéndote mayor, las opciones para realzar aquellos rasgos que te hacen *femenina* se amplían: tacones, medias con liguero, lencería fina. La depilación láser. El alisado japonés. La cantidad de variables para acentuar tu atractivo tiende a infinito. Pero hay un rasgo de personalidad relacionado con el juego de la feminidad que me llama especialmente la atención: la coquetería. Según la RAE, «coquetear» se define como «tratar de agradar por mera vanidad con medios estudiados», y es sinónimo de galantear, cortejar, flirtear, seducir, conquistar, mariposear, provocar y tontear. La mujer coqueta es seductora de forma absolutamente consciente. Está buscando una reacción en su interlocutor totalmente a sabiendas de lo que hace. Le provoca placer ostentar ese poder.

La mayoría de la gente entiende la coquetería como un medio para conseguir algo, el equivalente a colarte en la cola del supermercado o a ligar con el tío de la barra del bar para que te llene más la copa; pero también puede ser simplemente un fin en sí mismo. No es, como muchos piensan, una manera de doblegarse al mandato de subordinación, obediencia y docilidad. No se trata de una consecuencia de siglos de sexualización, sino de un acto consciente de puro entretenimiento.

Mi amiga Caro es una seductora *cum laude.* Da igual dónde, cómo o con quién estemos; si la suerte es propicia, pone rápidamente todas sus armas sobre la mesa: se toca el pelo, sonríe mientras habla y actúa como si esa conversación fuese lo más importante que le ha pasado en la vida. En esos momentos la visualizo como un pavo real que abre la cola y blande sus plumas más brillantes consiguiendo que la otra persona caiga irremediablemente rendida a sus pies. La mayoría de las veces ni siquiera está ligando. Simplemente le encanta jugar. Le divierte la tensión que surge como resultado de este tipo de interacciones. La feminidad convertida en deporte. Hay chicas que odian a Caro cuando se pone coqueta. Piensan que su comportamiento es juego sucio, como si se estuviese adentrando con una bandera blanca en terreno enemigo. Una amenaza. Incluso un acto machista. Y, sin embargo, yo veo su coquetería como una herramienta más a su disposición. Un acto natural que le permite sacar partido a las reglas del sistema.

La seducción ha sido históricamente identificada como una herramienta femenina, un artefacto que las mujeres usan para tentar a los hombres y, en última instancia, conseguir sus fines. Y como la mayoría de estrategias relacionadas con la feminidad, es entendida a nivel social como una condición negativa. Algo secreto, misterioso e inconfesable que sucede de puertas para adentro. No obstante, merece la pena analizar estas ideas desde una perspectiva feminista para poder comprender los mecanismos de control que se ocultan tras los mitos.

Antes de nada, tenemos que comprender que el coqueteo ha sido la única estrategia disponible para muchas mujeres que aspiraban a alcanzar el poder en un sistema creado por y para ellos. Privadas del espacio público y los roles de autoridad, su única salida para combatir las reglas era emplear estrategias ocultas. Era una forma de evitar el mandato, o de moldearlo para que se adaptase a sus propios términos. Y por ese mismo motivo, no es casualidad que la seducción se haya identificado como una estrategia dañina, y que históricamente se haya relacionado la imagen de la mujer con el enredo y el engaño. Al fin y al cabo, si la persuasión es un instrumento que cuestiona el poder, condenar la seducción es una manera de eliminar la única herramienta que las mujeres podían utilizar para disputar la autoridad.

Por este motivo veo especialmente transgresor que usemos esas pautas que tan profundamente nos han inculcado como negativas y nos cubramos con ellas, como si de una boa de plumas se tratara. Espolvoreando con purpurina y lentejuelas los modelos de conducta que nos han enseñado seremos capaces de encontrar las grietas en ese sistema de poder que nos produce como sujetos en serie. «Nunca podré escapar, por más que lo intente, de la dualidad masculina/femenina», dice Itziar Ziga en *Devenir Perra*. «Y como no lo consigo, prefiero reírme antes que castigarme por ello. No hay nada más sacrílego que recitar al revés una oración, nada más placentero que representar la feminidad arañándole con las uñas desconchadas de esmalte barato la disposición sumisa. Pervertir los códigos de la buena chica».

En ocasiones, la transgresión se encuentra en la exageración y no en el rechazo. Ambas opciones, aunque a veces nos sorprenda, son igual de válidas a la hora de cuestionar los mecanismos del poder. Un buen ejemplo sería la sexualización que vemos dentro del movimiento punk: ellas llevan minifaldas, medias de rejilla, *shorts* agujereados, pantalones ajustados que dejan poco o nada a la imaginación. Y, sin embargo, su estética agresiva y su actitud irreverente resultan subversivas en cuanto a que ponen en duda las características que normalmente consideramos propias de las mujeres. Otro ejemplo: la subcultura gay de los *bears,* hombres que acentúan la imagen de la masculinidad más hegemónica a través de cuerpos anchos, musculados y llenos de pelo. Su apariencia resulta transgresora porque a estos machos de manual no les interesan ni lo más mínimo las mujeres. Traicionan nuestras expectativas y de esta manera rompen y juegan con las normas de género impuestas.

Por supuesto, no todo vale. En situaciones donde la relación de poder es desigual la coquetería puede dar pie a malentendidos o sembrar terreno fértil para el abuso. Por este motivo no me parece especialmente adecuado coquetear en el trabajo, en ambientes de estudio o en cualquier situación en la que haya una figura de autoridad y otra subordinada. Ligar con tu profe, tu jefe, tu alumna o el chico de los recados te va a traer más problemas que soluciones. Pero en igualdad de condiciones, el flirteo es una manera tan válida como otra cualquiera de interactuar socialmente.

Me gusta ser una zorra

La primera vez que oí hablar del juego de la feminidad fue en *Teoría King Kong*. Despentes narra el cambio que experimenta en su interacción con los hombres cuando decide salir a la calle con escote, minifalda y taconazos: «Yo, que hasta entonces era una tía casi transparente, pelo corto y zapatillas sucias, me había convertido bruscamente en una criatura de vicio [...]. Una mujer con estilo de puta le interesa a casi todo el mundo. Me había convertido en un juguete gigante [...]; no era necesario ser una megabomba sexual, ni conocer secretos técnicos inimaginables para convertirse en una mujer fatal... bastaba con jugar el juego. El juego de la feminidad». Al igual que Despentes, yo descubrí el poder del juego de la feminidad gracias al trabajo sexual.

A nivel personal nunca he sentido especial interés por tener una apariencia impecable. Digamos que ese tipo de cosas no eran mi prioridad. Y siendo sincera, tampoco es que tuviese suficiente dinero como para invertirlo en hacerme la manicura todas las semanas o ir a la peluquería para que me arreglasen las puntas. Incluso durante ese par de años adolescentes durante los cuales mi minifalda más larga podría haber pasado por una cinta del pelo un poco ancha, me seguía cortando el pelo en casa y desgraciándome los folículos al intentar hacerme la cera por mi cuenta. La mayoría del tiempo parecía un chihuahua despeinado. Pero cuando empecé a trabajar en el porno, la cosa cambió. El nivel de cuidado personal que requerían de mí en las sesiones estaba muy por encima de mi nota de corte. Tenía que llevar uñas acrílicas, la pedicura hecha en todo momento, el pelo bien teñido, las axilas impecables.

Por si aquello fuera poco, el maquillaje y vestuario de los rodajes estaba ideado para hiperfeminizarme: lencería con *push-up* para colocarme cómodamente las tetas debajo de la barbilla, pestañas postizas, labios rojos, medias impolutas, vestidos cortísimos y siempre, siempre en tacones. *Stilettos* hasta en la sopa. Todo en el porno está preparado para convertirte en una supermujer, el máximo exponente de la *femme fatale*. Navegué como pude ese universo de feminidad exagerada destinado a sacar el máximo partido a los atributos más convencionales de mi físico. Mi sexualidad se convertía en una *performance* y todas aquellas prendas eran parte del disfraz, una manera de meterme en mi rol y comenzar a interpretar el papel de la chica que no siente miedo ni vergüenza de mostrar su cuerpo. La dramatización del sexo. Recuerdo mi cara de póker el día en que me dieron un traje de rejilla amarillo chillón combinado con unas plataformas rosas de suela de corcho y un par de anillos de colores. El atuendo se completaba con un inexplicable collar con forma de gato y un sujetador de lunares cuyas puntillas sobresalían por el borde del escote. Horrible. Terrorífico. Parecía salido de una pesadilla daltónica de Clive Barker. Estoy prácticamente segura de que los fabricantes de este tipo de lencería sobreviven únicamente gracias a las producciones porno.

Al mismo tiempo que luchaba contra la extravagancia estilística que lucía en mis escenas, comencé a darme cuenta de su poder. Vestida como una guarra, podía ser agresivamente sexual, explícita; podía alardear de mi cuerpo y de mis fantasías con la misma autoridad que los hombres sin que nadie se sorprendiese ni yo me sintiese mal por ello. Interpretando el papel de la actriz porno, podía hacer lo que quisiera sin tener que rendir cuentas a nadie, y sacar afuera partes de mi personalidad que me habían sido vetadas durante toda mi vida. Afirmarme como una persona deseable y «deseante», sin cortes, sin edulcorantes y sin necesidad de ocultar mis verdaderas pulsiones. Voceando «Me gusta ser una zorra», como en la canción de las Vulpes. Esa misma melodía que en 1983 causó la dimisión del presentador Carlos Tena, acusado de escándalo público tras aprobar su emisión en el programa musical que dirigía, Caja de Ritmos. «¿Habría molestado tanto la letra si hubiesen cantado "Me gusta ser tu zorra" o "Me gusta ser una zorra porque a ti te gusta"?», se pregunta Itziar Ziga en su libro. Yo no lo creo. La sexualidad femenina anunciada sin filtros aún provoca rechazo en cuanto a que afirmas que es tuya; te pertenece. Resulta intimidante porque transgrede el mandato hegemónico que nos quiere complacientes y dóciles.

Soy consciente de las contradicciones que surgen al analizar esta cuestión. ¿Cómo puede resultar empoderarte vestir o comportarse como una zorra, si es exactamente este tipo de imagen de mujer que se expone públicamente al servicio de los deseos masculinos la que nos venden a diestro y siniestro? Es una cuestión compleja, ya que implica trazar una línea entre la sexualización ejercida por una misma y aquella que es impuesta por el entorno, sabiendo además que no somos seres aislados de nuestro contexto y que todas las decisiones que tomamos están influidas por aquello que hemos vivido. Para mí, el *quid* de la cuestión radica en elegir aquello que nos apetece sabiendo de dónde proviene y sin fustigarnos por ello si se trata de un producto patriarcal. Sí, soy una zorra. Pero no soy *tu* zorra.

Fue entonces cuando empecé a ver la feminidad como una construcción que puedes adoptar o no según lo que te apetezca en cada momento. Entendí que era mucho más divertido ver los atuendos de mis escenas simplemente como un disfraz. Igual que en Halloween me convertía en bruja gracias a un sombrero picudo y un par de verrugas de quita y pon, en el porno me transmutaba en Mata Hari al ritmo de zapatos imposibles y corsés de vinilo. En el fondo, es todo un trampantojo, una ilusión. Hagas lo que hagas, estás interpretando un papel (el papel de «soy mujer»), así que más te vale poder elegir las características de tu personaje. Jugar o no al juego de la feminidad ha de ser una decisión consciente, no una necesidad, ni mucho menos una manera de demostrarle al mundo o a ti misma que eres «una mujer de verdad». No debemos medir nuestra belleza o nuestra autoestima en base a cumplir y aceptar las reglas estipuladas, sino decidir qué rasgos nos hacen ser la persona que queremos ser, por encima de aquella que nos han impuesto los referentes y nuestro contexto. En mi caso, la hipersexualización me ayudó a encontrar ese camino, pero desde luego no es el único válido.

El género «performatizado»

El problema de la feminidad y la masculinidad hegemónicas es que son utilizadas como mecanismos de control social. Se trata de cuestiones impuestas, construcciones que nos impedirán vivir con libertad nuestros cambios vitales y la evolución de nuestra identidad. Si entendiésemos el género como algo fluido en vez de una condición permanente e incuestionable, muchos dilemas actuales se convertirían en papel mojado. Porque es innegable que la producción de un modelo de hombre y de mujer estandarizado y los intentos constantes de repetir este paradigma en serie dejan víctimas a su paso; la única posibilidad para aquellos que no se sienten afines a estas reglas es quedarse en la frontera y sufrir la discriminación, o forzarse a delimitar su vida en base a los cánones impuestos.

En mi caso personal, cuando al fin entendí la feminidad como una *performance,* comencé a plantearme seriamente algunas de las cuestiones que hasta entonces había simplemente dado por supuesto. Como el por qué decidía sufrir todos los veranos con la depilación, o los motivos que me llevaban a usar sujetador por mucho que haya sido una prenda que he odiado toda la vida. Tal vez, si me hubiese dado cuenta antes de que esto del género era un juego, no me hubiese agujereado las orejas para intentar marcarme a nivel simbólico como una chica. Ahora sé que ni los pelos de mis piernas, ni mis uñas sin pintar, ni las raíces de mi pelo mal teñido me restan valía como mujer ni ponen en duda el género con el que me siento identificada. Porque la feminidad con la que me visto hoy en día es fluida, maleable, un ejercicio teatral que decido representar conscientemente, en vez de una serie de características inmutables heredadas históricamente que no me atrevo a cuestionar.

CAPÍTULO 4

La tiranía de la belleza

Estrujo a mi novio entre los brazos mientras charlamos de temas intrascendentes tumbados en la cama: música emo de mediados de los 2000, la última peli de *X-Men,* nuestros profesores más odiados del bachillerato. Mis dedos repasan con calma la raíz de su pelo graso, acariciando su frente y fantaseando con que somos la pareja ideal. Una de esas relaciones exuberantes que salen retratadas en las series de televisión que sigo. Nos visualizo como los torturados protagonistas de *The O.C.* (2003) o tal vez *One Tree Hill* (2003), obligados por las circunstancias a sortear las situaciones más inverosímiles, pero finalmente coronados como reyes del baile en la inexistente fiesta de fin de curso. Ojalá. La realidad es que somos dos adolescentes introvertidos con una vida bastante insulsa. Ni siquiera vivimos en la misma ciudad, pero, cada vez que quedamos, nos dedicamos a jugar a Magic, leer mangas y hablar del futuro. Él quiere ser cantante. Yo, artista.

También sueño a menudo con que nuestro amor será eterno. Llegaremos a la tercera edad queriéndonos con la misma intensidad, y la gente nos preguntará constantemente cuál es nuestro secreto. Un idilio escabroso, lleno de pasión y misterio. A lo Romeo y Julieta. O a lo Bonnie and Clyde. Pero sin morir, claro. De alguna manera esta es mi manera de justificar las dinámicas tóxicas en las que caemos constantemente, las discusiones y los reproches. De hecho, creo que puedo afirmar casi con total seguridad que nuestra relación se sustenta en el sexo. Somos incapaces de tener una conversación sin gritarnos, pero nuestros cuerpos son sacos de hormonas llenos de expectativas, ansia y deseo. Estamos dando nuestros primeros pasos en la exploración de nuestros cuerpos y nos morimos de ganas de probar todas esas cosas que hasta ahora solo habíamos podido imaginar. Inevitablemente, siempre acabamos hablando de lo mismo.

—¿Qué cosas te gustaría probar y nunca has probado? —le pregunto, representando el papel de la novia complaciente en la que quiero convertirme.

—Quiero hacer guarradas en un ascensor.

—Pues eso es muy fácil. —Se nos escapan unas risitas cómplices y algún beso escurridizo.

—¿Y… qué es lo que más te pone en una chica?

—Las tetas. Y la cara. —Bueno, no diré que me sorprenda.

—¿Y… qué es lo que más te gusta de mí?

—Tus ojos —responde él. Bien, vamos bien.

—¿Y lo que menos? —Me estoy metiendo en terreno pantanoso, y lo sé. Espero impaciente a que me diga «No hay nada de ti que no me guste», pero la conversación toma otro camino.

—Tus tetas. Y los *brackets.* Si no fuese por eso, serías perfecta.

Drama. Silencio. Hasta entonces ni siquiera me había planteado que el aparato de los dientes podía ser un *turn off.* A mí me gusta, creo que me da un aire de ratita de biblioteca con el que me siento muy identificada. Me siento mal. Quiero ser la persona que más le guste del mundo. Quiero sentirme querida. Bonita. Apetecible.

Aunque cortamos después de unos pocos meses, esta conversación se queda grabada a fuego en mi mente y ayudará a que una vocecita en mi cerebro que me susurra cosas deprimentes tome forma cada vez que me miro al espejo. Me dice que no soy lo suficientemente guapa, que tengo dientes de chinchilla y los dedos de los pies asombrosamente largos. Que con semejantes muslos no debería llevar pantalones cortos ni atreverme a usar estampados de rayas. En serio, con un mínimo esfuerzo podría poner autopistas de peaje en mis pantorrillas. Ahora ni se me pasaría por la mente formular esa pregunta, que estaba tan claramente destinada al fracaso. Pero en aquel entonces mi cabeza era una coctelera de complejos e inseguridades que intentaba paliar gracias a la aprobación externa. De ahí que este juez apareciese por primera vez a través de la mirada ajena, como el chispazo de un percutor propulsando una bala que se alimenta de mis preocupaciones y la distorsión que tengo de mi imagen. Viene del exterior, pero se nutre de mis carencias y de las inexistentes herramientas emocionales que blando para gestionar mi interacción con el mundo.

Me obsesiono con mi físico. Entierro esas minifaldas que tanto me costó conseguir en el fondo del armario y empapelo mi cuarto con fotos de chicas desfilando, tan esqueléticas que las rodillas se les marcan a través de la ropa como aceitunas pinchadas en palillos. Me da igual ir a la moda, solo quiero ser guapa. Avril Lavigne me mira en un póster desde la esquina que está justo enfrente de mi cama y yo pienso en sus ojos rasgados y su melena lisa, tan lisa y tan rubia y tan brillante que me recuerda al sol reflejándose en una cascada. Mi pelo es un arbusto enredado donde en más de una ocasión he perdido horquillas, gomas e incluso pendientes. Miles de pequeños objetos deglutidos por el agujero negro que tengo en los pelillos de la nuca. Me paso horas y horas mirándome al espejo, analizando mis rasgos y obsesionándome con aquellos atributos que no coinciden con el ideal que se me presenta por todas partes. Los comentarios negativos se convierten en una losa que me deja dándole vueltas al coco durante semanas. Visto faldas largas y camisas anchas en un intento de disimular cualquier forma redondeada que pueda recordar a unas caderas. Es curioso cómo he pasado de querer ser vista a desear que el mundo me ignore; supongo que es parte de la coyuntura de la adolescencia. Odio mi cuerpo y mi belleza. Pero soy lista, me digo y me repito. Eso es lo importante: el cerebro, las buenas notas. Mis padres me insisten constantemente en este tema. Sus palabras me consuelan; lo demás no importa.

Nuestras peores críticas

La preocupación por nuestro aspecto es algo que nos acompaña a las mujeres desde la pubertad. Y es que el cuerpo femenino está ampliamente interpretado en todos los aspectos de nuestro día a día: la publicidad, el cine, las series, el arte, los libros... Siempre como objeto de representación (la mujer es la musa, la modelo, la actriz) y prácticamente siempre desde la mirada masculina. Así es como aprendemos que es nuestra obligación estar siempre guapas, siempre ideales. Da igual que acabes de salir del gimnasio, estés en la piscina o hayas sido madre hace dos días. Sea cual sea tu situación, habrá un producto de belleza listo para acompañarte en tu camino hacia la perfección. Fajas, maquillaje *waterproof*, cirugía estética, procedimientos dolorosos y cientos de horas de nuestro tiempo invertidas en la multimillonaria industria de la apariencia. Es un hecho, la preocupación por nuestro aspecto nos obsesiona a la vez que nos genera angustia y frustración. John Berger lo predijo en su libro *Modos de Ver*, publicado en 1972:

> *Una mujer debe cuidarse en todo momento. Por así decirlo, siempre la acompaña la imagen que tiene de sí misma. Mientras camina por una habitación o derrama lágrimas en el funeral de su padre, le cuesta no pensar en sí misma caminando o derramando lágrimas [...]. Debe cuidar todo lo que es y todo lo que hace porque el modo en que los demás la perciben, y en última instancia el modo en que la perciben los hombres, es de la mayor importancia para lo que suele considerarse éxito en la vida. Su sentimiento de ser es anulado por el sentimiento de ser valorada por otro [...]. Los hombres miran a las mujeres. Las mujeres se miran mientras las miran. Esto determina no solo la mayoría de las relaciones entre hombres y mujeres, sino también la relación de las mujeres entre sí.*

De hecho, nos pasamos tantos años juzgándonos a través de las expectativas externas que llegamos a aceptarlas como universales, interiorizando las opiniones de la sociedad como propias y usándolas como arma hacia nosotras mismas. Así es como el espejo se convierte en nuestro peor enemigo: examinas esa nueva arruga que te ha salido en el ojo, la cana plateada que ha aparecido en la sien, los pelos del entrecejo creciendo más de la cuenta o el punto negro que descubriste hace unos días y aún no has tenido tiempo de eliminar. En palabras de Liliana Mizrahi: «La mirada del otro me rodea. Se ha convertido en una orden escrita, un tribunal, una sentencia, el motor de su poder despótico. Nuestro diálogo es el enfrentamiento mortal de dos enemigos».

La tiranía de la belleza que vivimos hoy en día va de la mano de los medios de representación de masas y del sistema económico capitalista, así que podemos afirmar que se trata de un fenómeno relativamente reciente. De hecho, no llegó a su apogeo hasta la década de los años sesenta. Irónico, ¿verdad? Mientras los movimientos de liberación de la mujer se alzaban a favor del derecho a la autodeterminación, las revistas y la tele nos anclaban cada vez más en unos patrones rígidos que imponían una apariencia determinada. Es lo que Nancy Houston llama «La bonita paradoja de "más sujeto y más objeto"»: cuanta más libertad en la esfera pública, menos autonomía en el ámbito de lo personal. Parece una broma de mal gusto, pero cuando al fin conseguimos que la sociedad aceptase de forma positiva el concepto de la mujer independiente y empoderada (aquella que no necesitaba a un hombre para hacer su vida y cuyas metas vitales se extendían más allá de la idea de formar una familia), nos dimos cuenta de que la tarea era doble. Primero había que luchar contra el entorno, pero después teníamos que batallar contra nuestra propia concepción de la belleza. Porque, aunque ya no teníamos una presión directa que nos imponía lo que teníamos que hacer con nuestro cuerpo o nuestra vida, seguíamos llevando a cabo y naturalizando el mismo tipo de conductas, cada vez más compulsivas, para ensalzar nuestra imagen: bragas reductoras, potingues milagrosos, pastillas adelgazantes... El adoctrinamiento se había completado con éxito: ahora éramos nosotras mismas las que elaborábamos y revisábamos discursos que fomentaban la crítica hacia nuestro aspecto. Sí, es una contradicción, pero cuanto más nos representábamos públicamente como personas con autonomía, más nos sometíamos a la crítica obsesiva de nuestro propio juez en el terreno de lo privado. Y por este mismo motivo, a la vez que las mujeres íbamos ganando terreno en la igualdad de derechos, la industria de la belleza llegó a su cenit.

La sociedad de consumo fue la primera en aprovecharse de este *impasse* para comercializar nuevas cremas antiarrugas, contornos de ojos, maquillaje de larga duración, pintalabios de todos los colores que puedas imaginarte. Es gracias al capitalismo que se generaliza la idea de que ser bella no es una cuestión de genética, sino de voluntad. Si quieres, puedes. Está en tu mano comprarte ese nuevo aparato que te ayudará a reducir la celulitis, es tu decisión hacer dieta para que te siente bien el bikini de moda, puedes minimizar el paso del tiempo utilizando una nueva tecnología de la que nunca antes habías oído hablar. Bienvenida a la democratización de la hermosura. Ni siquiera los atributos físicos innatos escapan de las garras de este nuevo paradigma. ¿Has nacido con una nariz grande? ¿El pecho pequeño? ¿La mandíbula ancha? ¡Tranquila, existe la cirugía estética! Lo que aprendemos es que cualquier mujer que quiera ser hegemónicamente atractiva puede serlo. La belleza se convierte en un bien de consumo que está total y absolutamente al alcance de tu mano. Solo necesitas unos cuantos billetes y la *voluntad* de ser guapa para poder pertenecer a la élite. Y en el momento en que puedes tener algo si estás dispuesta a pagarlo, es tu responsabilidad conseguirlo. O formulado de otra manera: si eres fea, es porque quieres.

He aquí otro de los extremos del laberinto de la culpa femenina. Nos responsabilizamos por no estar a la altura de lo que la sociedad espera de nosotras mientras criticamos nuestra imagen y la de otras mujeres por no hacer el esfuerzo suficiente como para ser convencionalmente atractivas. Es un círculo vicioso. ¿Quién no ha oído nunca un «Estaría más guapa si se cuidase un poco»?

Quererte en los otros

Mientras me esfuerzo en desentrañar la confusión que me produce encontrarme con mi imagen, Jaime aparece en mi vida. Es artista y probablemente una de las personas más excéntricas que he conocido hasta la fecha. Vive en una casa tapizada con recortes de libros, textos fotocopiados y cartones pintados de color dorado pegados por las paredes. Yo soy una persona con muchos problemitas sociales que acaba de empezar Bellas Artes, y busco cualquier excusa para poder pasarme horas hablando de mis artistas favoritos. El *match* es instantáneo. Nos pasamos las tardes compartiendo referencias creativas, viendo pelis coreanas de nombres impronunciables y descubriendo nuevas técnicas con las que poder experimentar. Me enseña a hacer fotos y también a posar.

No estoy cómoda delante de las cámaras. Pienso en las chicas de Victoria Secret desfilando grácilmente por la pasarela con aire angelical mientras me visualizo a mí misma como una masa de carne achaparrada que no sabe dónde colocar las manos. Me siento ridícula, avergonzada. Soy un ciempiés gigantesco intentando imitar a una supermodelo. Cuando al fin me animo a ver las fotos de nuestra primera sesión, no tengo ninguna revelación mágica que me haga sentir bien conmigo misma. No cojo la pantalla del ordenador y grito: «¡Ajá, así que esta soy yo!». En vez de eso, me siento mal. Fea. Los muslos picudos, la cintura tubular. La cara girada, como en un cuadro de Picasso. Soy una botella de plástico derretida que alguien se ha dejado olvidada en el coche y ahora está desparramada sin ningún orden por el salpicadero. Para mi sorpresa, todo el mundo nos felicita. Y eso me hace sentir bien, valiosa. Mi ego, que por entonces era una burbujita pequeña y deshinchada, se infla un poco; lo suficiente como para animarme a volver a posar. Con cada sesión me siento más a gusto con mi cuerpo y más cómoda en mi piel (¿o más a gusto con la idea que los otros tienen de mi cuerpo y mi piel?), aunque la percepción que tengo de mi imagen sigue deformada. Decido dar un paso que desde mi perspectiva, parece colosal: quiero empezar a posar para otros fotógrafos. La experiencia es similar. Cuando represento el papel de la musa, me siento admirada, gustada, querida; casi sin quererlo, convierto el modelaje en una suerte de terapia. Siento que mi saco de complejos cada vez pesa menos.

Empiezo a cobrar y, contra todo pronóstico, la gente está dispuesta a pagarme por estar delante de su objetivo.

Es probablemente la primera vez en la vida que siento que existe un hueco para mí dentro de la belleza convencional. Los rasgos de mi cuerpo que más me cuesta aceptar (las caderas anchas, los pezones colocados como guindas demasiado grandes en mis pechos de adolescente, el ojo estrábico) son irónicamente los que más llaman la atención de los fotógrafos. También me alivia comprender que lo que la mayoría de artistas para los que trabajo buscan es la línea en el cuerpo, la expresividad de unas chichas apretujadas contra la barriga, y no la belleza esbelta de las modelos de pasarela con las que inevitablemente me comparo. «Los cuerpos con carne y pelo son los más interesantes», me dice un escultor mientras me coloco en la posición en la que voy a estar quieta durante los siguientes treinta minutos. Sería Anaïs Nin quien dijese que «Las mujeres se ven en los ojos de los hombres que las aman como en un espejo». Ellos me aman mientras poso y yo me miro, y me amo a través de sus ojos. Consumo mi cuerpo a través de su deseo, y me gusta lo que veo. Me siento aceptada.

La importancia social de la belleza

Por aquel entonces todavía no me había dado cuenta de los peligros que conlleva aprender a quererte a través de los otros. Este tipo de amor propio es realmente una ilusión, un espejismo que se acaba tan pronto como aumente tu edad o la talla de tus pantalones. Es volátil, inestable. Pero tiene sentido que yo, como tantas otras, me sintiese cómoda buscando la aprobación en los ojos de los hombres. Al fin y al cabo, esto es lo que me habían explicado desde pequeña: tienes que gustar. Tienes que ser deseable. No de forma explícita, claro. Nadie llegó y me dijo: «Para triunfar, hay que ser guapa», pero todos los referentes de mujeres que veía en la tele, en los anuncios o en las series cumplían este perfil.

Las presentadoras de noticias eran mujeres con una belleza normativa, delgadas, de rasgos suaves. Casi siempre en falda y tacones. Si me paro a analizarlo, en realidad el patrón era siempre el mismo: los programas de cotilleos, belleza o tendencias estaban conducidos por ellas; los de economía, cultura o noticias, por ellos. Los concursos eran territorio masculino. Hombres vestidos con estilosos trajes de chaqueta, en muchas ocasiones acompañados de «azafatas» listas para pegar saltitos cuando el concursante acertaba la opción correcta. ¿Os acordáis de *Un, dos, tres... responda otra vez?* ¿O tal vez de *El Grand Prix?* Ramón García, trajeado y elegante, acompañado por una copresentadora ligera de ropa siempre preparada para reírle las gracias. Entre prueba y prueba, aparecía un grupo de chicas que coreografiaban el baile de turno vestidas con un top minúsculo y una minifalda. Si creéis que estos estereotipos han caducado y no son representativos de los formatos actuales, pensad en el lamentable fenómeno de las «muñequitas del clima» mexicanas, chicas del tiempo que consiguen aumentar increíblemente la audiencia por ser atractivas y llevar poca ropa («Nos debemos a nuestro público y también a nuestros anunciantes —dijo el responsable de meteorología de la cadena en una entrevista—. Obviamente, si el patrocinador tiene al frente a una mujer guapa, el impacto de su producto va a ser mayor. Y eso significa un gran beneficio para todos»[12]). O en las azafatas del programa *La ruleta de la suerte,* que, embutidas en vestidos palabra de honor y taconazos, se dedican a pulsar la pantalla (innecesariamente además, ya que son dispositivos digitales) para que aparezcan una a una las letras del acertijo.

Este es el relato masculino, con el que, muy a mi pesar, todas nosotras hemos crecido. Una historia que nos cuenta que nuestro valor depende del deseo que consigamos despertar en los otros y que mide nuestras capacidades en base a la aprobación ajena de nuestra apariencia. Incluso aunque nos dediquemos a profesiones

---

[12] Reina, E., «Las muñequitas del clima». *El País.* Recuperado de *https://elpais.com/internacional/2016/01/20/mexico/1453260912_983797.html* (21 de enero de 2016).

que tengan poco o nada que ver con nuestro físico, este se convertirá en un punto clave a la hora de juzgarnos. Que se lo digan a Irene Montero, actualmente ministra de Igualdad, que tuvo que aguantar el escarnio público después de que se hiciese pública una foto en la que se intuía una pequeña pelusilla en su axila. «Espero que si esta tipa es vicepresidente del Gobierno de España se afeite los pelos del sobaco cuando nos represente», escribía en Twitter Jesús López, concejal y portavoz de otro partido político, sobre la foto de marras.

Cabe destacar que los ideales de belleza son relativos a su tiempo y están en constante evolución. Los cortes de pelo, el estilo de maquillaje y las prendas de ropa que llevamos hoy en día como si fuesen lo más *trendy* del mundo serán el hazmerreír de nuestros nietos. Piensa en cuando encontraste aquella foto de tu madre de joven y lo primero que pensaste fue «¡Menudas pintas!», «¡Vaya gafas!», «¡Qué pelo!». Lo que hoy consideramos el adalid del atractivo físico, en unos años pasará de moda. Hay miles de ejemplos, pero pondré sobre la mesa uno muy obvio. Hace no tanto la piel pálida era considerada atractiva porque simbolizaba un origen noble, mientras que estar moreno era sinónimo de trabajar en el campo y tener una ascendencia más humilde. En los años cincuenta esta premisa se dio la vuelta: aquellos que tenían el suficiente dinero como para irse de vacaciones eran los únicos que podían lucir la piel bronceada, así que esta pasó a considerarse un símbolo de estatus. Así, en apenas unas décadas, los cánones de belleza cambiaron radicalmente. Para que una mujer cuadre en los ideales y sea considerada válida socialmente no solo debe ser guapa, sino que su apariencia tiene que cuadrar con los cánones estéticos de su época. Eso es lo que les otorgará éxito. Hace quince años el paradigma de belleza se acercaba al estilo Kate Moss: chica delgada, de rasgos afilados, alta y con la cara lavada. Ahora hemos entrado en la era Kardashian: bellezas racializadas, con muchas curvas, cejas anchas y maquillajes ahumados. Tome la forma que tome, la premisa de fondo sigue siendo la misma: la identidad de la mujer debe estar fundamentada en su atractivo físico.

Por supuesto, los hombres sufren otros mitos relacionados con la identidad. Ellos tienen que ser poderosos, violentos, prepotentes. Siempre preparados para el conflicto. No pueden mostrarse emocionales, vulnerables o frágiles. En el imaginario popular, el macho triunfador es representado como alguien que ha conquistado su área laboral y tiene una buena cantidad de dinero en el banco. Su personalidad es agresiva y muy probablemente tenga a una o varias mujeres guapas cogidas del brazo. Conduce un coche caro y tiene una casa lujosa. Los hombres exitosos no tienen que hacer ostentación de su atractivo físico, sino de su poder social, económico y laboral. Para ellos, gustar físicamente es un extra dentro del *pack*, no una condición indispensable para ser considerados aptos. Como ejemplo claro tenemos el mito del magnate casado con una supermodelo, Hugh Hefner rodeado de sus conejitas *playboy*, Trump y Melania…

Los atributos que relacionamos con la mujer triunfadora son muy diferentes. Ella ha de ser atractiva, delgada y joven (o mejor aún, que «aparente menos años de los que tiene»), se preocupa por su aspecto y, aunque es una diosa en el sexo, elige bien a sus compañeros de cama. La promiscuidad, la agresividad o tener un buen empleo pueden llegar a jugar en su contra a la hora de juzgar su valía social.

La relación de la mujer de éxito con la maternidad también entraña dualidades. Por un lado, será admirada por haber conseguido avanzar profesionalmente «a pesar de ser madre» (las cifras son escalofriantes: un 57 por ciento de las mujeres españolas ha tenido que renunciar a algunos trabajos porque eran incompatibles con su maternidad y un 53 por ciento afirma que ser madre le ha impedido crecer profesionalmente[13]), en cuyo caso se la presentará como una *superwoman* que es capaz de coordinar todos

[13] «Un 57 por ciento de las mujeres ha tenido que renunciar a algunos trabajos por ser incompatibles con ser madre». Antena 3. Recuperado de *https://www.antena3.com/noticias/sociedad/8-marzo-dia-mujer/mujeres-tenido-que-renunciar-algunos-trabajos-ser-incompatibles-ser-madre_201903055c7e437c0cf28ce747880a23.html* (5 de marzo de 2019).

los aspectos de su vida con una precisión sobrehumana. En una mano la agenda del día y en la otra la colada lista para lavar. Se prueba la minifalda y los tacones mientras da de mamar a los bebés que cuelgan de cada uno de sus pechos (¿dónde están los padres de estos niños, por cierto?, ¿por qué se da por hecho que los hombres no renunciarán a su carrera laboral en busca de la conciliación?).

Y, por el otro, se verá obligada a no hablar muy a menudo de su maternidad, esforzándose en demostrar que esta nueva condición no le ha afectado. Sí, las actrices y modelos famosas exhiben orgullosas su recién estrenada tripa en las portadas de las revistas previo pago de una jugosa cantidad de dinero, pero tan pronto como dan a luz se apresuran a demostrar que han vuelto a su figura de antaño. Por supuesto, no hablan de la depresión posparto ni muestran la tripa dilatada y las nuevas estrías que marcan su cuerpo. En su lugar, cuelgan fotos en Instagram luciendo cinturita: «¡Mirad, estoy igual que antes! ¡La maternidad no me ha cambiado!». Por supuesto, los medios alimentarán esta burbuja examinando y criticando cada pequeña alteración de su físico para después mostrársela a sus lectoras. Nos interpelan hablándonos de «Las cinco famosas que no recuperaron la forma después de dar a luz» y también de los trucos mágicos que les hicieron «Volver a su figura en tiempo récord».

La apariencia de la mujer de nuevo en la picota. Nos atrae y nos desconcierta la idea de una famosa embarazada porque vemos a los hijos como un impedimento en potencia para su avance laboral. ¿Qué va a hacer con su carrera a partir de ahora? Leo en un artículo publicado por *La Razón* titulado «Penélope Cruz: "Soy una *beauty victim* y estoy embarazada"»:

> *¿Qué ocurre cuando aquellas a las que un insignificante gramo de celulitis o una fina arruga puede arruinar la carrera deciden probar la maternidad? La recuperación de los contornos corporales originales no es el único desafío con el que se tienen que enfrentar top-models o actrices de primera después de dar a luz. Para muchas, la lucha comienza mucho antes, cuando el test de embarazo da positivo y los*

cuerpos modelados a base de esfuerzos y tarjeta de crédito y las pieles acostumbradas a los tratamientos estéticos más punteros deben tomarse un descanso obligado[14].

Por si eso fuese poco, la belleza y el atractivo de las mujeres se sumergen en el limbo cuando deciden quedarse embarazadas. Es interesante analizar cómo hemos borrado la fecundidad femenina de nuestro imaginario sexual. ¿Por qué la sociedad contemporánea no sexualiza el embarazo igual que sexualiza prácticamente todos los demás aspectos de la vida de la mujer? La respuesta no es sencilla, pero empezaré poniendo sobre la mesa que un cuerpo que puede follar sin consecuencias encarna el ideal del deseo sexual masculino. Lascivia en estado puro, ya que no hay miedo a que nazca un niño del encuentro. A esto hay que sumarle que para convertirse en objeto de fascinación la mujer ha de estar disponible. Y disponible para todos. El embarazo es la prueba inequívoca de que la madre en cuestión no solo puede concebir, sino que ya tiene a alguien a su lado. Eso la excluye de ser erotizada. Y por último, el embarazo es una condición que nos infunde respeto porque nos recuerda a nuestra infancia y por tanto nos remite a pensar en nuestra propia madre, una figura sagrada que no podemos vincular con el sexo. Por este mismo motivo, la sexualidad durante el embarazo es un tema tabú del que pocas personas se atreven a hablar. Una contradicción más. Nos enseñan que el adalid de la belleza es una mujer en edad fértil mientras que la fertilidad en sí misma es rechazada. La musa nunca tiene un bebé dentro. ¿Cuántas obras de arte os vienen a la mente que representen a mujeres encintas? Otro ejemplo: muchas actrices porno ocultan su maternidad o su estado sentimental en las entrevistas. Parece un detalle sin importancia, pero en realidad ejemplifica muy bien este paradigma; se declaran solteras para

[14] Cámara, M., Penélope Cruz: «Soy una *beauty victim* y estoy embarazada». *La Razón*. Recuperado de *https://www.larazon.es/historico/4649-el-mono-de-tabaco-pone-a-penelope-de-los-nervios-TLLA_RAZON_330760* (7 de octubre de 2010).

que el consumidor piense que existe alguna esperanza, por lejana que sea, de poder conquistar al objeto de su lujuria.

En el imaginario popular el ideal de mujer atractiva ha de ser lo suficientemente mayor como para ser deseable, pero no tanto como para haber sido madre. Nos excitan las *madres en potencia.* Aquellas mujeres que podrían quedarse embarazadas, pero que todavía no han pasado por la experiencia. Esto las convierte en objeto de seducción tan solo durante unos pocos años de su vida: la veintena. El resto del tiempo lo pasarán intentando aparentar que se encuentran en ese periodo, ya sea a la alza (llevando tacones o ropa provocativa que las hagan parecer más mayores) o a la baja (con operaciones de cirugía estética o cremas antiarrugas). Si superas la década prodigiosa y sigues siendo atractiva, entrarás automáticamente en la categoría de MILF, siglas de *Mother I'd Like to Fuck* (en castellano: «madre que me follaría»). Hay tantas cosas mal en esta manera de hacer referencia a la madurez femenina que no sé ni por dónde empezar. Comenzaré señalando que la definición de este apelativo parece obviar la autodeterminación sexual de la mujer; no es una «madre follable», sino una «madre que me follaría». El sujeto y el poder de la acción están claros: soy yo quien elijo y ella tiene que estar orgullosa de haber sido la escogida. Por otra parte, es interesante analizar cómo incluimos automáticamente a cualquier mujer de treinta y tantos en la categoría de madre, independientemente de si ha tenido hijos o no. La potencialidad se convierte en acto, lo quiera ella o no. Aquí se pone de manifiesto el arquetipo caduco de la maternidad como objetivo ineludible de la mujer. Y yo me pregunto: ¿dónde están los «padres que me gustaría follar»? ¿O es que todas las MILF son madres solteras? Su equivalente masculino es el *Silver Fox,* o en su apelativo hispanizado, los «maduritos sexys». Es ese ejecutivo con barba de tres días y el pelo salpicado de canas. George Clooney, Patrick Dempsey, Richard Gere. Las diferencias sociales que establecemos entre un género y otro son claras.

Una buena manera de analizar la polarización de los estereotipos de valía femenina vs. valía masculina es echar una ojeada rápida a la tele. Los anuncios destinados a los hombres presentan coches agresivos perdiéndose por la selva o desodorantes que atraen mágicamente a las jovencitas, mientras que a nosotras nos anuncian detergentes, jamón york bajo en grasas (no vaya a ser que engordes en medio de la operación bikini), cremas que nos harán parecer diez años más jóvenes o pañales de bebé. ¿Os imagináis a un hombre explicando a la audiencia que desde que usa el suavizante de turno las sábanas de casa están más suaves que nunca y no tiene que perder el tiempo planchando sus camisas? No, ¿verdad? ¿Habéis visto algún anuncio en el que una mujer elegante se monte en un cochazo de lujo para derrapar por la ciudad y presumir de amortiguadores? Pues eso.

Aprender a mirarte

Cuando basas tu autoestima en lo que los otros piensan de ti, vives en una suerte de montaña rusa. Te sientes radiante cuando esa foto que has subido recibe un montón de *likes* en Instagram, pero quieres ponerte una bolsa en la cabeza si el imbécil de turno te dice que se te ve mucho el grano de la barbilla. O que esa falda te queda mal. O que tus tetas son pequeñas; o que los *brackets* te afean. Moldear tu amor propio a través de tu propia mirada es un ejercicio de independencia que conlleva tiempo, esfuerzo y mucha reflexión. Por mi parte, pasé unos cuantos meses trabajando como modelo antes de empezar a considerar todo esto. Aceptaba cada cumplido como el mejor alimento para mi ego, pero me sumía en la tristeza cada vez que se criticaba de alguna manera mi aspecto. La valoración de mí misma que lucía por aquel entonces como si fuese mi mejor gala era un fantasma que aparecía únicamente cuando las condiciones externas eran propicias, pero desaparecía en cuanto no se cumplían mis expectativas de aceptación.

No tuve ningún tipo de epifanía ni me ocurrió nada especial que iluminase una bombillita en mi cabeza. Creo que simplemente me cansé de verme en los ojos de los otros. Me di cuenta de que esa imagen que me llegaba a través de su perspectiva muchas veces estaba distorsionada. No me sentía afín a aquella Amarna que estaban retratando. Proyectaban sus expectativas sobre mi persona y a mí me tocaba, de alguna manera, lidiar con ese desdoblamiento de la personalidad. El de la mirada interna, propia («¿quién soy?») y el de la mirada externa («¿cómo me ven?»). Una vez fui consciente de que mi identidad se mantenía en un equilibrio precario entre estas dos facetas de la realidad, decidí que iba siendo hora de aprender a moldearme desde mi propia perspectiva. Esta escisión de la personalidad que viví es común entre las mujeres (¿Os acordáis de la cita de John Berger «Las mujeres se miran mientras las miran»?). Estamos tan acostumbradas a ser examinadas por la mirada ajena que muchas veces tenemos problemas distinguiendo nuestro verdadero yo de aquel que se supone que tenemos que representar. ¿Quién soy? ¿Soy como me siento o soy como me ven? ¿Hago lo que hago porque es lo que quiero o lo hago porque quiero complacer?

Poco a poco dejé de escuchar las críticas, y también los cumplidos. También me di cuenta de que no todo era un espejismo: entre la borraja conseguí acceder a algunas herramientas que me ayudaron a conectar con mi aspecto de forma sana. Según fui construyendo mi autoestima, estar delante de las cámaras dejó de tener un aspecto terapéutico. Fue entonces cuando posar se convirtió en un trabajo como otro cualquiera; una manera de ganar dinero. Ser objeto de deseo me ayudó a ganar seguridad en mí misma y, como consecuencia, conseguí la fuerza para empezar a comprenderme como sujeto. Jugar al juego me fue indispensable para aprender a superar sus reglas. Tuve suerte de darme cuenta. Muchas se quedan atrapadas en la trampa de la aprobación ajena, completamente desvinculadas de su propia mirada. Cuantos más años pasas representando su papel, más fervientemente crees que esa sección del desdoblamiento es tu verdadero yo. Es complicado ser consciente de dónde están los límites.

Por si todavía queda alguna duda: no estoy en contra de la belleza, estoy en contra de las tiranías. Me parece ideal que cada cual quiera verse atractivo de la forma que crea conveniente, pero rechazo los mandatos sociales que juzgan la valía de una mujer en base a su apariencia. Son esas normas las que nos hacen entrar en conflicto con nuestro cuerpo y con nuestra identidad desde la infancia. Pueden tomar la forma de un novio insensible, el titular de una revista de cotilleos o el bombardeo constante que sufrimos en esa publicidad que nos muestra como normativos patrones de belleza inalcanzables. Probablemente sea la suma de todos estos factores. Si os soy sincera, ni siquiera sé si hoy en día podemos aspirar socialmente a eliminar estas dinámicas o si deberíamos simplemente aceptarlas como una parte ineludible de las relaciones humanas, y trabajar alrededor de ellas como buenamente podamos: ellos miran, nosotras somos miradas.

Lo que sí sé es que, aunque no consigamos ponerle freno a este enredo, tenemos la posibilidad de dar un paso hacia atrás y participar en el juego únicamente cuando nos venga en gana; aceptando o saltándonos las normas a nuestro antojo. Creo que hoy en día nuestra tarea como mujeres pasa por encontrar una perspectiva propia más allá del juicio masculino y, sobre todo, por aprender a construir nuestra autoestima y nuestro amor propio por encima de la validación externa. Los hombres nos miran, pero nosotras también nos miramos. Esta vez no con la angustiosa necesidad de complacencia, sino con el poder de quien se afirma como sujeto. Anunciando públicamente «Esta soy yo. Y no necesito tu aprobación».

CAPÍTULO 5

Expresión de la identidad: moda y maquillaje

Me han nominado a mejor actriz extranjera en los AVN Awards, algo así como los Oscar de la industria del cine para adultos. Todavía quedan un par de meses para que tenga que desfilar por la interminable alfombra roja del Hard Rock Hotel de Las Vegas, pero ya estoy histérica mirando compulsivamente por internet referencias de vestidos con posibles joyas, zapatos y tacones a juego. Mis *moodboards* de Pinterest están al rojo vivo, esperando a la nube de fotógrafos que va a estar retratando a todas las nominadas como un enjambre de avispas enfurecidas; listos para pegarnos picozatos si llevamos las uñas mal hechas o un pelo fuera de lugar.

Mis compañeras de piso me ayudan a digerir la situación dándome apoyo moral, ayudándome a encontrar maquilladora y buscando conmigo fotos de otros años como inspiración. Aunque es la primera vez que voy a una alfombra roja, ya he vivido antes esta sensación, una mezcla de nerviosismo e incomodidad con un par de cucharadas de sentirme vulnerable. Aparece siempre que me invitan a algún tipo de reunión social en la que sé que la gente va a prestar atención a mi aspecto. Es entonces cuando, de forma irremediable, La Gran Pregunta™ se clava en mi mente como un misil disparado a mil kilómetros por hora. Aunque intentas evitarla durante un tiempo, tarde o temprano tienes que enfrentarte a ella: «¿Qué voy a ponerme?».

Da igual si es tu graduación, la boda de tu mejor amiga o la comunión de tu prima. Puede que simplemente vayas a ir a la piscina con los colegas o que estés poniéndote guapa para salir de fiesta. Prácticamente todas nosotras hemos sufrido el miedo de no ir vestida de forma correcta para la ocasión, de llamar demasiado, o demasiado poco la atención. ¿Y si mi falda es muy elegante? ¿Y si todas las chicas van en tacones y yo no? Este vestido es demasiado informal. ¿Los volantes siguen de moda? Es entonces cuando llamas desesperadamente a tu amiga para hacerle a ella La Gran Pregunta™ que cualquier mujer que va acompañada a un evento formula irremediablemente: «¿Qué te vas a poner?». Tu colega, por supuesto, está en las mismas. Decidís unir fuerzas para intentar dilucidar el laberinto de la moda. ¡Oh, ilusas! Al principio pensáis que podéis encontrar la respuesta a vuestras preguntas leyendo un par de blogs y alguna revista. Hasta os compráis la nueva *Vogue, Cuore* y *Elle* para saber qué es más *trendy* esta temporada y ya de paso reíros un poco de las historias de las actrices en Cannes o admirar las nuevas extensiones de pestañas de Rihanna. Pronto os dais cuenta de que por cada duda resuelta surgen diez nuevas preguntas. Empezáis a cuestionaros cosas que ni siquiera os habíais planteado antes: ¿cómo que no puedo llevar un collar largo con un escote redondo? ¿Qué se supone que es un LBD? ¿Por qué JLo está en la lista de peor vestidas? ¿Desde cuándo necesito un Birkin? Te sientes una alienígena que pisa suelo terrestre por primera vez. Acabas buscando en Google las palabras que no entiendes, pero te quedas más o menos en las mismas. Ahora sabes que solo puedes llevar vestidos cortos en eventos diurnos. La falda tiene que llegar a la rodilla, o un poco más arriba, pero sin pasarse («Recomendamos cortes favorecedores pero poco arriesgados, que no estén pasados de moda pero sin resultar muy de tendencia»). También te queda claro que necesitas un bolso de mano y un par de zapatos de tacón a juego. Y que los vestidos de cóctel valen para el día y para la noche, pero si el evento es por la mañana o la tarde, debes llevar una pamela. Solo se puede ir de largo por la noche, e incluso puedes darle un toque atrevido a tu atuendo siempre que «tengas cuidado con no acabar como un árbol de Navidad». Os explota la cabeza, y con razón. El abanico de posibilidades en la moda femenina es un auténtico quebradero de cabeza, y el miedo a no cumplir las expectativas es deprimente. La ropa que llevas se convierte en una suerte de lenguaje no verbal, y tu apariencia acaba definiendo la posición que cumples dentro del contexto social.

¿Tiranía o forma de expresión?

Por supuesto, los hombres también sufren la tiranía y los placeres de la moda, pero su aspecto no es juzgado de forma tan crítica como el de las mujeres. Al fin y al cabo, la mayor preocupación de un hombre que va a una boda es no elegir una corbata realmente horrible. Tienen menos opciones, es cierto, pero también menos responsabilidades. Las reglas de protocolo las sufrimos todos sin excepción, pero el juicio hacia ellos es mucho menos agresivo porque las características que usamos para medir su valía tienen que ver, como veíamos en el capítulo anterior, con su estatus económico y social. No con su físico. Este fenómeno es tan complejo que en más de una ocasión llegamos a juzgar el éxito de un hombre en base a la belleza de la mujer que le acompaña, dando por hecho que si tiene la capacidad de codearse con chicas guapas, ha de tratarse de una persona poderosa. Presumen de sus acompañantes como presumirían de tener un buen coche o un reloj de oro; nunca el concepto de «mujer objeto» tuvo tanto sentido.

Cuando eres mujer, por otra parte, sabes que lo que llevas y cómo lo llevas estará irremediablemente en el punto de mira. La moda es una parte más del juego social de la apariencia, pero para las mujeres es un juego obligatorio. Impuesto. Un juego al que no tienes permitido no jugar. Seguimos midiendo la valía social de una mujer tomando como referencia su aspecto físico, y aunque poco a poco este paradigma está cambiando, sus bases siguen tremendamente arraigadas en nuestro subconsciente. En el relato que nos han contado desde nuestra infancia, lo que parecemos es sinónimo de lo que somos.

Cuando la cultura popular retrata a las mujeres como seres frívolos adictos a la moda y obsesionados con las apariencias, está omitiendo la parte más esencial del discurso. Y es que este tipo de actitudes son el resultado inevitable de un contexto que nos ha dictaminado que tenemos que estar convencionalmente guapas si queremos que se nos tenga en cuenta. Que cuando nos hacemos La Gran Pregunta™ lo que estamos intentando es dilucidar si las prendas que vamos a llevar son las adecuadas para ser la clase de mujer que intentamos proyectar en el tipo de evento al que vamos a acudir. La moda puede ser un yugo o una forma de expresión, y la línea que separa estas dos maneras de entenderla es borrosa y en ocasiones, muy difícil de encontrar. Con el maquillaje pasa algo muy parecido.

Nuestro vínculo con el maquillaje

Se trata de otro de esos imperativos sociales intrínsecos a la condición femenina. Da igual si decides ir con la cara lavada, o practicar *looks* fantasía con tus paletas de sombras de ojos; la duda de si deberías o no ir maquillada en según qué ocasiones te provocará más de un quebradero de cabeza.

Muy probablemente ya os lo imagináis, pero la cantidad de cosméticos que se usan en la pornografía tiende a infinito. Capas y capas de *primer, contour* para disimular el arco de la nariz y estilizar los pómulos, iluminador, base correctora, colorete, pintalabios, *waterproof eyeliner,* pestañas postizas aplicadas una a una con un pegamento especial que, a veces, escuece un poco. Máscara. Fijador. Cuando después de dos horas de chapa y pintura te miras al espejo, te encuentras con una versión desconocida y extra *hollywoodiense* de tu cara. Convencionalmente atractiva. Y con más veladuras que un cuadro de Rembrandt. Llevar tanto maquillaje prácticamente todos los días es incómodo. Tienes que beber con pajita para no estropear el brillo de labios, no puedes rascarte los ojos, fatigados con el peso de las pestañas y lo más importante: por mucho que te pique o la cara, NO PUEDES

TOCÁRTELA bajo ningún concepto. Si medio dormida te rascas una aleta de la nariz, te enfrentarás con la frustración de un maquillador que te mirará con ojos llorosos: «¿Por qué no me has avisado?». Cuando al fin te quitas todo el mejunje, descubres que tienes dos nuevos granos y siete puntos negros.

Por eso, cuando al fin decidí retirarme del porno y centrarme profesionalmente en otros aspectos de mi carrera alejados de esta área laboral, tomé la decisión de pasar una larga temporada sin maquillarme. Quería reencontrarme con mi aspecto sin filtros ni aderezos y, sobre todo, darle un respiro a mi piel. Llevé cero maquillaje durante muchos, muchos meses. Fue entonces cuando empecé a reflexionar sobre mi relación con este acto tan cotidiano al que nunca había dado demasiada importancia. Ponerme o quitarme el maquillaje era simplemente una parte más de mi rutina. Me levanto por la mañana, voy al baño a lavarme la cara, me recojo el pelo en un moño alto. Aplico la crema hidratante y dejo que seque mientras me lavo los dientes. Saco el neceser. *Eyeliner,* corrector, lápiz oscuro que me ayude a definir las cejas, mascara de pestañas, colorete y brillo de labios; los básicos para el día a día. Me aplico todo con cuidado. Después viene la colonia. El desodorante. Mientras tanto, la plancha se ha puesto lo suficientemente caliente como para alisarme el flequillo y *voilá!* Lista para darlo todo, y en apenas treinta minutos. He seguido este proceso paso por paso durante tantos años que ejecuto cada acto de memoria, sin tener que pensar.

El vínculo de las mujeres con el maquillaje empieza desde que somos muy pequeñas. Tu madre saca ese estuche que en tus ojos de niña es otro juguete más. Está lleno de lapiceros, pinturas y barritas de colores que emplea con cuidado en su cara. Quieres jugar con ella, pero te dicen que no eres lo suficientemente mayor. Te prohíben coger el neceser y este veto te hace desearlo aún más. Así que un día cierras la puerta del baño con llave y lo sacas a hurtadillas para probar con torpeza cada producto como se lo has visto hacer a ella cientos de veces. Tal vez tengas siete u ocho años. Normalmente, cuando te miras al espejo, no sueles prestar demasiada atención. A lo mejor haces muecas, sacas la lengua o te imaginas que hay otro universo más allá de ese cristal reflectante, como si fueses la protagonista de un cuento de ciencia ficción. Pero no te miras a ti. Ese día es diferente. Con la cara cubierta de colores mal difuminados, te imaginas que eres mayor y examinas con interés, tal vez por primera vez, tu reflejo. Sin poner caras raras ni dando rienda suelta a tus fantasías infantiles. De repente, tu imagen cobra importancia. Te preguntas si es así como se supone que tienes que lucir en el futuro. ¿Estoy más guapa?

A partir de entonces esa cuestión («¿Estoy más guapa así?») rondará tu cabeza preadolescente tomando mil formas diferentes. Te observas minuciosamente en el espejo intentando analizar cada uno de tus atributos y tus supuestas imperfecciones y tomas nota mentalmente para intentar ocultarlos de alguna manera. Puede que hayas leído en *Super Pop* o *Cosmopolitan* algún truco para crear un efecto óptico y que tu nariz parezca más pequeña. ¿A qué edad se supone que puedo empezar a pintarme los ojos? ¿Y a usar un rizador? No reflexionas en si quieres o no quieres participar en esta función, simplemente das por hecho que no tienes otra opción que convertirte en la chica que se supone que tienes que llegar a ser (¿ser o parecer?). «Lo que sucede con la cultura es que la recibimos en plena cara desde la infancia. No tenemos perspectiva, evidentemente. No tenemos manera de relativizar, contextualizar y decirnos: "Bueno, no es *necesariamente* así". El mundo en el que crecemos es *nuestro único mundo*», dice Nancy Houston en *Reflejos en el ojo del hombre*.

Cuando cumples trece o catorce años, ya has heredado algún lápiz de ojos y un par de pintalabios. El juego ha dado paso a la solemnidad. Ya no intentas imitar a tu madre, sino a las *bloggers* de belleza que sigues en YouTube. Pintas el extremo de tus ojos con una línea recta para conseguir una mirada felina y te pellizcas las mejillas para que cojan color. Una vez sientes que has dominado la técnica, te llevas tu pequeño alijo al colegio y te maquillas un poco justo antes de que empiecen las clases. Ese pequeño gesto te dará seguridad y te hará sentir orgullosa. El maquillaje se convierte en una máscara de amor propio que tapa tus defectos y te hace sentir más «adulta». Menos niña y más mujer.

Puede que nadie note este cambio, o puede que te intenten avergonzar por ello.

—¿Llevas lápiz de ojos? —me pregunta inquisitivamente Luisa, una de mis compañeras de clase.

—¡No! —contesto yo, rápidamente. Sus ojos afilados investigan mi cara buscando cualquier signo del delito.

—¡Es mentira! ¡Amarna va maquillada! —Todas las cabezas se giran y al instante siento como si hubiese cometido un error.

«¡Adefesio!», grita alguien desde los asientos de detrás. «¡No te vas a poder arreglar esa cara!». Me pongo roja, abochornada de ser el centro de atención. «Tienes que quererte un poco más», me dice Luisa, con una media sonrisita beligerante. Aunque al día siguiente no uso ningún producto, se pasan un par de semanas llamándome «cara careta». Especialmente, ellas. Las niñas de clase me denigran por este pequeño intento de parecer más mayor.

Intentando decidir si soy la única que ha pasado por este tipo de humillaciones, pregunto a mis seguidoras de Instagram por sus experiencias en el tema. Estas son algunas de sus respuestas:

«No me gustaba maquillarme, ni arreglarme y por ello en el instituto me llamaban "machorra". Incluso mi propia familia me decía que de mayor sería lesbiana por mis gustos y mi forma de vestir. Eso hizo muy confusa mi niñez y adolescencia».

«Las chicas de mi clase que no se maquillaban se morían de ganas de acusar a las que sí lo hacían. Se lo decían a nuestras maestras para que las obligasen a lavarse la cara. Yo también llegué a acusar a varias niñas».

«Mi tía me regaló un neceser con algo de maquillaje al cumplir los doce años. Al día siguiente fui a clase con colorete y recuerdo que mis amigas cuchichearon entre ellas para después preguntarme por qué iba maquillada a clase si me quedaba igual de mal».

«En primero de ESO me echaba una base muy oscura, que no era de mi tono, porque todas las chicas se reían de mi por ser demasiado blanca. Pasaron a llamarme "la niña pote" durante unas semanas».

«Me ridiculizaron un par de profesores delante de toda la clase, insinuando que si me maquillaba, no iba al instituto a estudiar precisamente».

«Me empecé a maquillar por el shaming. Tenía la piel algo irritada (I mean, era adolescente), sobre todo, en la zona de la nariz. Me llamaban Rudolph. Empecé a maquillarme para que no se viera. No podía ir a clase sin maquillar [...]. Por supuesto, luego se metieron conmigo por ir maquillada».

De nuevo, las contradicciones. Y el desdoblamiento. Por un lado, somos bombardeadas con un ideal de belleza irrealizable. Por el otro, se nos critica y humilla cuando lo intentamos cumplir, pero también (¡oh, ironía!) cuando nos alejamos demasiado de él. O eres la «niña pote» o la «machorra». ¿Cuál es el punto medio? ¿Existe, siquiera? Es la delgada línea entre la puta y la virgen. La puta se maquilla y merece ser juzgada por *sobreactuar* e intentar mentir sobre su apariencia. La virgen es modesta, pero no despierta ningún tipo de deseo. ¿Acaso no quieres estar guapa? Ahí en medio estás tú, preguntándote quién eres realmente y qué papel debes representar. Este es un área donde somos las mujeres las que más nos criticamos entre nosotras. Otro ejemplo más de nuestra lucha constante contra el espejo y, sobre todo, contra la representación de nosotras mismas.

En general, la relación de los hombres con nuestro maquillaje es mucho más sencilla. Probablemente porque no acaban de entender la complejidad del cómo o por qué nos pasamos tantas horas difuminando bases o buscando sombras lo suficientemente pigmentadas. Si llevas un *look* natural, te piropean («Estás muy guapa sin maquillaje») sin comprender que para llegar a ese punto has utilizado media hora de tu vida y dieciocho productos diferentes. Cuando te lo curras de verdad —labios rojos, pestañas postizas, ojos ahumados—, les incomoda («Vas demasiado maquillada» o «No se te ve la cara») y si, al fin, de verdad de la buena, te ven sin gota de maquillaje... simplemente se preocupan por tu salud («¿Te encuentras bien? Tienes mala cara»). Es como si hablásemos idiomas diferentes. Creo que por este mismo motivo me hace tan feliz ver a cada vez a más chicos españoles (Álvaro Kruse, Sergio Pardo, Oto Vans…) luciendo maquillaje en las redes. Tal vez me siento orgullosa de ver que poco a poco estamos llegando a un punto en el que el pintarnos (¡o dejar de hacerlo!) como nos apetezca sea una opción como otra cualquiera. O quizás estoy aliviada al pensar que ahí fuera hay al menos algunos chicos que comprenden y empatizan (¡al fin!) con los tejemanejes y la disciplina de las rutinas de belleza.

Hay dos actitudes respecto al maquillaje que me hacen poner los ojos en blanco y resoplar como un caballo enfadado: la idea de que usamos maquillaje para tapar nuestros defectos y la convicción de que la intención última al pintarnos es agradar. En concreto, agradarlos a ellos. ¿Sabes ese momento cuando el listillo o la listilla de turno te comenta que el maquillaje que llevas «no te queda bien»? Me acuerdo de un chico, amigo de amigos, que se me acercó de fiesta para decirme que mi sombra de ojos rojo intenso «me hacía parecer enferma». Este tipo de frases desacertadas son consecuencia de entender el maquillaje como un medio para tapar supuestos «defectos» o «imperfecciones». Que puede ser, claro. A lo mejor quiero ocultar un grano, o disimular la cicatriz que tengo en la barbilla. Pero también es probable que esté copiando una nueva técnica que he visto en YouTube o quiera probar este lápiz de ojos azul fosforescente. «Yo soy la chica de los granos y la chica maquillada, soy ambas y no me avergüenzo de ninguna, ni utilizo la una para esconder a la otra». Leo a la *instagrammer* de belleza Alessa Berry: «El maquillaje es arte, autoexpresión, cultura…, pero si hay una cosa que NO es… es OBLIGACIÓN».

En realidad, este es probablemente uno de los aspectos más opcionales del juego de la feminidad. Puedes elegir si ir o no maquillada. Más o menos. Depende de la ocasión, claro. Ahora que lo pienso, a un hombre no van a criticarle por aparecer sin maquillar en una alfombra roja, o en una boda, ¿verdad? Así que a lo mejor no es tan opcional como pensábamos. Que ir sin maquillaje a un evento se lea por defecto como un acto político en vez de una simple elección personal pone de manifiesto que tal vez no esté lo suficientemente normalizado. Selena Gomez, sin ir más lejos, fue víctima de la polémica después de ser fotografiada de fiesta con unas amigas sin llevar ni una gota de maquillaje. «Sus seguidores [...] no entienden cómo puede salir de fiesta sin maquillar —leo en internet—. La ven muy dejada y no se parece en nada a la Selena Gomez de hace un año. Está muy desmejorada —le escriben—. No parece ni ella, es el fantasma de Selena Gomez»[15].

Ser o parecer

Yo también soporté algunos momentos de tensión durante mi periodo de desintoxicación cosmética. Me invitaron a dar una entrevista en la tele; se trataba de un formato sencillo en el que unos pocos tertulianos, más los invitados de turno, se encargaban de comentar temas de actualidad. Yo aparecería a mitad de programa para contestar a sus preguntas y opinar sobre las noticias del día. Hasta aquí, todo normal. Me citaron con dos horas de antelación para que, ¡sorpresa!, pudiese pasar por maquillaje, pero cuando llegué allí le dije a la chica que prefería aparecer con la cara lavada. Lo venía pensando desde hacía un tiempo, la verdad. Me parecía un tanto ridículo tener que gastar tantos minutos de mi vida en algo que, sinceramente, me daba bastante igual. También lo veía un poco injusto. ¿Por qué ellos tardan apenas un abrir y cerrar de ojos en arreglarse —polvo para matizar los brillos y laca para que el pelo se mantenga en su sitio— y yo tengo que aguantar quieta durante una hora mientras me ponen capas y capas de *contour* y pintalabios? Le expliqué todo esto a la maquilladora, mientras ella me miraba con los ojos muy abiertos.

—Ehhh... Deja que pregunte a producción.

[15] Morales, C., «La brutal foto de Selena Gómez sin maquillar (y tiene horas) de fiesta en Malibú». *Diario Gol.* Recuperado de *https://www.diariogol.com/gossip/la-brutal-foto-de-selena-gomez-sin-maquillar-y-tiene-horas-de-fiesta-en-malibu_632570_102.html* (18 de junio de 2019).

La chica de producción, con su pinganillo y su plan de rodaje, apareció rápidamente para ver qué estaba pasando. Le volví a explicar mi idea.

—No quiero llevar maquillaje. Eso es todo.

«¿Sería esto tan complicado si yo fuese un chico?», me pregunto. Pausa. Silencio.

—Queda mal en cámara —me dicen.

Así que finalmente me siento en la silla de marras. La maquilladora se esfuerza de corazón en cumplir mis requerimientos y me hace un *look* «natural». Curioso, me digo a mí misma. No estoy molesta, pero tengo un millón de preguntas que me hacen reflexionar: ¿por qué esto ha sido tan complicado?, ¿será que no tenemos los suficientes referentes como para normalizar la cuestión?, ¿nos hacen falta más presentadoras que salgan con la cara lavada?, ¿tienen siquiera esa opción? Tal vez esto sea un estándar profesional relacionado con la televisión. Gajes del oficio. Como algunas aerolíneas, que obligan a las tripulantes de cabina a ir maquilladas de una manera específica para poder trabajar con ellos. Quién sabe. Al fin y al cabo, el maquillaje de sus empleadas es una herramienta que la compañía utiliza para expresar a sus clientes una serie de valores (profesionalidad, confianza, seriedad...) que quieren relacionar con la marca. Y que vinculemos estos valores con un tipo de apariencia tiene que ver con nuestro imaginario colectivo como sociedad. Así que hasta que ese imaginario no empiece a evolucionar, el camino hacia la igualdad será estrecho y difícil de transitar.

En el cine X pasa más o menos lo mismo. Conozco un par de productoras que te dan la opción de rodar con la cara lavada, pero la norma es que vayas obligatoriamente maquillada. Lo que ocurre es que sí que hay una diferencia, y es abismal. En el porno (igual que en las series, las pelis o el modelaje) estás interpretando un papel. Tu atuendo y tu apariencia tienen que coincidir con lo que el espectador espera de ti. Si en una serie encarnas a una alta ejecutiva, tu vestuario y tu apariencia están pensados para hacer más creíble tu actuación. Desfilas para Chanel, y te pintan las cejas con subrayador. Eres un maniquí, y esta caracterización es parte de tu interpretación. El problema viene cuando fuera de tu rol profesional tienes la necesidad de encarnar otro personaje: el de mujer. La línea entre nuestra identidad y la representación de nuestra identidad se difumina, y cada vez es más complicado comprender dónde está realmente la separación.

Por eso hay tantas circunstancias en las que, cuando llega el momento de decidir cómo expresarnos a través de la moda o el maquillaje, ni siquiera se nos ocurre que podamos tener la opción de hacerlo de una manera que se salga de lo convencional. De nuevo, la dualidad entre el ser y el parecer. Para los hombres es más sencillo, porque el papel que encarnan no sufre tantas variaciones (ni tan extremas) dependiendo de su contexto social. La línea entre su «verdadera identidad» y «la representación de su identidad» no sufre demasiados cambios externos. La imagen del hombre que trabaja como auxiliar de vuelo no varía mucho del que está trabajando como presentador en la tele. O de aquel que va a una boda.

Significado social vs. expresión creativa

Tanto en la moda como en el maquillaje hay dos variables que interseccionan: el significado social y la expresión creativa. El significado social estipula el papel que queremos desempeñar de cara al exterior. Vestimos de esta o aquella manera para simbolizar la pertenencia a un grupo (por ejemplo, para afirmarnos públicamente como parte de cierta tribu urbana; los arquetipos del imaginario colectivo identifican a alguien como *punk* si lleva cuadros rojos, una cresta y unas cuantas chapas con la A de anarquía; si tienes pantalones caídos con estampado de rayas, rastas, un top ombliguero con motivos arabescos y muchos collares con cuarzos y piedras semipreciosas, se te etiquetará instantáneamente como *hippie),* demostrar respeto (por ejemplo, cubriendo nuestros hombros al entrar en una mezquita), estatus (en una alfombra roja), belleza o deseo sexual (en una discoteca) y un larguísimo etcétera. Por otra parte, la expresión creativa es simple y llanamente una representación artística. Esta variable es la que nos hace llevar una minifalda de lentejuelas verdes por mucho que esté pasadísima de moda, o hacernos un maquillaje fantasía con puntitos de colores como pecas para ir a comprar el pan. La expresión creativa nos hace «difíciles de identificar» a nivel social. «¿Por qué te has puesto un pintalabios azul para venir a la universidad?». Cuando te dicen que no puedes vestir de ciertas maneras («¡Pero cómo vas a ir a una boda vestida de negro!»), lo que realmente están afirmando es que el mensaje que estás lanzando con las prendas que llevas no es tolerable para la situación social a la que vas a enfrentarte. Estás cuestionando el significado social. Por eso no vas a la iglesia en tacones y minifalda, ni te presentas en una alfombra roja con un chándal de estar por casa.

De lo que a veces parecemos olvidarnos es de que la representación social y la expresión creativa se pueden separar. Podemos manifestarnos socialmente sin encajar en los límites impuestos por los arquetipos. El medio puede estar disociado del fin. Es en esta maravillosa intersección donde encontramos expresiones de creatividad que se alzan más allá de lo hegemónico. Yo me declaro abiertamente fan de la indefinible pareja de diseñadores Fecal Matter, famosos por su Instagram lleno de referencias futuristas y trajes hechos, casi literalmente, de piel humana. Otro buen ejemplo de expresión creativa son los *outfits* de la *youtuber* española Esty Quesada («Soy una Pringada»), que igual aparece en un preestreno vestida con un traje de peluche rojo y dos cucarachas de plástico pegadas en la frente a modo de *atrezzo,* que se planta cinco tiritas en la nariz como único maquillaje. O la artista María Forqué (con su *alter ego* Virgen María) y su representación palpitante y alienígena de la sexualidad femenina. En un extremo menos polarizado de ese mismo continuo, admiro tremendamente a las mujeres que tienen su propio estilo por encima de los convencionalismos: Miranda Makaroff, Cuentos Rosales, Sita Abellán... Y, por supuesto, también a los hombres que rompen con los paradigmas de género y se atreven a vestirse con prendas que históricamente no les pertenecen. Chicos con falda, rejillas imposibles o tacones que son la envidia de cualquier *vedette.* De hecho, adoro que durante los últimos años la belleza andrógina y el concepto unisex estén a pie de calle. Que poco a poco se vayan desdibujando las fronteras del género en la moda, para que no haya prendas «de hombre» y «de mujer», sino diferentes tallas, cortes y tejidos que formen un abanico de posibilidades en el que cualquiera pueda escoger lo que le venga en gana independientemente de su género.

Sería ideal que empezásemos a ver nuestra ropa y nuestro maquillaje como otra forma más de expresión a través de la cual mostrar exteriormente nuestra personalidad. Una extensión de nuestra identidad. Pero no una imposición ni una serie de normas y estatutos que tenemos que seguir a rajatabla por miedo a no encajar. Me chirría muchísimo cuando alguien dice, hablando de las prendas que ha visto en un desfile, que son «imposibles de poner». Como si la moda tuviese que estar fabricada con la intención de realzar los cuerpos. Lo único que tiene que hacer una prenda es cubrirnos en mayor o menor medida y tal vez, como veíamos antes, ayudarnos a la hora de afirmarnos socialmente. El resto de aderezos (volantes, estampados, ribetes, botones en las mangas de la camisa, plisados en las faldas, diferencias de textura, remaches) son pura y simple decoración. Placer visual. Depende de ti acotarlos o no. Nadie va a un museo y luego dice: «Qué bonito este Picasso, pero no me pega con los sofás» o «Las formas de Kandinsky, bien. Pero si utilizase colores apagados sería mucho más sencillo colgarlo en cualquier parte». Nos resulta inimaginable, ¿verdad?

Las prendas que vemos en las pasarelas son una forma más de creación artística, e imponerles los límites de lo que se puede o no «llevar en la calle» es censurar la expresión de los autores. Repite conmigo: la moda no tiene por qué ser cómoda, elegante ni fácil de conjuntar. Otra cosa es que tú, a nivel personal, no quieras llevar un vestido plisado de *chiffon* color amarillo nuclear con forma de campana. Totalmente comprensible.

El tema de las tallas es otro cantar. Aquí sí creo que podemos y debemos darle un sartenazo en la cabeza a aquellas compañías que se resisten a normalizar que existen otros tipos de cuerpos más allá de ese 90-60-90 que nos han metido hasta en la sopa. Las modelos son maniquíes, lienzos para que el diseñador pueda mostrar su obra en movimiento. Y como tales, tienen que cumplir unos estándares que permitan apreciar la prenda en cuestión con la mayor calidad posible. Hasta aquí todo bien. Ahora bien, por qué estos lienzos tienen que tener obligatoriamente la talla 34 o medir 1,70 es algo que se escapa a mi comprensión. Supongo que se ha estandarizando un tipo de cuerpo como el «ideal» para mostrar la ropa, pero lo cierto es que echo de menos más variedad. Sí, es cierto que durante los últimos años hemos visto un avance, y que hay firmas comerciales importantes como Dove, Desigual o Levi's apostando por bellezas poco convencionales y modelos con otros cánones más allá del hegemónico. Ojalá más diseñadores y marcas sigan su estela y decidan que la forma perfecta de mostrar sus creaciones es a través de cuerpos que se salen de estos estándares tan ceñidos. Chicas bajitas. Cuerpos con lorzas. Caderas prominentes. Pechos grandes.

El teatro de las apariencias

Unos días antes de mi ansiado paseo por la alfombra roja de los AVN Awards, me caí de malas maneras subida a caballito encima de mi novio y me hice una lesión en la cadera. Apenas podía mantenerme recta, mucho menos llevar tacones. *Long story short*, acabé poniéndome manoletinas con un vestido normal y corriente y acudí al evento por la puerta de atrás, intentando no llamar demasiado la atención. Todas esas horas que pasé decidiendo qué ropa ponerme, o cómo combinar mi bolso con los tacones acabaron en un saco de tiempo perdido que nunca jamás volveré a recuperar. Y menudo alivio. Qué tranquilidad saber que no tenía que demostrarle nada a nadie. Me animé a acercarme al *photocall* desde la zona de los fotógrafos, y agarrada a la barrera de metal fui espectadora de una función en la que yo misma tenía pensado participar. El teatro de las apariencias. Nuestro primer personaje se llama Aletta, viene desde Hungría y ha elegido un vestido de

Versace escote *halter* combinado con unos tacones Swarovski. La sigue Mary, que ha cometido el error de combinar este dos piezas de Chanel con unas sandalias abiertas. El color del traje de Samanta es un *match* perfecto para su tono de piel, ¡buena elección!

Vi a todas las chicas desfilar una a una frente a las cámaras, posando divinas mientras mostraban sus mejores galas. El *acting* era siempre el mismo: alguien del evento hacía pasar a la actriz de turno, ella se colocaba en el centro del *photocall,* revisaba rápidamente que todas las joyas estuviesen en su sitio, la cola del vestido bien abierta, las arrugas de la tela disimuladas por la pose. En ese momento se armaba un revuelo de voces con los fotógrafos gritando desde todas las esquinas: «Mira aquí. ¡A la derecha!», «Al centro, cuando puedas», «¡Izquierda, izquierda!». Ella movía los ojos, cambiaba la postura de las manos o se recolocaba en un gesto casi imperceptible la abertura del vestido por el que sacaba una pierna perfectamente depilada. Eran como muñecas recién salidas de la fábrica. Todas con vestidos maravillosos, peinados trabajados y maquillajes de ensueño. Divinas pero también… iguales. Clones. Como si el dios de la moda hubiese creado un molde de cuerpo repetido innumerables veces al que ha decidido asignar diferentes cabezas: una morena, otra rubia de pelo corto, esta de aquí tiene rasgos nórdicos, aquella lleva unos pendientes muy largos. Dentro de su infinita perfección me parecían infinitamente aburridas, y comprendí que de haber podido caminar por la alfombra roja, yo habría sido otro clon más dentro de esta retahíla de mujeres convencionalmente guapas. Con un vestido elegante y a la moda, pero no demasiado atrevido como para dar la nota. Los tacones incómodos que me quitaría en cuanto llegase al teatro. Bolso a juego. El collar, ideado para realzar mi escote. Otro personaje más jugando según las reglas del juego.

Y entonces la vi a ella. El pelo liso, casi sin maquillar. No llevaba bolso. Su vestido rojo se arrugaba en la zona del vientre hasta convertirse en una delgada tira de tela plisada que pasaba entre sus piernas y acababa cosida en la zona de la rabadilla. El caos de telas enredadas como en una especie de cinta de *Moebius* interminable parecía parte del vestuario de una obra de teatro contemporánea. Definitivamente, cero normativa. Mientras concedía una entrevista al periodista que tenía al lado, la oí decir que ella misma había cosido la prenda cuando tenía diecinueve años. Cuando la escuché, pensé: «¡Qué maravilla! Qué bonita es esta chica que se ha atrevido a ir con lo que le ha apetecido, sin intentar cumplir ningún estándar». Algo en mi cerebro hizo clic en aquel momento.

Aquellas mujeres ideales y divinas intentaban aparentar un papel. El rol de chica guapa que está en una alfombra roja. La princesa etérea. Esa que lleva unos tacones tan altos que necesita apoyarse constantemente en su acompañante para poder avanzar dos pasos. Con miedo a llevar sandalias, no sea que la metan en la lista de las peores vestidas o la acusen de saltarse la etiqueta. El temor de quien sabe que va a ser juzgada duramente por su apariencia. Mientras sigo reflexionando, me ataca la primera contradicción. Creo firmemente que cada mujer ha de ponerse la ropa que le venga en gana sin tener que dar ningún tipo de explicación al respecto, y sin embargo aquí estoy yo, criticando a estas chicas por ir guapas a un evento. ¿Por qué estoy haciendo esto? Puede que sea porque soy consciente de que este paradigma, estas reglas de vestuario que han seguido a rajatabla a la hora de escoger sus prendas para esta noche son el resultado de una visión sesgada de la imagen femenina. Al fin y al cabo, las alfombras rojas fomentan la idea de que las mujeres tenemos que ser la princesa perfecta, depilada e impecable.

Por supuesto, estoy segura de que algunas de ellas se encontraban encantadas y comodísimas en sus *stilettos* y vestidos de pedrería. ¡Y me parece maravilloso! Pero otras muchas (yo incluida, si hubiese llegado a pisar la alfombra) estaban intentando representar a la fuerza un papel que no les pertenecía. Lo que me molesta no es que esas chicas vayan convencionalmente bien vestidas, sino que lo hagan por miedo a que su valía se ponga en tela de juicio. A no encajar. A ser juzgadas. ¿Cuántas veces hemos sufrido eligiendo los zapatos y la chaqueta perfectos para una boda, cuando en realidad queríamos ir en manoletinas y pantalones? Me prometí a mí misma en aquel momento no volver a ponerme ropa con las que no me sintiese cómoda. Y si me salto la etiqueta o aparezco en la lista de peores vestidas, es un precio que estoy encantada de pagar; quiero que la forma en la que me expreso sea resultado de mis propias decisiones, no del miedo. Esta es la teoría, al menos. Cuando intenté llevar mis nuevas máximas a la práctica, me di cuenta de que era mucho más complejo de lo que imaginaba.

No siempre podemos librar todas las batallas

Recuerdo aquella polémica que se armó hace unos años a raíz del vestido que llevaba puesto Cristina Pedroche mientras daba las campanadas. El diseño, lleno de transparencias y muy sugerente, fue criticado por «perpetuar roles machistas». Ella contestó, con toda la lógica del mundo, que vestiría como le diese la real gana. «A mí lo que me parecería superfeminista es dar las campanadas con una camiseta del Open Arms, por ejemplo», leo en la prensa[16]. Pues sí, habría sido muy revolucionario. Pero librar ciertas batallas en ciertos momentos puede provocarte unos problemas que ese momento no estés dispuesta a pagar. En su artículo «Contradicciones de una feminista en la alfombra roja»[17] la actriz Leticia Dolera también reflexiona sobre ello. En el texto, Dolera fantasea con asistir a los premios Goya con diferentes frases reivindicativas escritas en el pecho. «Me imagino en la alfombra roja como una Femen, entrando con una falda hecha de material reciclado y el torso al aire [...] El mensaje que llevo escrito con

[16] López Villodres, M., «Cristina Pedroche o la doble cara feminista de un vestido de Nochevieja». *S Moda*. Recuperado de *https://smoda.elpais.com/moda/actualidad/cristina-pedroche-o-la-doble-cara-feminista-de-un-vestido-de-nochevieja* (31 de diciembre 2018).

[17] Dolera, L., «Contradicciones de una feminista en la alfombra roja». *Pikara Magazine*. Recuperado de *https://www.pikaramagazine.com/2017/02/contradicciones-de-una-feminista-en-la-alfombra-roja* (7 de febrero de 2017).

rotulador sobre la piel es “Dónde están las directoras”». Sin embargo, cuando se lo explica a sus amigos, estos le dicen que llevar a cabo sus ideas sería una clara zancadilla a su carrera laboral. «Me dicen que si lo hago debo asumir las consecuencias; es decir: olvídate de ser actriz y suerte con la financiación de tu próximo proyecto como directora, porque si haces algo así, te quedarás solo con la etiqueta de activista (y puede que con la de desequilibrada)».

La realidad es que hay circunstancias en las que tienes espacio para luchar a capa y espada por tus valores, y otras en las que lo que puedes perder personal o profesionalmente por subvertir las reglas del sistema es tan valioso que no merece la pena arriesgarlo. Tiene sentido. También es posible que simplemente no estés de humor para enfrentarte al juicio público, o a la cantidad de preguntas que van a hacerte si eliges un maquillaje o un vestuario poco convencional. A lo mejor, no quieres llamar la atención. Por eso hablar de «elecciones libres» es, como mínimo, una paradoja. No vivimos en una burbuja estanca, y nuestro contexto nos influye consciente e inconscientemente hasta extremos inimaginables. La solución no es sencilla: por una parte, es positivo y muy liberador que transgredamos las normas impuestas y que renunciemos a todas esas cosas que hacemos por miedo al rechazo, pero al mismo tiempo necesitamos tener un espacio seguro para expresarnos de la manera que nos venga en gana sin que seamos juzgadas por ello ni se cuestione nuestra credibilidad.

El primer paso es dejar de criticarnos las unas a las otras. No más rivalidad femenina, por favor. Por mucho que pensemos que alguien se ha pasado de la raya a la hora de experimentar con su atuendo, o aunque sintamos que aquellas que deciden vestir con un estilo convencionalmente atractivo le están haciendo un flaco favor al feminismo, ha sido su decisión, y como tal ha de ser respetada. Tanto la moda como el maquillaje pueden ser utilizados para manifestar nuestra creatividad y mostrar exteriormente nuestra identidad, como para constreñirnos a una serie de normas impuestas. Pero cada una tiene que ser capaz de analizar sus decisiones y los motivos por los cuales actúa como actúa. Después de tantos siglos siguiendo los mandatos de los otros y teniendo la apariencia que la sociedad nos ha impuesto, necesitamos reapropiarnos de un lugar donde podamos sentirnos liberadas y aprender a encontrar nuestra propia mirada. Restringirnos y limitarnos, por mucho que sea con la intención de romper con los cánones impuestos, nunca va a ser la solución.

CAPÍTULO 6

Mi cuerpo: el enemigo

Hace un par de años tuve un accidente de tráfico bastante grave mientras estaba de viaje en Filipinas. Me llevé de recuerdo un par de cicatrices, la sangre donada de un desconocido, nueve clavos de titanio en el hombro y cero ganas de volver a alquilar una *scooter* en el sudeste asiático. Después de unos cuantos meses entre la cama y la silla de ruedas, pude al fin retomar mi rutina: ir a la compra en chanclas y pijama, quedarme dormida en el metro y saltarme tres paradas, equivocarme de piso e intentar meter rabiosamente mi llave en la cerradura del vecino. Ya sabes. Esas pequeñas cosas de la vida que te hacen valorar tu utilidad en el mundo. Cuando me quitaron la medicación y volví a encontrarme con mis amigos, me di cuenta de que mi hombro se llevaba toda la atención: todos querían ver sin falta demostraciones prácticas de hasta dónde podía subir el brazo y escuchar de cerca el sutil sonido del metal rozando mis huesos. Tocar las huellas de las grapas, todavía abultadas y enrojecidas, para después quitar el dedo rápidamente, como en un escalofrío. Para mi sorpresa, también me preguntaban bastante a menudo si me iba a cubrir las marcas de las costuras con tatuajes. «¿O te vas a hacer el láser para eliminarlas? Conozco la clínica perfecta».

Yo todavía estaba en proceso de aprender a caminar y sinceramente no había cosa que me importase menos que cubrirme las señales del accidente. Ya que he pasado por todo esto, me decía a mí misma, al menos voy a tener una historia interesante que contar cuando la gente me pregunte por esa línea extraña que me cruza el brazo. ¡Es una buena manera de empezar conversaciones! ¡No me arrebatéis esto! Tal y como preveía, ahora solo tengo que subirme un poco las mangas de la camiseta en cualquier evento para que alguien se acerque a mí atraído como una polilla hacia la luz para preguntarme con una mezcla de morbo y curiosidad qué es lo que me ha pasado. A veces me invento historias extrañas. ¡Luché con un jaguar en la selva amazónica! ¡Me quedé atrapada en la hélice de un barco mientras buceaba! ¡La uso para comunicarme con el espacio exterior! ¡Si la frotas fuerte, puedes pedir tres deseos!

Mis cicatrices son un signo visible de mi resiliencia; el trofeo que indica que sobreviví. No quiero ocultarlas. Y, sin embargo, tras unas cuantas conversaciones con conocidos y gente cercana, comprendí que prácticamente el cien por cien de mis interlocutores daban por hecho que iba a sentir aquel nuevo rasgo de mi identidad como un defecto. Algo que debía esconder. Intentaban calmar mis inexistentes inseguridades con palabras de apoyo: «Tranquila, no se nota tanto», «Ponte rosa mosqueta, y ya verás como en un par de años se habrá difuminado», «Qué bien que las marcas te hayan quedado superrectas, ¿no? Podrías decir que es una escarificación».

No era la primera vez que pasaba por una situación similar: a los veintiún años me rajé sin querer el lóbulo de la oreja. Mi carne bífida y penduleante se convirtió en objeto de consuelo: o bien me proponían maneras de arreglar o encubrir la masacre («Seguro que algún cirujano puede cosértela», «Si te pones un *piercing* justo arriba, no se notará») o bien intentaban animarme («Si no te fijas, ni se ve»). A muy pocas personas se les pasó por la cabeza que pudiese sentirme cómoda con la nueva topología de mi cuerpo.

Los *defectos* son como un ave carroñera que orbita alrededor de nuestro amor propio. Un buitre oscuro y furioso por el hambre que busca un pedazo de piel expuesta para picotear. Puede que sean los kilos que has engordado después de las vacaciones, esas varices que lucen enredadas en tus pantorrillas o las estrías que te cruzan el estómago.

Nacidos de la presión social, los referentes culturales y un modelo de belleza inalcanzable, los *defectos* convierten los cambios de los que nuestro cuerpo es testigo en fuente de vergüenza e inseguridad. Y las mujeres, al sufrir de forma más acuciante que los hombres la tiranía de la belleza, vivimos más intensamente sus consecuencias. Tenemos que ser jóvenes, de piel tersa, delgadas, con las tetas ni demasiado grandes ni demasiado pequeñas. El culo firme. Las piernas largas y, por supuesto, rasuradas. Este es nuestro objetivo y cualquier cosa que nos haga desviarnos de él se convierte en una imperfección.

El imperativo social que nos empuja a prestar tanta atención a nuestra apariencia está claramente relacionado con la manera en que entendemos la feminidad. Durante toda nuestra vida, desde la adolescencia a la vejez, libramos una auténtica batalla contra aquellos procesos naturales que a ojos del mundo cuestionan nuestro atractivo. Nuestro cuerpo se convierte en el enemigo. Aunque son muchos los paradigmas que confirman esta teoría, me centraré en tres puntos que me parece que ejemplifican perfectamente la cuestión: el miedo a envejecer, el estigma que envuelve la menstruación y la depilación como máximo exponente de nuestra valía como mujeres.

Arrugas y bisturíes

A partir de los veintipocos empieza el bombardeo de anuncios de cremas antiarrugas, normalmente protagonizados por chicas que no tienen ni una marca en la piel. «Por prevención», nos dicen. No vaya a ser que se te olvide que cada año que pasa estás más cerca de ser considerada una mujer madura. Con las arrugas llega también un cambio en nuestro estatus social. Nos da pánico entrar en otra categoría, así que intentamos retrasar las marcas del tiempo al máximo posible. Ya simplemente el concepto «antiarrugas» me chirría bastante. ¿No os parece increíble que tengamos semejante miedo a algo que, por defecto, es inevitable? Todos envejecemos. Todos tendremos, tarde o temprano, surcos en nuestra cara. Manchitas. Zonas flácidas. Supongo que de alguna manera es el miedo a la muerte lo que nos hace rechazar los cambios en nuestro cuerpo; como si fuesen una marca visible de que estamos más cerca de la tumba. Por este mismo motivo consideramos un piropo que alguien nos eche menos años de los que en realidad tenemos. Es sinónimo de ser más deseable de lo que nos corresponde por edad. ¡Menudo halago!

La mujer madura debería ser representada como un ser poderoso, en cuanto a que conoce su cuerpo y su belleza con la sabiduría otorgada por la experiencia; no como un saco de inseguridades preocupado por las hendiduras de su piel. Yo quiero un mundo en el que mostremos nuestras arrugas con el orgullo de quien conoce la vida. El problema principal es que la vejez está oculta, barrida debajo de la alfombra de nuestros referentes. El relato cultural no incluye a los mayores y por ese motivo, cuando envejecemos, tenemos miedo a dejar de existir. Olvidados. Eliminados por no cuadrar en un mundo que ya no está hecho a la medida de nuestros gustos ni nuestras necesidades. En semejante panorama tiene sentido que no nos sintamos cómodos mientras nos acercamos al abismo; queremos parar el mundo y sentirnos como antes. Conseguir poderes mágicos que nos permitan parar nuestro reloj biológico. Sin embargo, creo que un ligero cambio de perspectiva ayudaría inmensamente a eliminar el estigma que gira alrededor del envejecimiento y que nos enseña que hacernos mayores es inherentemente malo. Un cuerpo arrugado es un cuerpo que ha vivido. Por supuesto, echémonos protector solar, sérums hidratantes, contorno de ojos y todo lo que nos apetezca, pero siempre con la intención de cuidar nuestro físico y destacar nuestra belleza, no intentando ocultar nada. Es una batalla que nunca vamos a poder ganar e intentar librarla es fuente de complejos y desilusión infinita.

Si trazamos una línea entre el miedo a envejecer, la frustración por no encajar en los estándares de belleza convencionales y la presión social, la intersección nos señalará un tema que nos provoca rechazo y curiosidad a partes iguales. Sí, hablo de la cirugía estética.

Mujeres de todo el mundo pasan por el quirófano cada día con la intención de realzar su físico o reparar aquellos rasgos que nuestro contexto juzga como imperfectos. En este ámbito también vemos claramente un sesgo de género; la cirugía estética es un asunto femenino. Para ser exactos, en España el 83,4 por ciento de las intervenciones se practican a mujeres mientras que los hombres ocupan un 16,6 por ciento de las estadísticas[18].

Vivimos en un mundo donde se nos hostiga a intentar asumir un ideal físico inalcanzable y, sin embargo, confesar que has modificado tu cuerpo para poder llegar ahí sigue considerándose tabú. Las revistas del corazón sacan listas de las actrices mejor y peor operadas, con fotos del antes y el después del aumento de labios o la rinoplastia de turno. Encontrar fallos en las famosas es una manera retorcida de democratizar la belleza: darnos cuenta de que las figuras a las que idolatramos también tienen papada o el culo caído nos hace sentirnos mejor con nuestros propios defectos. Si vemos una prueba fehaciente de que Beyoncé tiene celulitis, no nos sentimos tan mal por no ir al gimnasio. Por eso nos reímos a hurtadillas de esos pezones asimétricos resultado de una mala operación de pecho o de las cicatrices escondidas de una liposucción. No podemos resistirnos a juzgar negativamente la cirugía estética porque la vemos como una manera de «hacer trampa»; de saltarte las reglas de la belleza. No has sido lo suficientemente fuerte como para resistir a la presión social. Tienes complejos. Eres débil. Y has aceptado dar un paso más allá que el resto de la población para intentar ocultarlo.

Por eso la cirugía estética es algo que, en general, sucede a escondidas. Hay excepciones, por supuesto, y ciertos sectores (como el porno, o el culturismo) donde se alardea notablemente de las operaciones a las que su público se ha sometido. Pero la

---

[18] Según una encuesta «La realidad de la cirugía estética en España 2017-2018», realizada por la Sociedad Española de Cirugía Plástica, Reparadora y Estética (SECPRE).

mujer de a pie que ha pasado por el quirófano no suele confesarlo.

Criticamos a aquellas que usan bótox para eliminar las arrugas mientras linchamos públicamente a otras por parecer demasiado viejas. Una batalla hipócrita donde solo hay perdedoras. Si perteneces a uno de los extremos, eres falsa y artificial, una mujer de plástico; pero en el otro se te tachará de descuidada, poco deseable, poco atractiva. Es un callejón sin salida. La realidad es que, a no ser que tengas la genética de Grace Kelly, es muy complicado que encajes naturalmente dentro de los límites del ideal de belleza hegemónico. ¿Y, por cierto, qué significa exactamente «belleza natural»? ¿Maquillarnos o llevar ropa que favorezca nuestro cuerpo no son otras maneras, menos invasivas, de intentar mostrar externamente que encajamos dentro de ciertos estándares sociales? ¿Por qué unas están peor vistas que otras? Tal vez la diferencia reside en que la cirugía conlleva un compromiso a largo plazo. No puedes arrepentirte de tu nueva nariz de la misma forma que te arrepientes de haber comprado un bolso en las rebajas. Cuando hablamos de cirugía, volver atrás es complicado. También puede ser peligroso, si estás en manos de un profesional poco cualificado o tienes complicaciones. Todos conocemos esas historias trágicas de mujeres con implantes enquistados, o que han muerto tras inyectarse aceite de palma en un centro de mala muerte. Después de oír tantos cuentos para no dormir, pensamos que aquellas que se animan a hacerlo han valorado las posibles consecuencias negativas y, aun así, se han atrevido. Antes muerta que sencilla. Antes mal operada que fuera de los cánones.

Y, por supuesto, el motivo más obvio: en el imaginario popular las mujeres operadas están intentando paliar un miedo interno a través del perfeccionamiento externo. El miedo a ser rechazada. Reemplazada. Juzgada. El miedo a mirarse en el espejo. Te operas porque quieres adaptarte a lo que el mundo te ha enseñado como correcto. Seguro que tú también has oído esta frase, estructurada de diferentes maneras: «Me parece bien la cirugía estética siempre y cuando la hagas para verte mejor y no para intentar encajar». Como si un incentivo fuese más legítimo que el otro, o pudiésemos juzgar desde el exterior las motivaciones de la otra persona. Como si todos nosotros no estuviésemos intentando de una manera u otra encajar en nuestras propias expectativas y las de nuestro entorno. Por supuesto, si la cirugía encubre un problema de autoestima, por muchas operaciones que te hagas no vas a llenar ese hueco ni vas a solucionar el complejo. Porque la falta de amor propio es un pozo sin fondo que hay que reparar con terapia e inteligencia emocional. Por mucho bótox y ácido hialurónico que metas ahí dentro, te vas a quedar igual (ya lo decía Beyoncé: «Tryin' to fix something but you can't fix what you can't see. It's the soul that needs the surgery» / «Intentando arreglar algo, pero no puedes arreglar lo que no puedes ver. Es el alma la que necesita la cirugía»). Pero eso ya lo saben (o lo sabrán pronto) aquellas que deciden pasar por el quirófano. Con esto no quiero decir que todo el mundo que decide hacerse un retoque se encuentre bajo el yugo de la presión social. Pero, aunque así fuese, las únicas personas que deberían ser capaces de juzgar sus acciones y actuar al respecto son ellas mismas y los especialistas cualificados en su campo que les acompañen durante el proceso.

Es muy fácil opinar como espectador. Creemos tener los datos suficientes como para elaborar un análisis clínico de cualquier persona de nuestro entorno. Y, sin embargo, lo que los otros hacen o dejan de hacer con su aspecto no debería ser de nuestra incumbencia. La lógica a seguir es muy sencilla: si una mujer se opera para poder encajar en el ideal de belleza contemporáneo, es su decisión. Si se opera para verse más guapa, es su decisión. Y si se opera afirmando que quiere verse más guapa, pero en realidad encubre el miedo a no encajar... sigue siendo su decisión. La próxima vez que alguien critique delante de ti los nuevos labios de Jennifer Garner o ponga en duda la legitimidad del culo de Kim Kardashian, acordaos de que no es vuestro cuerpo, ni vuestra cara, ni vuestras curvas. Nadie tiene derecho, bajo ningún concepto, a juzgarlas. Ellas, al igual que tú, han sido criadas en un contexto que les ha demandado estar próximas a la perfección, y ante semejante nivel de exigencia han manejado su aspecto y su apariencia como han podido (y como han querido). Criticarlas perpetúa una rueda infinita que solo hace que perdamos todas. No alimentemos el círculo vicioso. Mi defensa es a favor de que las mujeres podamos tener un espacio donde mostrar nuestras contradicciones, nuestros miedos y nuestra vulnerabilidad sin tener que ser atacadas por ello. Lo que podemos y debemos juzgar son las condiciones que hacen que nos pasemos nuestra vida buscando encajar en los ideales estéticos que otros han elegido por nosotras; si, como yo, creéis que una mujer puede hacer con su cuerpo lo que le dé la gana, la cirugía estética es una de esas cosas incluidas en el pack. A mí me ha costado llegar hasta este punto, pero creo que necesitamos más que nunca tener la libertad de seguir o no los cánones que nos han impuesto a rajatabla sin sentirnos culpables por no querer librar ciertas batallas.

La regla

Estoy a punto de llegar al orgasmo. Él se incorpora para cambiar de postura y mientras pasa las manos por debajo de mis muslos, su cara cambia repentinamente para dar paso a una mezcla de sorpresa y asco. Alarmada miro hacia abajo. ¡Mierda! El condón tiene un poco de sangre, debe de ser que me ha venido la regla. Tres gotitas se deslizan por el látex creando franjas color carmín; la escena me parece casi poética. Yo estoy dispuesta a seguir con la tarea que hemos dejado a medias, pero antes de que pueda sugerirlo él se aparta y se quita el preservativo casi sin tocarlo.

—¿Quieres que pongamos una toalla debajo para acabar? —le digo esperanzada.

—No, yo creo que mejor lo dejamos. Ven, te llevo al baño.

De forma aséptica me ayuda a levantarme y me acompaña hasta la ducha. Abre la mampara sin mediar palabra, me mete dentro y se va de la habitación cerrando la puerta tras de sí. Yo estoy tan sorprendida que no tengo ganas ni de plantearme qué acaba de pasar. Su reacción me parece desproporcionada, pero no puedo evitar sentirme humillada. El calentón que tenía hace diez minutos ha desaparecido para convertirse en una sensación de asco profundo hacia mi regla, hacia mi vagina y, sobre todo, hacia mi cuerpo. Agarro la alcachofa y me doy una ducha centrándome en hacer desaparecer el riachuelo de sangre que se está escurriendo por mis muslos. Me pongo un tampón y salgo del baño para hablar con él y encontrar mi ropa.

No es la primera vez que me siento mal por menstruar. La mía es una historia de odio profundo y reconciliación tortuosa, llena de personajes insensibles y, sobre todo, mucha vergüenza. Después de unos cuantos meses de sospechosos dolores pélvicos, mi regla apareció tímidamente y por primera vez tomando la forma de un charquito pardo en mis bragas adolescentes. No se lo dije a nadie, ni siquiera a mis padres. Lo oculté tanto tiempo como pude, hasta que entre lágrimas me atreví a confesar. Me sentía frustrada, traicionada por mi propio cuerpo; sin manera posible de impedir esta nueva etapa sobre la que tanto me habían advertido: cuidado con los embarazos no deseados y con el síndrome de choque tóxico. Disponte a llevar en la mochila un recambio de compresas y un par de ibuprofenos: cualquier preparación es poca para sangrar una vez al mes durante los próximos treinta años de tu vida.

En el colegio, saber a quién «le había venido» se convirtió en una auténtica competición. Un secreto que solo compartías con tus más allegados, aquellos con quien podías admitir que habías superado la barrera invisible de la infancia. Una revelación teñida de pudor. No llena de ese orgullo con el que los tíos hablan a gritos de sus primeras pajas, sino susurrada al oído, en voz bajita y con un toque de culpabilidad. Tu sexo ya no es puro; hay algo que tienes que ocultar.

Las compresas son un lío, y me hacen sentir insegura; estoy obsesionada con que el líquido que se escapa mensualmente por mi vagina se va a salir de su cauce manchando el uniforme del colegio con churretes impúdicos. La letra escarlata, pintada con sangre en la parte de atrás de mis pantalones. Los niños de la clase, riéndose a carcajadas. Me ato una sudadera a la cintura para ocultar cualquier indicio que pueda hacer pensar a alguien que llevo puesta una compresa. Los tampones hacen que la cosa mejore; almacenan la regla desapasionadamente en unos tubitos, lo que implica que apenas tengo que interaccionar con ella. Simplemente sustituyo un tubito por otro y *¡voilá!* Los cuatro o cinco días de turno pasan rápidamente entre algodón blanqueado químicamente y cajas de calmantes.

Yo, como muchas otras, entendía mi regla como algo negativo. Una carga de por vida que la biología me había forzado a aceptar. Evitaba hablar del tema; me parecía vulgar. Si tenía que pedir una compresa de urgencia a alguna compañera, lo hacía siempre con disimulo, como si aquello fuese algo fuera de lo común. Al ir al baño, escondía el tampón debajo de mi manga o me metía la compresa en la cinturilla de la falda. Mi cuerpo y mis procesos naturales me avergonzaban. Muchas personas con ovarios han pasado o están pasando por este mismo dilema, un proceso que merma nuestra autoestima y nos hace sentir constantemente alerta. Intentando esconder la menstruación de todas las maneras posibles; preocupadas de manchar la ropa o de que alguien se entere de lo que está sucediendo.

Si hubiese podido pagar por dejar de tenerla, lo habría hecho sin dudarlo ni un segundo. Porque, de forma a veces sutil y a veces agresiva, una gran parte de mi entorno me había dicho que aquello que salía de mi cuerpo era algo que tenía que ocultar. Los mitos son muchos y variados: si riegas las plantas durante esos días del mes, las matarás. Tampoco puedes hacer mayonesa. El vino se pica y la cerveza se vuelve agria. No te puedes bañar. Y aunque las leyendas urbanas puedan parecer inocentes, ayudan a perpetuar la idea de que nos convertimos en un ser impuro cuando sangramos. Que la regla es algo inapropiado, indecente. Una enfermedad que estamos condenadas a padecer cíclicamente.

Los anuncios de higiene menstrual rinden buena cuenta de ello: intentando dulcificar el tono del mensaje, la sangre es sustituida por un líquido azul que pretende mostrarnos la capacidad de absorción del producto en cuestión. «¡Ahora con alas!», «¡Ahora huele mejor!». No es un caso único: los personajes femeninos de los libros, las pelis y las series de televisión nunca menstrúan; la regla es la gran olvidada del día a día de cualquier mujer en la ficción. Por no hablar de los hombres trans que también sangran, ¿dónde están? Cuando es representada, se hace desde una perspectiva morbosa, nunca natural, no vaya a ser que empecemos a verla como algo más que una condena. También hay un lado bueno, que no paran de repetirnos a diestro y siniestro: la regla te permite quedarte embarazada y, por tanto, tenemos que tolerarla como un mal necesario. Unas ideas que probablemente sean herencia de esa concepción cristiana que acota los genitales femeninos a simples herramientas de procreación. La invisibilización de nuestros procesos biológicos los convierte en tabú, y eso influye negativamente en la percepción que tenemos de nuestra imagen.

En el terreno sexual también hay disyuntivas. Por supuesto, el problema no reside en que a la persona de turno no le apetezca o no le guste follar con sangre de por medio, sino a que lo consideren algo malo. Que te traten con desdén, que se burlen o te vejen. Que, al igual que me sucedió a mí con aquel chico, te hagan sentir que tu menstruación es algo de lo que tienes que avergonzarte. El problema es que te hagan sentir mal por una cuestión que es inevitable y que no puedes controlar.

Afortunadamente, durante los últimos años ha surgido todo un movimiento que intenta normalizar la regla, encabezado por tres productos que están revolucionando la manera en la que las personas con vagina se relacionan con su cuerpo: la copa, las compresas reutilizables y las braguitas menstruales. Aparte de generar muchos menos residuos, estos artículos reemplazan los asépticos tubitos de algodón pensados para evitar cualquier contacto directo por un método que te obliga a interactuar con tu sangre; te ves forzada a mancharte y a mirar. Es entonces cuando descubres que no da tanto asco, ni huele tan mal como la publicidad te había hecho creer. También eres capaz de cuantificar, por primera vez, cuánta regla produce tu organismo. Pero, sobre todo, es una manera espectacular de vencer el miedo y revisar tus tabúes, el sentimiento de culpa y la humillación: ahora tienes que lavar tus bragas menstruales en la misma carga de lavadora que compartes con tu pareja, y luchar contra la vergüenza de colgarlas en el tendedero. Así, nuestro periodo está abandonando poco a poco el espacio privado para enfrentarse al terreno de lo público. Las compresas recién lavadas ahora brillan en la cuerda de tender, sus alas extendidas meciéndose con el viento como pajarillos de tela que quieren echar a volar. Te obligan a naturalizar el asunto, hablar de ello y no mirar nunca más hacia otro lado. Todas estas cuestiones, mezcladas con el empoderamiento que las nuevas corrientes feministas están otorgando a las mujeres, dan como resultado la normalización de nuestros procesos biológicos; la menstruación deja de ser algo inherentemente negativo que te ha sido forzado en contra de tu voluntad, para pasar a convertirse en una condición de tu sexo que aceptas con sus cosas buenas y también con aquellas que en ocasiones te resultan incómodas.

¡Pero si no voy depilada!

La primera vez que decidí dejar de depilarme tenía veintipocos. Apenas duré un mes con el creciente vello de mis axilas sobresaliendo por primera vez en mucho tiempo por las mangas de mi camiseta. No intentaba llevar a cabo ningún tipo de acto político, simplemente estaba tremendamente harta de tener que estar pendiente de rasurarme cada semana.

De repente, todo el mundo tenía preguntas. «¿Por qué lo haces?», «¿Es algún tipo de reivindicación?», «¿Te dejas pelo porque ahora eres feminista?», «¿Qué quieres demostrar?», «Solo estás intentando llamar la atención», «Si no te depilas, me parece bien, pero no hace falta que lo exhibas». Me sentí como deben de sentirse los animales del zoo, encerrados en una jaula con cientos de niños ruidosos repiqueteando con sus dedos diminutos en el cristal con la intención de obtener un *show* de acrobacias inédito. «¡Mira, está bostezando!», «¡A lo mejor se pelea!», «¡Ahora tiene pelo!». Cansada de la atención y los juicios, me volví a pasar la cuchilla.

Fue entonces cuando me di cuenta de que realmente la depilación siempre fue una obligación, no una posibilidad. Que las mujeres no nos depilamos para «estar más guapas», sino para ser leídas como normales y poder encajar en el mundo sin enfrentarnos al rechazo.

Es ridículo reflexionar acerca de cómo la sociedad da por hecho que las mujeres no tenemos pelo. Cuando una chica se queda en bikini o levanta casualmente los brazos para hacerse una coleta, ni nos planteamos que sus axilas, sus piernas o sus ingles puedan estar cubiertas de pelo. La educación y la falta de referentes siembran las primeras semillas. Y peor aún, cuando alguna mujer se atreve a lucir pelambrera, el foco de atención de la prensa y los espectadores se centra únicamente en este hecho. Su valor como persona se ve reducido a «la tía que ha ido a una *première* con pelos en los sobacos» o «El capítulo en el que la prota decide dejar de depilarse». No pasa como algo casual en la trama: «¡Oh, mira, esta chica tiene pelo en las piernas!», sino que se convierte en la cuestión alrededor de la cual gira el argumento. Hace poco leía en los titulares de un periódico español: «Amaia Romero reaparece sin sujetador y con pelos en las axilas». Así, tal cual. Ni siquiera sabemos dónde está «reapareciendo». Lo único remarcable tiene que ver con la manera en la que ha decidido mostrar su cuerpo. ¿Cabe en la cabeza un titular análogo que tenga como protagonista a un hombre? «Messi reaparece sin camiseta y con pelos en las axilas». Por supuesto que no. Porque para ellos, la depilación es una opción y no una necesidad. Incluso hemos acuñado una acepción, «metrosexual», para hacer referencia a esos hombres que cuidan su imagen por encima de lo que se requiere de ellos socialmente. Por supuesto, no hay nada equivalente en las mujeres. Una mujer que cuida su imagen por encima de lo que se requiere de ella socialmente es simplemente una mujer.

En las películas ocurre lo mismo. ¿Os acordáis de *El lago azul* (1980)? Esa peli en la que Brooke Shields y Christopher Atkins se convierten en los únicos supervivientes de un naufragio y acaban pasando su tórrida adolescencia solos en una isla paradisiaca. La peli hace un buen trabajo enseñándonos su despertar sexual, incluso un embarazo inesperado. Y, sin embargo, mientras veía la película yo solo podía pensar: «¿Cómo hace Brooke para depilarse?». ¿De verdad me quieres decir que la única superviviente de un naufragio ha encontrado la manera de rasurarse en mitad de un atolón del Pacífico? ¿Con qué? ¿Con corales?

Parece que el vello corporal de las mujeres nos da tanto miedo que evitamos mostrarlo aun cuando está más que justificado por el argumento. Casi como en una broma satírica, los anuncios de cremas depilatorias, cuchillas de afeitar o maquinillas eléctricas no muestran a mujeres peludas. La cámara enfoca unas piernas suaves y ya depiladas en las que por algún motivo incomprensible alguien ha decidido hacerse la cera. Ahora, vamos a hacer un ejercicio de imaginación. Visualizad un anuncio depilatorio en el que la chica tenga unas escarpias negras y puntiagudas ondeando en sus muslos, sus piernas y sus tobillos. Usando una espátula, los cubre de producto para después retirar el mejunje de un tirón rápido. Vemos claramente la diferencia entre la zona recién depilada, donde apenas quedan un par de alambres huérfanos, y el resto de sus pantorrillas aún cubiertas de maleza. ¡Qué cera tan efectiva! Y, sin embargo, pensar en esta escena resulta extraño. Estamos tan acostumbradas a no ver representaciones realistas del vello femenino en pantalla que, cuando este aparece, nos saltan todas las alarmas. Hemos convertido nuestros pelos en un tema tan prohibido que no los mostramos ni siquiera para promocionar los artilugios que los eliminan.

La depilación no siempre fue un problema, claro. Hubo un momento, ahora lejano en el tiempo, en el que ni siquiera pensaba en ello. Y habría seguido así, si no hubiese sido por mi entorno. Recuerdo perfectamente el momento en el que fui consciente por primera vez de mi vello corporal.

Estoy en la casa donde mis padres vienen a pasar el verano, perdiendo el tiempo como solo una adolescente de vacaciones sabe hacer (hojeando revistas, poniéndome calcomanías en el brazo o leyendo por decimoctava vez esa tira cómica de *Snoopy* que ya me sé de memoria), cuando oigo el pitido atronador del telefonillo. Las que llaman son las tres únicas amigas que he conseguido hacer en el pueblo. Esther es rubia, bajita y delgada, y tiene doce años. No para de presumir de que sus notas han sido las más altas de toda primaria. Rosa ronda los trece y se dedica a seguir a Esther como si fuese su sombra allá donde va. La tercera chica vive en el pueblo de al lado y solo viene de vez en cuando por aquí a visitar a sus primos. La conozco poco, pero es bulliciosa y parlanchina, tiene unos nueve años y se llama Bárbara.

Decidimos variar nuestro plan de siempre, que incluye comer pipas y hablar de nimiedades en el parque, para ir a la playa y refrescarnos con un baño. Me pongo el bikini por debajo de la ropa, agarro una toalla y un bote de protector solar y me sumo a la comitiva mientras me imagino que somos un grupo de espías preparándose para su nueva misión. Las cuatro caminamos al unísono por el embarcadero como si nuestros pasos estuviesen sincronizados con el ritmo de una música imaginaria. «Bam», una pierna. «Bam», la otra. Estamos unidas, y me siento poderosa. Al llegar a la arena nos situamos estratégicamente cerca de las duchas y los baños. Extiendo mi toalla impresa con una publicidad de cereales y empiezo a desvestirme. Pero algo va mal. Al quitarme los pantalones elásticos, siento una mirada extraña posada en mi cuerpo. Es Esther, que observa fijamente la parte de abajo de mi bikini de cerezas, viejo y un poco desteñido. Un millón de posibles situaciones pasan en un segundo por mi mente. ¿Se habrá dado cuenta de las costuras deshilachadas? ¿Lo habré lavado mal? Se acerca a mí con cautela y en voz bajita me dice al oído: «Se te ha olvidado depilarte». *Wow*. ¿Qué? Cualquier sensación de poder se desvanece en ese instante. Intento mostrarme indiferente, pero la realidad es que no sé ni qué contestar, así que acabo poniéndome de nuevo los pantalones e ignorando la cuestión mientras silenciosamente continúo masticando el tema en mi cabeza. Es la primera vez que alguien hace referencia a los pelitos diminutos que empiezan a sobresalir por los lados de mis bragas. No es que no me hubiese dado cuenta de que estaban ahí, simplemente creía que no se veían lo suficiente. Que nadie se iba a fijar. Que realmente no importaba.

Los días pasan y no tengo claro cómo solucionar todo este entuerto. La idea de depilarme yo sola incluiría tomar prestada una cuchilla de afeitar de mi madre, y tan solo pensar en ello me produce vértigo. Un delito digno del más oscuro criminal. «Niña de once años se rebana la ingle con una cuchilla robada». Escalofriante. La situación se soluciona mucho más rápido de lo que pensaba. Las chicas proponen dedicar una tarde a ver *Operación triunfo,* escuchar Ella Baila Sola y pintarnos mutuamente las uñas de los pies. Bárbara nos dice que nunca se ha depilado y quiere probarlo, así que entre los esmaltes de colores esconde una cuchilla de su hermana mayor. Nadie se opone.

Ahí estamos las tres, encerradas en el baño mientras fingimos tener muchísima experiencia en la cuestión. Esther y Rosa, que ya saben de qué va la cosa, cogen la delantera y se enjabonan las piernas por turnos dentro de la bañera. Yo me siento en el bidet y me paso la misma cuchilla, ajena a todas las enfermedades que puedes contraer por contaminación cruzada, por mis piernas prácticamente imberbes. No tengo claro en qué dirección tengo que mover las hojas, así que deslizo el invento hacia arriba y hacia abajo sin mucha coordinación. La piel de la rodilla se queda atascada constantemente, deglutida y masticada entre las cuchillas. A los pocos segundos siento un escozor agudo. Con la mezcla de sangre, agua y jabón aún escurriéndose por mis gemelos, salgo de la bañera para ceder el estrado a Bárbara. Me siento extrañamente orgullosa de haber dado este paso, como si quitarme mi prácticamente inexistente vello corporal fuese un rito de paso necesario para llegar a ser mujer. Me visualizo dentro de unos años como una Amarna alta, madura y vestida con traje de *tweed* y tacones guiando un *tour* por mis experiencias vitales más importantes, «Aquí, señores y señoras, fue donde me depilé por primera vez». Me pregunto si las piernas me van a dejar de sangrar; ahora que me fijo bien, me he hecho más cortes de los que pensaba. Aparte de orgullo, siento una especie de… alivio. No me gusta que me salga pelo. Quiero volver a la normalidad. Lamentablemente todavía no he reflexionado lo suficiente acerca de que la normalidad durante el resto de mi vida va a incluir una buena dosis de vello en lugares de los que nunca antes había oído hablar. Bárbara no tiene ni rastro de pelos en las piernas, solo una ligera pelusa blanquecina que únicamente puedes apreciar a contraluz. Aun así, se pasa la cuchilla imitándonos. Los pelos diminutos atascados en el sumidero nos miran fijamente, como despidiéndose. Nos reímos y bromeamos mientras Esther abre el grifo para que el agua se lleve todo aquel desperdicio.

El pelo es una de esas cosas que modifica la percepción que tanto tú como tu entorno tienen sobre tu cuerpo. Es una señal inequívoca de que, de alguna manera, estás convirtiéndote en algo diferente, y ese «algo» no es deseable, ni atractivo, ni ligará con un desconocido en la discoteca a las cinco de la madrugada. La biología ha decidido con maldad y alevosía convertirte en Chewbacca. La obsesión llega hasta tal punto que acabarás cambiando planes y reprogramando citas para poder tener tiempo no solo para depilarte antes de cualquier evento importante, sino también para que se te baje el sarpullido y la rojez virulenta que aparecen al día siguiente. Los planes que incluyen llevar bikini, follarte a alguien o irte de vacaciones son los más complicados de cuadrar en el *timeline* de la gestión capilar. ¿Una tarde improvisada tomando en sol en la piscina? ¡Pero si no voy depilada!

Hay muchas maneras de enfrentarte al dilema de la depilación: está la cuchilla, válida únicamente para aquellas personas que no tienen miedo a los pelos encarnados o se encuentran en un verdadero apuro. Después tenemos la cera, rodeada de un inevitable universo de dolor (todavía creo que las personas capaces de hacérsela a sí mismas son un mito) y las maquinillas eléctricas; auténticos aparatos de tortura. La crema depilatoria y, por supuesto, el láser. ¿Una hora de dolor friendo tus folículos a cambio de dos meses imberbe? Póngame siete, por favor.

Por supuesto no todo el pelo del cuerpo femenino despierta el mismo nivel de odio. Solo intentaremos eliminar exhaustivamente ese que se encuentra en el lugar «equivocado»: bigotillo, entrecejo, axilas, pubis, piernas y muslos. En ocasiones también incluiremos la línea de pelo del ombligo y, en algunos casos, el de los brazos y la línea de la mandíbula. Así es como la sociedad y nuestros referentes culturales lo han decidido. En la cabeza, una melena sedosa a lo princesa Disney. Las pestañas tienen que ser largas, como abanicos. Pero ¡ay de ti si optas por no depilarte las piernas, cuántas miradas te va a tocar aguantar! En el imaginario popular, el vello femenino no solo no es atractivo. Es repugnante. Una muestra tangible de que has aceptado no jugar al juego de la feminidad.

La humillación pública llega hasta esos lugares donde hipotéticamente deberías sentirte a gusto enseñando tus pelos. Sí, hablo de las clínicas de depilación, donde más de una vez la esteticista de turno me ha recibido con el ceño fruncido después de ver la batalla a la que se iba a tener que enfrentar:

—Menuda pelambrera, hija. Pero ¿hace cuánto que no pasas por aquí?

—Pues no sé, la verdad. Creo que dos meses.

—No tienes que esperar a que pase tanto tiempo, que si no mira cómo me vienes.

Que te entren ganas de depilarte antes de ir a depilarte con tal de evitar ser juzgada es cuanto menos irónico.

Tardé unos cuantos años en volver a enfrentarme a este mandato social y, contra todo pronóstico, fue gracias al cine X. Hartos de la imagen infantilizada de la gran mayoría de actrices porno, los consumidores pidieron en masa que las chicas volviesen a tener pelo, así que la depilación de principios de los 2000 dio paso a una moda mucho más laxa. Los *bushes* se pusieron de moda. No ese pubis enmarañado de los años ochenta, sino una versión aligerada, recortada por los lados para tener la forma de una esponja redondeada. Un lugar mullido donde enroscar los dedos mientras te lees una novela o ves la última serie de moda en Netflix. Yo cogí la oportunidad al vuelo y me dejé un bosque frondoso en la entrepierna que triunfó en la industria, pero encontró cierta oposición en mi vida privada. Quién me iba a decir que el porno sería más aperturista a la hora de aceptar mis pelos que mis compañeros de cama.

Y es que hoy en día se da por hecho que la mujer sexualmente activa tiene que estar depilada. No vas a ligar a un bar ni a quedar con el tío de Tinder que te hace tilín sin pegarle antes un repaso a tu entrepierna. ¿Qué va a pensar de ti cuando te quites las bragas? Parece que el único espacio seguro para una vagina peluda es dentro de una relación estable, donde tu pareja ya te aprecia lo suficiente como para seguir amándote por encima de esa frontera: «Me quiere tanto que no le importa que vaya sin depilar». Una amiga mía me confesó que su técnica secreta cuando no quiere acostarse con alguien en la primera cita es no rasurarse. Así, si la cosa se caldea, sabe que puede ponerlo como excusa sin encontrar reparos: «Prefiero no hacerlo. No voy depilada».

Después del pubis, dejé de depilarme las piernas. Los meses pasaron sin mucho entusiasmo y apenas sufrí críticas o miradas reprobatorias. El barullo de verdad se armó cuando decidí dejarme las axilas peludas de nuevo. Seamos sinceras: el vello púbico te lo ve más bien poca gente y la exposición de las piernas queda reducida a los tres o cuatro meses de verano en los que llevas pantalones cortos y minifaldas. Pero los sobacos están en la mitad superior del torso, muy cercanos al centro de atención principal de tus interlocutores. Son una parte del cuerpo que, a menos que vivas en Siberia o te flipen las camisetas de manga larga, se ve bastante a menudo. Hasta en las situaciones más cotidianas, como pedir la cuenta en un bar o coger un libro de una estantería, acabas mostrando los surcos de las axilas. Si te dejas de depilar, va a notarlo todo el mundo. Son el último bastión a conquistar en la batalla por la libertad capilar.

De repente, agarrarte a la barra del metro se convierte en un acto político, una reivindicación inesperada a favor de la autodeterminación femenina. A mí me costó muchos meses poder alzar el brazo sin morirme de la vergüenza o sentirme agobiada por las miradas ajenas. Algunos observan con recelo, otros con asco y muchos con simple curiosidad. Pero mis pelos nunca pasaban desapercibidos. Me sentía como si estuviese en un ascensor muy pequeño llevando un vestido de luces de neón. Nadie podía apartar la mirada. Y, a veces, ser el centro de atención por semejante tontería cansa.

Aguanté la embestida, me mantuve firme en mi decisión y según fueron pasando los meses me fui reconciliando poco a poco con mi nueva imagen. El punto álgido llegó cuando, hojeando una revista con una amiga, llegamos a una foto de una modelo nórdica, preciosa en su bikini de rayas, con los brazos alzados. «¿No le ves algo raro?», le dije a mi colega. «¿Aparte de las treinta capas de Photoshop, dices?», contestó ella. Entonces me di cuenta. La chica no tenía pelos en las axilas. Y me había parecido raro. Era la primera vez en mi vida que veía el mundo desde esta perspectiva. Mi paradigma, después de casi veintisiete años en este mundo, había cambiado. Y qué alivio, la verdad; dejar de entender la depilación como si fuese lo *normal*.

«Pero te depilas las cejas, ¿no? ¿No es eso una contradicción?». Me dicen algunos. Como si tuviese de alguna manera que demostrar mis credenciales provello. Como si no depilarse fuese una ideología, una doctrina que estoy desobedeciendo al eliminar el pelo de ciertas partes de mi cuerpo. Estas son las personas que no han pillado todavía de qué va la cuestión. Hay gente a la que no le gusta el pelo. Y eso está genial. También hay personas a las que les gusta en algunas zonas, y en otras no. Otros prefieren lucir con orgullo un cuerpo poblado por una mata oscura de vello suave y tupido. Bienvenidas sean todas las opciones. Mi queja no va dirigida a los gustos individuales, sino a una estructura que nos dice a las mujeres que, si no vamos depiladas, no podemos sentirnos atractivas. Que si no cuadramos en la imagen de la chica siempre rasurada que nos han enseñado en los medios, nos convertimos en seres poco deseables y definitivamente unas descuidadas con nuestro aspecto físico y nuestra higiene personal.

Yo me sigo depilando, a veces. Cuando me apetece pasar la mano por mis piernas y sentir una cascada de piel sedosa en vez de la hierbecita fresca de mis pelos negros. No soy más o menos femenina ni más o menos mujer por la cantidad de vello que tengo en el cuerpo. Todo esto no va de movimientos, credos ni filosofías. Aunque, de rebote y sin quererlo, el reivindicar el derecho a hacer con nuestro cuerpo lo que nos apetezca sin ser criticadas convierte la maniobra en un acto definitivamente feminista.

El verdadero problema que subyace en todo este tema de la depilación femenina tiene que ver con la tiranía estética que fuerza a las mujeres a depilarse, creando reglas sociales que se implantan sin tener en cuenta ni preferencias ni gustos personales y que sanciona a aquellas que deciden salirse de la norma. El problema son los referentes que nos han enseñado que el pelo es antiestético. Es esa idea la que hay que romper. Una vez la destruyamos, seremos más libres de hacer lo que queramos con nuestra imagen y vivir nuestra vida como nos venga en gana. Libres de dejarnos las piernas tupidas, las ingles oscuras y las cejas enmarañadas, o de eliminar todo rastro de vello de nuestro cuerpo. Pero elijamos lo que elijamos, que sea una elección. No una imposición.

CAPÍTULO 7

Todo lo que necesitas es amor

Estoy enamorada. Al fin lo he encontrado: un chico que me quiere con mis locuras, mis excentricidades y mi incapacidad para estar quieta en un mismo sitio durante más de veinte segundos. De hecho, es la primera vez que comparto con mi pareja la pasión por viajar. A los dos nos gusta ver pelis de autor extrañas, la comida japonesa y patinar. No tenemos muchas más cosas en común, pero hago un esfuerzo para convencerme de que es mi media naranja. Tiene treinta y seis años; yo, veinte. Acostumbrada a salir con chicos de mi edad, me siento deslumbrada por su madurez. ¡Ha vivido tantas cosas!. Qué suerte la mía. A los pocos meses de salir juntos, me mudo a su casa. ¡Estamos superconectados! En unos pocos años estaremos dando vueltas por el mundo en una furgoneta camperizada mientras trabajamos desde lugares remotos. De fondo sonará *All You Need Is Love*, cantada por los Beatles. Por supuesto, pasaremos por Madrid de vez en cuando para decir hola a la familia y recargar las pilas mientras preparamos nuestra próxima aventura. Cuento los días para acabar la universidad y que por fin podamos empezar nuestra vida de exploradores *full time*.

Mientras tanto, me conformo con escuchar todas las historias que tiene guardadas en la recámara. Como aquella vez que se cruzó las montañas del norte de África haciendo fotos para una gran publicación o cuando buceó en un barco hundido de Australia. Es tan interesante. Tan inteligente. Tan encantador. También nos peleamos, claro. Como todas las parejas.

Hacemos fiestas a menudo. Yo me arreglo, me maquillo y me pongo mi vestido favorito. Él se limita a comer chocolate a escondidas y a quejarse de que no le queda ropa limpia. Barro la casa a toda prisa con una mano mientras que con la otra me paso la plancha por el pelo.

Cuando aparezco luciendo mis mejores galas, me observa de arriba abajo y se queda callado, mirándome muy serio. Intento analizar todas las variables para comprender si he hecho algo que le haya podido molestar, pero no consigo averiguar el qué. Estoy barajando tantas posibilidades que siento que me sale humo por las orejas. Una olla a presión de sentimientos. Socorro.

—¿Vas a ir así? —me pregunta, al fin. Yo sonrío, mirando mi vestido rosa de flores y mis manoletinas.

—¿No te gusta?

—No es que no me guste, es que estás ridícula.

La verdad es que nuestras discusiones escalan más de lo normal. A veces nos pasamos toda la noche gritándonos, y llego a clase aturdida y con los ojos hinchados. Otras me amenaza con romper los discos duros donde guardo mis proyectos o con llamar a mis compañeros de universidad para decirles que estoy en el porno. Bastante fuera de lugar, es cierto, pero sé que exagera. Le excuso diciéndome a mí misma que no sabe controlar su rabia. Pobrecito, ¡su infancia fue tan dura! Aunque las señales de alarma son infinitas, estoy total y absolutamente convencida de que es la persona con la que quiero pasar el resto de mi vida. Al fin y al cabo los amores de película son así, ¿no? Intensos, tortuosos. Dolorosos. Si supiese componer, escribiría una canción sobre esto. Sería un éxito mundial.

A veces tengo miedo. Se cabrea por nimiedades que ni siquiera comprendo, así que paso cada decisión que tomo por un millón de filtros. A menudo, cuando le hablo se queda en silencio. Es su manera de demostrar que está enfadado y que espera que mágicamente pueda leer su mente para saber por qué. Un millón de posibilidades cruzan mi cabeza: «¿Me habré dejado el aire acondicionado encendido al salir?», «¿No he hecho bien la compra?», «¿Se me ha olvidado limpiar el salón?». A veces tardo tanto tiempo en analizar todas las opciones que me quedo quieta y sin hablar, como un robot que está sufriendo un cortocircuito. Paralizada.

La realidad es que me aterra hacer algo que pueda desencadenar una discusión. ¿Si me pongo esta camiseta, le parecerá bien? ¿Y si me compro esos zapatos que he visto anunciados? Una vez se pasó cinco días sin hablarme porque me hice un *piercing* en la nariz sin avisarle, así que ya no sé muy bien dónde está el baremo de lo que puedo o no hacer por mi cuenta. Por si acaso, siempre pregunto antes. Me siento como pidiéndole permiso, pero él me dice que simplemente está preocupado por mi bienestar. Es más mayor, ha vivido más y sabe cómo funciona la vida. Yo me tengo que fiar.

Me señala cómo tengo que comportarme y qué tengo que hacer en cada momento. Decide la ropa que me pongo, mi maquillaje y cómo me dejo el pelo. No directamente, claro, sino con la sutileza maquiavélica de quien sabe dónde están los puntos más débiles de tu autoestima («Con pantalones pitillo no se te notan tanto los kilos de más»). Un día me avisa de que si no voy depilada, no vamos a follar. Le da asco. Yo sonrío y asiento. Quiero gustarle y atraerle, pero, sobre todo, quiero que me quiera. Manipula mi amor propio con la impunidad de un niño que ha decidido quemar un puñado de hormigas con una lupa. En el fondo, sabe que lo que hace está mal, pero es divertido y, hasta ahora, nadie ha conseguido impedírselo.

No pone demasiadas pegas a que esté en el porno, pero lo usa constantemente como cebo para cazar a las tías con las que quiere liarse. «Mi novia es actriz de cine X» es la frase de presentación que usa cada vez que conoce a alguien a quien quiere impresionar. Le falta hacer camisetas, poner un cartel en la puerta de casa y añadirlo a su perfil de LinkedIn. A la vez, sé que es la manera que ha encontrado de vencer sus inseguridades y problemas de autoestima. Tiene miedo, mucho miedo de que le deje. Lucho contra todos estos pensamientos a la vez que le compadezco. Estoy realmente decidida a que esta relación funcione.

Por supuesto que soy consciente de que me habla mal. Se enfada conmigo constantemente y me culpa de todas las cosas que no funcionan en nuestra vida. Soy la culpable de que no esté ganando más dinero. De que discutamos todos los días. De que las cañerías del baño estén atascadas. A este paso, pronto voy a ser la culpable del calentamiento global. La cuestión es que yo le excuso por todo. Cuando me bufa algún comentario fuera de tono, me repito a mí misma que simplemente está teniendo un mal día y doblo mis esfuerzos para cuidarle y quererle. Me levanto antes que Él para ir al súper y comprar algo especial para desayunar. Le regalo flores. A veces se enternece y me dice que soy la mejor novia del mundo, y otras desprecia mis gestos de cariño, tira las flores a la basura y me critica por no haberle preguntado qué quería antes de ir a comprar. Por mucho que lo intento, no consigo entender qué cosas le gustan y cuáles le molestan. Nuestra relación es un gran rompecabezas que todavía no he aprendido a desentrañar. ¡Soy tan inmadura! Pienso constantemente que a la vuelta de la esquina nos espera una relación maravillosa, sin discusiones ni problemas. Proyecto mis pensamientos en esa dirección para olvidarme de todas las banderas rojas que me dicen que salga de ahí lo más rápido que pueda. En vez de meter todas mis cosas en una maleta y coger el primer taxi que pase por la calle, me repito como un mantra que si esto no está funcionando es porque todavía no he encontrado la manera de hacerle feliz.

Sé que no soy una persona fácil. Compagino la universidad con mi trabajo como modelo y la productora que acabo de montar, así que mi día a día es una ruleta rusa de exámenes, sesiones de fotos y Red Bulls. Todo el dinero que gano lo reinvierto en la empresa, así que mi cuenta está constantemente en números rojos. A nivel personal las cosas no van mucho mejor: duermo una media de seis horas al día, lloro a menudo y apenas como. Para ser sincera, la mayor parte del tiempo me siento confusa y aturdida, como dentro de un sueño del que estoy esperando despertar. En ocasiones siento que mi vida ha sido usurpada por una impostora que tiene mi cuerpo y mi forma; mientras tanto, yo me limito a observar sus actos como si estuviese viendo una serie de televisión. ¿Algo de esto tiene sentido? Cuando miro la situación con perspectiva, me culpo por no saber hacerlo mejor. «Es muy complicado estar contigo», me repite él constantemente. A veces pienso en mi madre y en cómo echo de menos a mis amigos; me los imagino abrazándome mientras me siento sola, muy sola. Soy consciente de que la relación no funciona, pero todavía me quedan fuerzas para luchar un poco más. En cuanto consiga entender cómo funciona esto del amor, nos convertiremos en la pareja perfecta que siempre he deseado.

Esto es más o menos lo que le cuento a la policía cuando llaman de madrugada a la puerta de nuestra casa. Lleva seis horas gritándome porque he decidido saltarme la dieta que me ha impuesto y estoy encerrada en el baño con mi cuerpo presionando la puerta a modo de barricada. Empujo los pies contra la bañera para que mi peso bloquee la cerradura. Él me amenaza con dejar mis cosas en la calle. Suena el timbre.

Cuando salgo a abrirles con la cara descompuesta y la determinación de un zombi, me encuentro con dos chicos uniformados que me miran con preocupación. Intento sonreír para hacerles ver que todo está bajo control, pero tengo los ojos tan rojos que me visualizo a mí misma como un sapo disecado intentando parecer simpático. Doy asco. Ni se me pasa por la cabeza pedirles ayuda. Aquí no está pasando nada malo. Es Él. ¿Os acordáis? Mi príncipe azul. Se enfada conmigo porque me quiere. Esto es una rencilla de pareja. En realidad solo quiere que estemos bien y yo soy una malcriada que no sabe apreciar su ayuda.

«Un vecino ha oído gritos. ¿Podemos pasar?».

El tono que usan da a entender que realmente no puedo negarme. Él está al final del pasillo, recostado sobre el respaldo del sofá como si no pasara nada. Durante una milésima de segundo le odio profundamente por ser capaz de fingir que no es el grandísimo cabrón que me acaba de lanzar un libro a la cara desde el otro lado de la habitación, y un chispazo de realidad me hace ver la situación desde fuera. Tengo ganas de agarrarme al brazo de uno de los policías y decirle que estoy mal. Que no tengo adónde ir. Que me ayuden a salir de ahí.

Pero en vez de eso, descarto cualquier pensamiento negativo, mantengo mi sonrisa de anfibio hasta que salen por la puerta y me digo una vez más que la verdadera culpable en todo este tinglado soy yo. Es increíble que haya encontrado a alguien dispuesto a aguantar todos mis defectos. Esto es el amor de verdad, ¿no? Quererte en los tiempos buenos y también en los malos. Siendo sinceros, nunca ha habido tiempos buenos, pero estoy tan desesperada por que alguien me quiera que me convenzo a mí misma de que esta es la forma que toma el amor verdadero.

Buscando el amor

Ah, el amor. Históricamente, el amor ha sido incuestionablemente un asunto femenino. Incluso cuando somos pequeñas y no tenemos una verdadera consciencia de lo que este concepto significa, ya jugamos con muñecas a mamás y papás y celebramos las bodas imaginarias de nuestras Barbies. Mientras los niños se dedican a golpear balones y librar guerras con pistolas de agua y figuritas de vaqueros, nosotras pasamos el tiempo imaginando cómo conoceremos a nuestro futuro novio, qué llevaremos puesto, cuánto nos amará. ¿Pasaremos la luna de miel en Bali o en Hawái?

Las dinámicas que hemos aprendido de nuestros referentes nos han hecho creer que para nosotras el amor no es una opción, sino una necesidad. Si no me crees, piensa durante un segundo en cómo se caracteriza en líneas generales a los hombres maduros que no tienen pareja. Son «solteros de oro», casanovas que alardean de sus avanzadillas sexuales como si fuesen un estandarte del éxito. Que se lo digan a George Clooney. Sin embargo, su análogo femenino no es una mujer sensual y promiscua, sino una «solterona»; ese terrible concepto que sobrevuela a las mujeres a partir de la treintena. La loca de los gatos. Recordemos que los tabloides norteamericanos decidieron apodar a Jennifer Aniston «America's suffering sweetheart» (que se traduciría como «La novia desdichada de América») después de su divorcio con Brad

Pitt y más tarde con Justin Theroux. «¿Estará maldita?», se preguntaban en la prensa rosa y los programas de corazón. ¿Será capaz de alcanzar la felicidad, sin nadie a su lado? ¿Tendrá algo que impide que la amen? Una mujer que llega soltera a la edad adulta nos produce incertidumbre, incluso un poco de desasosiego. Pobrecita, pensamos. Ni se nos pasa por la cabeza que su soltería pueda ser voluntaria. ¿Por qué querría no tener pareja? En los hombres la respuesta es obvia, y nos la han repetido hasta la saciedad: libertad, sexo, desenfreno. Ahí tenemos a Charlie Sheen rodeado de conejitas Playboy y novias de usar y tirar. Pero ¿y ellas? A los ojos del mundo, el mayor fracaso que puede experimentar una mujer en su vida es no encontrar a nadie que la quiera. El éxito profesional, una familia afectuosa o una vida social de escándalo pasan a un segundo plano si no ha conseguido una pareja que se quede a su lado. Leo en un artículo publicado hace apenas dos años que las chicas solteras son «el fenómeno que promete revolucionarlo todo [...]. No dependen de ningún hombre, desafían convenciones y algunos las señalan como el motor de la próxima revolución social. Bienvenidos a la república independiente de las nuevas solteras»[19]. ¿Perdón? ¿Las mujeres que deciden no tener pareja son parte de una «nueva revolución social»? Por mucho que nos cueste admitirlo, todavía no tenemos normalizada la soltería femenina. Y es que, aunque vivimos en uno de los primeros momentos históricos en los que las mujeres no somos dependientes de los hombres, todavía no hemos sido capaces de romper con el paradigma que nos ha enseñado que una parte de nuestros propósitos vitales ha de estar supeditada a complacerles y buscar su validación.

La búsqueda del Amor en mayúsculas es la meta vital de las mujeres. Aguardan a que las quieran igual que la princesa espera en el castillo a que aparezca su príncipe azul. Pero mientras ella borda y suspira, él sale de fiesta con los colegas a ligar con cuan-

---

[19] Hernández, C., «Chicas *"single"*: el fenómeno que promete revolucionarlo todo». *Woman*. Recuperado de *https://www.woman.es/lifestyle/salud/chicas-single-fenomeno-promete-revolucionarlo* (9 de marzo de 2016).

tas más mejor. Tenemos este concepto intrínsecamente grabado en el imaginario colectivo: ellos actúan, nosotras esperamos su actuación. Y por este mismo motivo, también nos conformamos con más facilidad. Por miedo a que se «nos pase el arroz» y acabemos esperando eternamente como la pobre Aniston, nos agarramos como si fuese un clavo ardiendo a cualquier persona que pueda colmarnos con una dosis mínima de cariño. De esta manera conseguimos convencernos de que Él es la persona con la que queremos pasar nuestra vida, por muy insatisfactoria, inmanejable o tóxica que sea la relación. Has de estar agradecida por tener a alguien a tu lado; por haber sido la elegida de entre todas las otras princesas.

Si nos quedamos junto a nuestros maltratadores, es en parte como consecuencia de la necesidad de ser validadas por los otros; cuando te han enseñado que existes únicamente en cuanto a que alguien te quiera, el amor (por muy doloroso que sea) justifica tu existencia. La relación se convierte en una manera de afirmarte en el mundo; de buscar un significado. Amo, luego existo. A los hombres, por otra parte, se les educa desde que son pequeños en la independencia, la autonomía, la autodeterminación. Ellos no necesitan, sino que reclaman el amor. Y si no está ahí, su identidad no se verá afectada. Existo, luego amo.

Es sintomático que uno de los iconos románticos de los últimos tiempos sea la película *Pretty Woman* (1990). En su argumento, el protagonista es un hombre maduro que aparece de la nada para salvar a Julia Roberts de su *mala vida* como prostituta. Él está buscando algo pasajero, pero Roberts le enamora con su inocencia y su frescura, así que después de un conveniente cambio de vestuario que convierte a Julia en una señorita respetable, acaban juntos y felices. De nuevo, ella estaba esperando. Y él acude, como una figura paterna, a salvarla del mundo y, sobre todo, de ella misma y sus malas decisiones. La moraleja está clara: sin la aparición estelar de la figura masculina, el cambio de vida y de estatus social de Roberts no habría sido posible. *Pretty Woman* no es una historia de amor, sino más bien una oda a favor del capitalismo y la sociedad de clases que ratifica el papel pasivo de las mujeres en las relaciones amorosas. Por cierto, cuando se rodó la película, Richard Gere tenía cuarenta años. Julia, veintidós. No hay más preguntas, señoría.

La realidad es que, por muy obsesionados que estemos con el tema, por muchas canciones, libros y películas que le dediquemos al amor, es indiscutible que nuestra sociedad está en pañales a la hora de desentrañar cómo se viven las relaciones de forma saludable.

Los mitos del amor romántico

Aunque ahora mismo la idea de un matrimonio concertado nos suene lejana, durante muchísimo tiempo la unión entre seres humanos tenía un carácter puramente contractual: estoy contigo porque me proteges en tiempos de guerra, yo te doy a mi hija, tú me das tus tierras, unimos nuestros apellidos para asegurar la prosperidad de nuestras propiedades y nuestra descendencia. No fue hasta el siglo XIX y la Revolución Industrial que el concepto del amor tal y como lo entendemos hoy en día[20] se vinculó a las relaciones de pareja. Apenas llevamos unos cuantos años de relaciones estipuladas en base a este sentimiento, así que tiene sentido que no tengamos ni idea de lo que estamos haciendo. Sacralizamos el amor casi como si se tratase de una religión, siguiendo los credos que nos han enseñado al pie de la letra, sin cuestionar si esas normas son sanas o si siquiera se adaptan a lo que queremos en la vida.

«El culto al amor en Occidente es un aspecto del culto al sufrimiento», decía Susan Sontag en *Contra la interpretación y otros ensayos*. También fue ella quien afirmó que «Lo sobrevalorado no es el amor, sino el sufrimiento». Y es que nos convencemos de que el dolor es una parte ineludible de nuestras relaciones. ¿Quién no ha oído y creído, aunque sea una vez, uno de esos

---

[20] Según lo define la RAE: «Sentimiento hacia otra persona que naturalmente nos atrae y que, procurando reciprocidad en el deseo de unión, nos completa, alegra y da energía para convivir, comunicarnos y crear».

mantras tóxicos que nos repiten hasta la saciedad? Nos dicen: «El que bien te ama bien te hará llorar», y asentimos con aprobación, sin darnos cuenta de que de forma velada estamos justificando, como mínimo, las dinámicas destructivas. Y como máximo, las agresiones físicas y verbales. Si pensáis que exagero, dejad que os cuente la historia de una niña de cuatro años que acudió al hospital para que le cosiesen una herida en la mejilla después de ser golpeada por un compañero de clase. Tras examinarla, la persona que le atendía comentó sin darle demasiadas vueltas «I bet he likes you» («Apuesto a que le gustas»)[21].

El poder de las palabras es tan grande que moldea subconscientemente el entendimiento que tenemos de nosotros mismos y de nuestro entorno. Cuando una amiga nos dice que «Es celoso porque te quiere de verdad», estamos interpretando los celos como una muestra de afecto, en vez de como una emoción tóxica que hay que aprender a gestionar. Así, validamos su existencia. Los mitos relacionados con el amor son incontables y llevamos tanto tiempo naturalizándolos que solo nos damos cuenta del daño que hacen a base de malas experiencias, terapia o mucha reflexión. Si hacemos un breve repaso a los dichos españoles, encontramos innumerables frases que hacen referencia a esta construcción ficticia e idealizada del sentimiento amoroso: «Al final el amor siempre triunfa» o «El amor todo lo puede» (mito del amor omnipotente), «Según entró por la puerta, ya sabía que iba a ser mi novia» (mito del amor a primera vista), «Estáis hechos para estar juntos» (mito del amor predestinado), «Los que se pelean se desean» o «Sin dolor no hay amor» (mito del amor doloroso) son algunos ejemplos.

Por no hablar del mito de la media naranja; probablemente uno de los conceptos más problemáticos relacionados con el amor de nuestra cultura. Ya sabéis, esa idea de que allá fuera en

---

[21] Mardones, I., «Un trabajador de un hospital le dijo a esta niña de 4 años que el niño que la había golpeado». *Upsocl*. Recuperado de *http://www.upsocl.com/comunidad/un-trabajador-de-un-hospital-le-dijo-a-esta-nina-de-4-anos-que-el-nino-que-la-habia-golpeado/* (13 de octubre de 2015).

algún lugar del mundo se encuentra tu «otra mitad», una persona que te completará en tus carencias y se unirá a ti al cien por cien en cada aspecto de tu vida.

¿Cómo podemos entonces sorprendernos de que no sepamos amar, ni mucho menos detectar cuándo el amor que nos profesan no es sano? Estamos tremendamente acostumbrados a perder nuestra identidad para reconocernos únicamente en función de la pareja que formamos; a fusionarnos con la otra persona como si estuviésemos predestinados a pasar toda la vida juntos. A pensar que tenemos el deber de suplir y saciar todas y cada una de las necesidades de nuestra relación.

Ya va siendo hora de empezar a entender las relaciones como un espacio de crecimiento personal donde cada individuo es independiente del otro. Pero, sobre todo, tenemos que comprender e interiorizar que no necesitamos a nadie para completarnos. Tener pareja es una elección, no un requisito para ser felices. Decidamos o no pasar nuestra vida acompañadas, ya somos indudablemente naranjas enteras.

Castigada en la escalera

Aunque estoy tan delgada que parezco un alfiler, me controla todo lo que como. Lleva años intentando hacer dieta, pero no consigue adelgazar, así que descarga su frustración acumulada conmigo y me obliga a seguir las reglas que él es incapaz de cumplir. Siento que si sigo por este camino, voy a acabar desapareciendo. De hecho, cada vez me siento más pequeña, diminuta y silenciosa. Apenas duermo. El amor es esto, me digo. En la radio suena *Love Hurts* de Nazareth.

Tenemos otra de nuestras discusiones antes de una fiesta y lleva a cabo una estrategia que se repetirá a menudo a lo largo de nuestra relación: me manda a la escalera. Así, tal cual, como si fuese una niña pequeña que ha pintarrajeado algún garabato detrás de la puerta y mereciese sentirse prescindible durante un rato. Con el maquillaje corrido y vestida con la minifalda y las botas que me ha dicho que me ponga, salgo de casa y me siento en los peldaños de la escalera principal del edificio. Llevo papel y boli para poder «reflexionar sobre mis actos». Veo cómo los invitados van pasando uno a uno. Cuando me preguntan qué hago ahí sentada les digo que necesito tomar un poco el aire. A nadie le sorprende, y nadie se queda conmigo. Probablemente piensan que soy una desquiciada asocial intentando sabotear el evento, pienso. Espero durante dos horas como la dócil mascota en la que me he convertido hasta que Él decide salir a darme un abrazo y decirme que entre a la fiesta. «¿Has pensado ya en lo que has hecho?».

Mis amigos están hartos de que aparezca llorando en su casa, a veces con peticiones realmente extrañas (desde el «¿Me puedo quedar a dormir?» al «Tengo todas mis cosas en la calle», pasando por «Sé que son las cinco de la mañana, pero si no consigo una tarrina de helado de tarta de queso de Häagen-Dazs, se va a enfadar»). Durante las pocas veces que consiguen quedar conmigo a solas, no paro de hablar de Él. De verdad, soy incapaz de cerrar la boca. Pero es que necesito urgentemente que alguien me ayude a resolver todas las cosas que no comprendo de nuestra relación. ¿Qué es lo que estoy haciendo mal? ¿Por qué no funciona? Cuando estamos en una época buena, todo es realmente genial, la relación que siempre he deseado. Pero en las discusiones, cada vez más a menudo todo se va de madre hasta extremos desproporcionados. Más tarde aprenderé que este es un patrón clásico en las relaciones de maltrato.

El ciclo de violencia se desarrolla en cuatro etapas: la fase de calma, donde la relación se vive de manera idílica; la de acumulación de tensión, en la que se construye el motivo de la discusión; la de explosión, donde sucede la agresión; y por último, la de «luna de miel», en la que el agresor te pide perdón de mil maneras posibles, jurando y perjurando que buscará ayuda / irá a terapia / no volverá a hacerlo. Por supuesto, en nuestras conversaciones justifico su conducta hasta límites inimaginables. «Tenemos nuestras rencillas», le digo a mi amiga Blanca, que ha venido a buscarme a la otra punta de la ciudad, donde me ha dejado tirada hace dos horas por equivocarme con el GPS. «Ha tenido una vida muy dura y le cuesta controlar sus enfados». Blanca me mira sin entender nada de lo que estoy balbuceando, pero me lleva de nuevo a casa y no hace demasiadas preguntas.

Él insiste en que es extremadamente importante que no hable sobre nuestras discusiones. Tenemos que dar la sensación de ser una relación sólida, porque a nadie le gusta estar alrededor de una pareja que discute todo el rato. «Vas a conseguir que tus amigos se alejen de ti», me repite. Como en una profecía autocumplida, la gente de mi entorno deja de llamarme y cada vez me es más complicado hacer planes que no le incluyan. Me siento aislada y terriblemente sola. No se me pasa por la cabeza que mis amigos realmente están huyendo de las dinámicas que proyectamos, así que me resigno a pensar que estoy poco a poco volviéndome tarumba y simplemente quieren alejarse de mi toxicidad.

Todo esto queda corroborado cuando al fin me atrevo a ir al psicólogo. Lloro prácticamente todos los días, tengo problemas con mi identidad y me siento sin ningún poder sobre mi vida. Por qué será. Cuando la terapeuta me dice que le haga un resumen de mis últimos años, no consigo recordar algunos detalles importantes de nuestra relación. Como si hubiesen desaparecido de mi memoria. Sí, me acuerdo de los viajes que hemos hecho, las películas que hemos visto juntos…, pero no de las situaciones exactas. Extraño, ¿verdad? Casi no puedo ni decirle qué he hecho en los últimos dos años. «Tengo una productora», murmuro. «Y he acabado la universidad». Después de cada sesión, Él me interroga para saber qué he dicho, qué he hecho, qué le he contado. No puedes hablar de eso. Cuéntale esto otro. Mi cuerpo se convierte en una marioneta a través de la cual reproduzco sus palabras. Me derivan al psiquiatra, que tras una sesión de 45 minutos me receta antipsicóticos y barbitúricos. Decido no tomarlos y abandono la terapia.

Nadie lo llama maltrato

Nadie ve las señales, que puestas por escrito resultan tan claras. «Ha tenido muy mala suerte con las chicas», me dice un colega suyo cuando le ruego que me hable de sus ex. Ninguna de las personas de nuestro entorno se arriesga siquiera a sugerir que puede que mi novio se esté pasando de la raya. Tampoco estoy segura de que les hubiese hecho caso, pero aun y con esas todavía me sorprende que nadie se atreviese a hablar conmigo teniendo en cuenta la gravedad de la situación.

Tal vez sea porque las imágenes que nos llegan sobre el maltrato son siempre las mismas: una mujer con un ojo morado. O porque en el imaginario popular el maltratador es un hombre de clase media/baja con tendencias alcohólicas. Tal vez drogadicto. Definitivamente, frustrado con su vida. Alguien que llega borracho a casa y le lanza una silla a la cabeza a su mujer por no tener la cena preparada. Poco inteligente. Inculto. No un alto ejecutivo, ni un ingeniero, ni un *youtuber* famoso. Nunca uno de esos hombres brillantes que se esmeran en demostrar públicamente cuánto quiere a su novia y cómo cuida de su familia. Puede que sea por este motivo por el que, cuando una mujer hace público que ha sido maltratada por un magnate, su palabra se ponga en duda por defecto. No nos imaginamos a Chris Brown dándole una paliza a Rihanna hasta que no vemos las fotos de una mujer con la cara destrozada y el labio partido. No comprendemos cómo ese chico triunfador y guapísimo que lo está dando todo en las listas de los más vendidos pueda llegar a golpear a su novia hasta hacerla sangrar. Y como no lo entendemos, negamos reiteradamente su culpabilidad. A veces no hay pruebas. Pero la realidad es que, incluso cuando las hay, tendemos a obviar las decenas de testimonios de mujeres agredidas enarbolando la bandera de la presunción de inocencia. En una suerte de discriminación de clase camuflada de incredulidad, nos convencemos de que no es posible que alguien culto, guapo o listo pueda pegar a su pareja. ¿Por qué querría hacer algo así? Su vida es increíble. Cuando puedes llenar una bañera con billetes de cien y pagar a siete desconocidos para que te abaniquen mientras comes fruta en bandejas de oro, indudablemente no tienes tiempo para pensar en maltratar a nadie.

Cuando, después de dejarle, hice pública mi experiencia entre mis conocidos y amigos, muchos de ellos no me creyeron. Algunos pensaron que estaba exagerando. Otros dieron por sentado que simplemente había pasado a formar parte de esa lista de exnovias con trastornos mentales que intentaban arruinarle la vida. A lo mejor simplemente decidieron no mojarse. No lo sé.

La realidad es que hacer público que has sido maltratada requiere una buena dosis de resiliencia e inteligencia emocional. Es duro, sobre todo al principio. Las consecuencias de hablar de ello pueden llegar a ser tan desmedidas como lo sea su capacidad de venganza: perder a tus hijos, tu trabajo, tu casa, incluso la vida. Muchos dudarán de tu palabra y cuestionarán tus experiencias. En muchos aspectos, confesar que has sido maltratada es juzgado socialmente de la misma manera que cuando afirmas que has sido víctima de una violación. El asunto se pone en duda por defecto («¿Seguro que no eran simplemente discusiones de pareja?», «¿Seguro que te resististe lo suficiente?») y todo el mundo se sentirá con plena potestad de psicoanalizar tu caso y deducir axiomas de tus vivencias. Posiblemente te pegaban de pequeña. Te dejaste engañar. Necesitas clases de kárate. Tal vez es que eres masoquista. O, simple y llanamente, una ingenua que no sabe ver la maldad en el mundo. A saber por qué no te defendiste.

Las ideas que proyectamos acerca del maltrato se parecen mucho a lo que pensamos cuando oímos hablar de embarazos no deseados, herpes genital, o multas de tráfico: son molestos, cuesta hablar de sus consecuencias y los afectados son siempre otros. Personas vulnerables, débiles o simplemente descuidadas. A ti nunca te sucedería. Sabrías ver las señales a tiempo y alejarías a esa persona de tu vida. Lo que la mayoría de la gente no comprende es que lo más duro no son los golpes, sino la manipulación emocional. Es esta parte de la relación la que hace que no seas consciente de lo que estás sufriendo.

Hacer pública tu situación significa también reconocer que has tolerado experiencias inhumanas. Te ves obligada a explicar por qué has tardado en abandonar a tu maltratador en vez de hacer las maletas a la primera de cambio. Eres inevitablemente juzgada por tu interlocutor. Y entonces llega la vergüenza. Y la culpa. Y el estigma. Y como con las violaciones, la superviviente de la violencia piensa que, después de pasar por todo lo que ha pasado, está rota. Inservible. Que nunca más en su vida va a ser capaz de querer, o de encontrar a alguien que pueda quererla. Se cuestiona si tal vez, en el fondo, la culpa no habrá sido suya. Este es uno de los motivos por los cuales es tan complicado denunciar. Hay muchos otros, por supuesto, como que realmente tardas bastante tiempo en asumirte como víctima. En mi caso, tardé casi un año en utilizar la palabra «maltrato», aun cuando mi situación era de libro. Y cuando al fin saqué fuerzas para ir a los tribunales, el delito había prescrito. «I'll try to do better next time», como diría Willie Nelson.

Alzarte como superviviente

Cuando hablo públicamente de mi caso, la respuesta unánime es siempre la misma: «¿Tú?». Una tía independiente, sin demasiados problemas de autoestima. Sí, yo. Tener un carácter fuerte no te hace inmune a las agresiones; este es uno de los grandes mitos de las relaciones de abuso que tenemos que empezar a derribar. La realidad es que le puede pasar a cualquiera.

Por eso, aunque el coste emocional es muy alto, creo firmemente en la importancia de hacer públicas nuestras vivencias. Más allá de las denuncias legales, rompo una lanza a favor de que quien quiera y pueda cuente los detalles de su experiencia. Así podremos analizar los patrones de conducta de los agresores y, sobre todo, empezaremos a naturalizar que, independientemente de tu estatus social, tu economía, tu raza y tu nivel cultural, es posible que caigas, hayas caído o vayas a caer en las redes de un maltratador.

No con la expectativa de organizar un juicio público (no estoy a favor de acusar con nombre y apellidos, dar datos personales o colgar fotos del sujeto en cuestión; la justicia no es ciega en manos del pueblo, y el «ojo por ojo, diente por diente» nos lleva a una sociedad disfuncional), sino para señalar que somos muchas las que hemos vivido, sobrevivido y sobre todo superado relaciones de abuso. Callarse solo invisibiliza una serie de vivencias que son intrínsecas a la condición femenina y que hemos justificado y ocultado durante demasiados siglos.

En mi caso, grabé un vídeo para YouTube narrando mi experiencia y ni os podéis imaginar cómo fue de liberador. El peso que me quité de encima. Me sentí por primera vez como un sujeto empoderado en vez de una víctima dañada. Sin darme cuenta, hablar de ello públicamente me ayudó a eliminar la culpa que me atormentaba por no haberme podido recuperar a tiempo como para denunciar antes de que prescribiese el delito. También aligeró el nivel de responsabilidad que sentía hacia las otras mujeres que van a sufrir o están ahora mismo sufriendo a las manos de mi mismo agresor. Pero, por encima de todo, me hizo somatizar el miedo que llevaba tantos años acumulando. El temor innombrable dio paso a una sensación de calma y fortaleza. Por primera vez sentí que mis experiencias, por muy malas que hubiesen sido, me pertenecían. Y que, tal vez, hacerlas visibles podría ayudar a alguien más ahí fuera.

Desde entonces, recibo mensajes prácticamente todos los días de personas que han vivido o están viviendo una relación de abuso. No saben a quién recurrir, o qué hacer. Se sienten indefensas, abandonadas y sin recursos, frustradas bajo la creencia de que van a estar mejor al lado de su maltratador que solas. ¿Cómo me voy a enfrentar al mundo? Incluso si le abandono, es imposible que pueda llegar a superar esto algún día. ¿Dónde voy a vivir? ¿Qué pasará con mis hijos? ¿Cómo voy a ganar dinero? Tiene sentido que piensen de esta manera; muy a mi pesar, la mayoría de casos que llegan a nuestros oídos son los más trágicos: aquellos que han desembocado en la muerte de sus protagonistas. Mujeres asesinadas por sus parejas, exnovios o maridos. El más grande de todos los miedos, la muerte, hecho realidad. No encontramos tan a menudo las historias de superación, aquellas en las que las afectadas consiguieron poner un punto y final a su sufrimiento y rehacer su vida por encima de sus circunstancias.

Por este motivo es tan importante que hablemos de nuestra experiencia. Así, el resto de personas, y en especial el resto de mujeres, podrán comprender que no están solas. Que somos muchas las que hemos pasado por lo mismo, y hemos salido. Que tienen poder. Que hay luz al final del túnel. Haciendo públicas nuestras vivencias eliminaremos, poco a poco, el sentimiento de culpa y vergüenza que todavía pesa sobre las mujeres maltratadas para conseguir, en última instancia, que lo que nos ha pasado a muchas, no le suceda a nadie más.

Un reflejo irreal

Tengo un rodaje en Tenerife y, para mi sorpresa, decide que no va a venir conmigo. Es la primera vez en mucho tiempo que paso dos semanas sola, y por pura casualidad me llevo un libro que un amigo me regaló hace un tiempo. Se llama *Aunque tenga miedo, hágalo igual*, y, entre otras cosas, narra casos de relaciones de abuso. Según voy pasando las páginas, me siento cada vez más identificada. Es entonces cuando mi cerebro hace clic por primera vez y me planteo si nuestras discusiones no serán el síntoma de algo más profundo. ¿Maltratada, yo? Afirmar algo así me parece de una gravedad extrema. Al fin y al cabo, nunca me ha pegado. Al menos, no a propósito. Pasa por mi mente la última campaña de concienciación sobre violencia de género que he visto. ¿Os acordáis de esa imagen de la mujer con un ojo morado y su marido borracho pegándola? Nosotros no somos así. No me siento identificada.

Pero mientras intento racionalizar el torrente de pensamientos, una nueva idea toma forma en mi cabeza. *¿Y si…?* Pienso en aquella vez que me arrinconó en el baño y cerró las manos alrededor de mi cuello. Cuando me tiró contra un radiador en medio de una discusión. También cuando me arrastró por el suelo de un solar hasta que me sangró la espalda. Siempre había una justificación, claro. Estos episodios sucedían cuando yo hacía algo que realmente le sacaba de sus casillas. Él solo estaba reaccionando, así que supongo que en parte la culpa es mía. *¿O a lo mejor no?* La imagen que tengo de mí misma está distorsionada; me veo como una loca inaguantable y autoritaria que no sabe actuar de forma constructiva. Me siento total y absolutamente responsable de todo lo malo que nos pasa. En su libro *Cómo ser mujer,* Caitlin Moran describe muy bien esta deformación de la imagen que tiene la mujer maltratada: «Las personas que te rodean son como espejos [...]. Ves tu imagen reflejada en ellos. Si el espejo es fiel, contemplas tu verdadero yo y te ayuda a aprender quién eres. Y puedes ser alguien diferente para diferentes personas, pero necesitas recuperar toda esa información para conocerte. Pero si el espejo está roto, o rajado, o combado [...], el reflejo no es real. Y empiezas a creer que eres... ese mal reflejo».

Cuando me miro en sus ojos, el espejo no solo está roto, sino que refleja en mí sus irregularidades, sus muescas y sus rajas. Así consigue que me vea como una inconsiderada, una desquiciada con trastornos mentales cuyo único propósito es destrozarle la vida. Mi reflejo ya no es mi reflejo, sino una proyección del suyo. Pero si me he convertido en él, ¿dónde estoy yo?, ¿qué queda de mí?

Es curioso analizar cómo funcionan las dinámicas en las relaciones de abuso. El agresor consigue ver en lo más profundo de ti; se agarra a tus inseguridades y utiliza tus miedos para manipularte como un auténtico vampiro emocional. Cuanto más pequeña te hace, más poderoso se siente, convirtiendo tu dolor en su fortaleza. De forma paralela, y aunque parezca una contradicción, este vínculo tóxico da a la víctima un renovado sentimiento de valía. Un propósito. En tu cabeza, el agresor encarna la figura del héroe. El padre. El maestro. El guía espiritual. El salvador. Es capaz de hurgar en tu interior como nadie antes lo había hecho con el fin de exponer constantemente tus faltas y defectos. El mensaje que recibes es claro: «Te veo tal y como eres, y aun así, estoy a tu lado. Tienes suerte». Así es como se crea el mecanismo de subordinación. Él es un ser perfecto que se dedica a analizar todos los aspectos de la vida en los que tú no lo eres, así que te sientes por una parte tremendamente culpable por no estar a la altura y, por la otra, agradecida de que semejante semidiós esté a tu lado. Te ves en el deber de complacerle porque si te ha elegido a ti entre todas, significa que de alguna manera eres valiosa. Te reafirma, por mucho que en la realidad te lo demuestre con hostias, gritos y resentimiento.

Encontrar la salida

Todavía no lo llamo maltrato, pero al fin soy un poco más consciente de mi verdadera situación. Sé que algo no va bien y saco las fuerzas para irme. A las pocas horas me llama su madre, histérica. Me cuenta una historia sin pies ni cabeza que incluye intentos de suicidio, mujeres perturbadas y muchas referencias a lo bien que ve a su hijo desde que está conmigo. Me siento responsable. Estoy tan enamorada («¿es amor lo que siento?») que me he vuelto gilipollas. Decido volver con él. La historia se repite una y otra vez en bucle, como en esa peli de Bill Murray donde aparece una marmota. Cada vez que intento que cortemos utiliza todas las estrategias a su alcance para que no le abandone: «¡Te prometo que iré al psicólogo!», «¡Dentro de nada es nuestro aniversario!», «¡Necesito tu ayuda!», y mi favorita: «¡Me he quedado sin gasolina en mitad del país y necesito que te recorras ciento cincuenta kilómetros haciendo autoestop para prestarme dinero y poder salir de aquí!». Pasan los meses.

La policía viene a visitarnos otras seis veces. La última, para llevárselo de casa de mis padres, donde ha entrado a la fuerza. Estoy realmente al límite. Mientras le conducen a comisaría, voy al piso que seguimos compartiendo para llenar una mochila con las cosas que considero realmente valiosas y no quiero perder: diarios de la infancia, el portátil, discos duros, mis bragas favoritas. Dejo atrás la mayoría de objetos que he acumulado durante la relación, en parte pensando, ingenua de mí, que los podría recuperar más adelante: equipo fotográfico, toda mi ropa, dildos con pedrería, libros, sartenes antiadherentes de Tefal, la nueva webcam que me regalaron hace unos meses…

Cierro la puerta de mi nueva casa y respiro profundamente. No tengo claro qué ha cambiado, pero sé que esta vez es de verdad. Cojo papel y boli y escribo: «Trataste de enterrarme sin darte cuenta de que yo era una semilla, y cuanto más hondo me enterrabas, más fuertes se volvían mis raíces». Casi hasta me hace ilusión poder dedicar unos meses a encontrar mi imagen dentro de ese espejo que lleva opacado tres años. Me abruma la idea de estar sola, desde luego, pero sé que no tengo ninguna otra opción. Esta relación casi me mata, así que por deducción, la única posibilidad que me queda es hacerme más fuerte. Lo que tengo claro, ahora más que nunca, es que mi vida es mía, y solo tengo una oportunidad para vivirla. Me niego a pasarla entre discusiones y lloros.

CAPÍTULO 8

Otras formas de amar

Empezar de nuevo

Para mi sorpresa, volver al mundo de las citas no es especialmente complicado. Después de un par de semanas oscuras en las que lucho desesperadamente contra la dependencia y el síndrome de Estocolmo que tengo hacia mi maltratador, me mentalizo para enfrentarme a mi nueva libertad con la alegría de un niño al que le ha tocado el premio gordo de la rifa. ¡Me puedo liar con quien quiera! ¡No tengo que hacer dieta! ¡Puedo llevar la ropa que me apetezca! ¡No le rindo cuentas a nadie!

Todavía me queda un largo camino para reencontrarme con mis gustos y mi forma de ver la vida, pero me obligo a mantenerme ocupada, quedar con mis antiguos amigos y explicarle a cualquiera que tenga cinco minutos libres mi situación. Hablar de ello es la mejor manera que encuentro de validar una serie de experiencias que mi cerebro ha empezado a recordar como en una ensoñación. Borrosas. Confusas. Ininteligibles. Sé que la pérdida de memoria es una de las secuelas del trauma, pero estoy decidida a no olvidarme de nada. Especialmente, de la lección que he aprendido y que me impedirá volver a caer en las garras de otro agresor. «Recordar la violencia me sirve para avanzar», le digo a mi antiguo profesor de pintura cuando me lo encuentro un día en la cafetería donde voy a trabajar. Él me mira con cara de póker. También le relato mis experiencias a ese conocido con el que coincido en la cola del súper, mientras chequeo que llevo conmigo toda la compra. «¿Sabes que hasta hace poco no podía comer lo que quería?». Aguantan mis discursos la mujer de mediana edad que me atiende en el banco («¡Es la primera vez en mucho tiempo que saco dinero sin tener que pedir permiso!») y hasta la chica que se me acerca por la calle para convencerme de que me apunte a Greenpeace. Le hablo de mi agresor a todo el mundo para afirmarme como superviviente y como individuo. Pero, sobre todo, para recordarme a mí misma que, contra todo pronóstico, sigo aquí.

Los días se suceden, uno tras otro, como pasados a cámara rápida.

He conocido a un chico. Se llama Álex. Es inteligente, cariñoso y comprensivo. Me siento querida por primera vez en mucho tiempo, y entre mi trabajo personal y sus cuidados, en apenas unos meses deshacemos una gran parte del daño emocional que he acumulado. Ni en mis más lejanas fantasías habría podido imaginar lo reparador que sería encontrarme a alguien que me quisiera de verdad. De forma sincera, sin condiciones y, sobre todo, sin dramas.

Mi experiencia con el maltrato me ha ayudado a tener muy claro qué tipo de dinámicas quiero en mis relaciones, y cuáles son una bandera roja a la que tengo que prestar atención. Por encima de todo, busco confianza y comunicación. Discusiones bien gestionadas y la capacidad de afrontar los conflictos con empatía y asertividad. Con esta nueva brújula me siento mucho más segura, y me desenvuelvo con facilidad cuando al fin Álex y yo decidimos que queremos hacer planes de futuro. Es una relación preciosa. Y acordamos que sea abierta.

Amores en plural

Con la ayuda de mi nuevo terapeuta, he renegado de la búsqueda del Amor Verdadero™ a favor de analizar los miedos e inseguridades que me han llevado a depender de un vínculo tóxico. Sobre todo, estoy aprendiendo a quererme a mí misma. Así que, aunque tendría sentido pensar que después de mi última experiencia fallida en el terreno sentimental estaría totalmente cerrada a probar cosas fuera de la norma, la verdad es que me atrae mucho la idea de experimentar el amor en plural. Además, mi carrera en el porno está despegando y no tengo intención de dejar de rodar.

Desde muy pequeña me habían enseñado que, cuando estás realmente enamorada de alguien, no te pueden gustar otras personas, pero la realidad es que en todas mis relaciones hasta la fecha llegaba un punto en el que, por mucho que siguiese prendada de mi pareja, empezaba a desear a terceros. Este patrón se repetía una y otra vez en mis vínculos emocionales, y me hacía sentir confundida y decepcionada conmigo misma.

Los primeros meses siempre eran una explosión de pasión, fuegos artificiales y mariposas en el estómago, pero según nos acercábamos al año en pareja aparecía lentamente una sensación de frustración. Como si hubiese alguna pieza descolocada en el puzle. «¿Será esta?», decía mientras levantaba uno de los fragmentos del rompecabezas. «Mmmm... no ¿Tal vez esta otra? Nada». A veces intentaba ocultármelo a mí misma («Esas mariposas que sientes cuando Víctor te escribe son NORMALES. Son las mismas que sentirías si cualquier otro amigo te escribiese, ¿verdad? ¿VERDAD?»), pero siempre acababa dándome cuenta de que había algo fuera de lugar. Lo peor era que no podía compartir mis pensamientos con nadie, mucho menos con mi pareja. Será que estoy rota, me decía. A lo mejor cuando mis genes se unieron para formar la masa palpitante y llena de fluidos que conforma mi cerebro, se olvidaron de poner el botón de «Desear a una sola persona». La falta de comunicación ahogaba la relación en un sentimiento de culpa, como si estuviese cometiendo una infracción. Multa para Amarna por anhelar demasiado.

¿Qué es lo que me pasa? El miedo a hacer daño a mi pareja aparecía como contrapunto a un pensamiento que poco a poco se abría paso a través de mis barricadas mentales. Una vocecita que me susurraba: «¿Cómo pueden ser malas estas cosquillas en la tripa, estas ganas de compartir cosas bonitas con personas que me gustan? Si el amor es algo bueno, ¿por qué tengo que restringirlo a unos acuerdos de exclusividad que no representan mis verdaderos deseos?». Me parecía lógico actuar de esa manera; en el relato que me habían contado, es normal e incuestionable limitar tu deseo a cambio de la seguridad de tener a alguien a tu lado. La monogamia es la opción por defecto que se plantea cuando estableces una relación de pareja, y muy pocas veces hay espacio para negociar los detalles estructurales que cada una de las partes necesita. Si nos ponemos a pensar, las posibilidades son infinitas: tal vez podamos acostarnos con otras personas, sin establecer vínculos emocionales. O a lo mejor preferimos tener relaciones sexuales únicamente con gente cercana. Quizá nos apetezca probar el BDSM, u otras prácticas que a nuestra pareja no le resultan interesantes. O tener relaciones con personas de nuestro mismo género. O del género opuesto, quién sabe.

Sin embargo, todo este abanico de posibilidades se ve restringido ante el miedo de perder a nuestro amado si proponemos un modelo que se aleje de los convencionalismos. Nos conformamos con situaciones que no encajan con aquello que queremos, a cambio de no entrar en discusiones que tal vez nos hagan reflexionar más profundamente sobre nuestros valores o nuestros sentimientos.

Yo, como tantas otras personas, decidí supeditar mis actos a una exclusividad sexual y afectiva que no era representativa de mis ambiciones. Me centraba en amar a mi pareja y cumplir con los pactos acordados, pero secretamente suspiraba por otras personas. Era lo que hacía todo el mundo de mi entorno. Deseando a terceros, pero ocultándoselo a sí mismos y a sus parejas. A veces llegando al punto de romper acuerdos, poner los cuernos y sumirse en un laberinto de celos y engaños. Dramas como primer plato en la orden del día. Este gran enredo se sostenía precariamente sobre las patas cortas de la mentira, y en algunas ocasiones estallaba salpicándoles a todos: parejas rompiendo en mitad de un torbellino de odio desmedido, grupos de amigos disolviéndose, exnovios que no querían volver a dirigirse la palabra.

Presencié esta pauta una y otra vez hasta que me empaché de observar dinámicas tóxicas. Fue entonces cuando empecé a plantearme otras opciones. ¿Y si, en vez de aceptar de forma incuestionable la monogamia, nos parásemos a reflexionar de qué manera queremos vivir nuestras relaciones afectivas? A lo mejor podemos negociar con nuestra pareja cómo queremos establecer los lazos que formamos con las personas de nuestro entorno. Tal vez acostarse con otros no tiene por qué implicar poner en riesgo nuestro compromiso emocional. Quizás podríamos hablar abiertamente entre nosotros si alguien nos gusta. Incluso llegar a sentirnos orgullosos de que la otra persona pase su tiempo con gente que también le haga feliz. ¿Y cómo llegamos hasta este punto? Primero, planteándonos la posibilidad de establecer uniones profundas y sinceras usando métodos que se alejan del modelo convencional. Y por último, estableciendo un contrato en blanco donde pongamos los acuerdos que se adaptan a cada uno de los casos, en vez de intentar meternos con calzador en uno que ya nos han dado escrito y firmado. En resumen, estar abierto a encontrar otras formas de amar.

Tipos de relaciones no monógamas

Mientras reflexionaba sobre todos estos asuntos, tuve la suerte de encontrarme con dos cosas que me ayudaron a afianzar esta nueva perspectiva vital. La primera, una asociación madrileña (Golfxs con Principios) que lleva años ayudando a naturalizar modelos relacionales que se salen de lo normativo a través de charlas, eventos y una buena pizca de paciencia. Y la segunda, un libro de 1997 llamado *Ética promiscua* que me hizo entender que todas esas cuestiones que estaba sintiendo no solo tenían nombre, sino que habían sido pensadas y puestas en práctica por muchas otras personas antes que yo. Que a base de confianza, comunicación e inteligencia emocional, era posible alcanzar la meta a la que quería llegar. Por supuesto, estos tres ingredientes han de ser pilares clave en cualquier tipo de relación sana, independientemente de si esta es abierta o no. Pero también es innegable que, al aceptar por inercia la monogamia simplemente porque es el único modelo que se nos ha enseñado desde que somos pequeños, tendemos a no reflexionar demasiado sobre las dinámicas que establecemos en nuestras relaciones, y por tanto es complicado mejorarlas o avanzar. ¿Es necesario tener una relación no monógama para llegar a estas conclusiones? Por supuesto que no. Pero poner en duda el modelo establecido te obliga a pensar en cuestiones a las que hasta ese momento no habías dado importancia, y por ese motivo también implica de forma velada replantearte el tipo de interacciones que han predominado en tus relaciones anteriores y qué argumentos quieres plantear como bases indispensables de tus vínculos a partir de ahora. Qué buscas. Qué quieres. Y de qué manera estás dispuesto a encontrarlo.

Al principio, es fácil idealizar las relaciones abiertas. Eres como Charlie en la fábrica de chocolate y acabas de conseguir un billete dorado para experimentar todas aquellas cosas con las que siempre soñaste. ¡Tríos! ¡Sexo en grupo! ¡Voyerismo! ¡Estar colada de varias personas a la vez! ¡Y sin problemas! Disfrutas de cada nueva golosina como si no hubiese condiciones, ni consecuencias, pero pronto te das cuenta de que vas a tener que aprender rápidamente. Con el diccionario en una mano y un cuaderno de apuntes en la otra, te apresuras a hacer diagramas que te permitan ser capaz de entender esta avalancha de nuevos conceptos. Y es que las variables en las relaciones no monógamas (aquellas que engloban un mayor o menor grado de apertura sexual y/o afectiva hacia otras personas más allá de la pareja) son muchas y diversas.

Por un lado, tenemos las relaciones sin exclusividad sexual (también llamadas liberales), en las que ambos miembros de la pareja pueden acostarse con terceros siempre y cuando no se establezcan nexos románticos con ellos. Un ejemplo de este tipo de vínculo serían las parejas *swinger,* con la particularidad de que en este tipo de relaciones se ha establecido un pacto para tener contactos con otras personas únicamente cuando los dos miembros de la pareja están presentes.

Por otro lado, tenemos el poliamor, cuyos acuerdos permiten vínculos tanto sexuales como emocionales con terceros. Dentro del poliamor podemos dividir dos vertientes: la jerárquica, en la que se establece una relación como la principal, y el resto de relaciones como secundarias, terciarias o no-principales. Estas *otras relaciones* están siempre supeditadas a la pareja principal, que sostiene la mayor parte de la carga emocional. Y la vertiente no jerárquica, en la que ninguna relación romántica ni sexual tiene una posición privilegiada con respecto a las demás. En el poliamor no jerárquico se siguen categorizando las amistades de una manera normativa, es decir, en este modelo solo se considera parte de la red afectiva a aquellas personas con las que se mantienen relaciones romántico-sexuales.

También existen la polifidelidad, donde todas las personas involucradas en la relación acuerdan formar un grupo cerrado y se comprometen a no mantener relaciones sexuales y/o afectivas con personas que se encuentren fuera de él, y la polimonogamia, donde un miembro de la pareja es monógamo y el otro poliamoroso.

Ya por último, tenemos la anarquía relacional, practicada por aquellas personas que no creen necesario categorizar ni establecer una distinción entre los diferentes tipos de relaciones. De esta manera, todos sus vínculos, tanto románticos como no románticos (es decir, relaciones de amistad, familiares, amantes, parejas...) están a un mismo nivel y ninguno es prioritario respecto a los otros. Se trata de un poliamor no jerárquico que, además, incluye a aquellas personas que se encuentran fuera de la red sexo-afectiva. Así, las categorías sociales «pareja» o «novio/novia» no tendrían más importancia ni serían prioritarias respecto a las categorías «familia» o «amigo». Se trata de una filosofía de vida en cuanto a que implica cuestionar la organización social y la idea tradicional de las jerarquías y los privilegios

Pero eso no es todo. A la avalancha de nuevas definiciones le añadimos las triejas, las polículas, los «acuerdos de fluidos», la «regla de los 200 km»... Menudo lío. El diccionario, los apuntes y todos tus nuevos diagramas están en llamas. La cámara se acerca y te enfoca en un plano dramático rodado en contrapicado mientras te das cuenta de que esto de fácil no tiene nada. Suena música clásica con un toque trágico de fondo. Ya no eres un niño rodeado de chucherías deliciosas, sino una adulta que se ha perdido en medio de una tragedia griega. El escenario es el gran teatro de las relaciones no monógamas.

Miedos e inseguridades

Después del flechazo inicial, llegan los problemas: celos, envidia, desconfianza... En tu cabeza todo tenía mucha lógica, pero, llevado a la práctica, te encuentras con un montón de obstáculos creados en gran medida por tus inseguridades. Y lo que es peor: ya no puedes huir hacia delante tarareando *Somewhere Over the Rainbow,* como hacías antes cada vez que algo no iba bien en tu relación; es muy complejo mirar hacia otro lado cuando sientes que la otra persona tiene posibilidades de encontrar a alguien mejor. Así que te ves forzada a enfrentarte a tus miedos, analizarlos y finalmente estrujarlos hasta hacer una bola con ellos.

¿Os acordáis de la peli de *Dentro del laberinto* (1986)? Jennifer Connelly se pasa una hora y media buscando a su hermano por una ciudad de goblins oscura y terrorífica hasta dar con su secuestrador, encarnado por un siniestro a la par que atractivo David Bowie. En su encuentro final él le dice: «Te pido tan poco... Deja solo que te gobierne y podrás tener todo lo que tú quieras [...]. Solo témeme, ámame, haz lo que te digo y yo seré tu esclavo». Esos son nuestros miedos. Nos atraen porque validan nuestras inseguridades y hacen que nos encontremos cómodos dentro de su espacio de confort, pero a la vez provocan comportamientos obsesivos, tóxicos e insanos. Toman muchas formas: pueden ser los celos paranoicos que te entran cada vez que tu novio habla con su ex, o el sentimiento de abandono que te abruma cuando tu pareja sale con sus amigas sin avisar. Tal vez se traduzcan en chequear compulsivamente el Instagram de la persona que te gusta, verificando sus *likes* y curioseando los perfiles de todos aquellos que comentan sus fotos. Sea como fuere, la única manera de librarnos de nuestros miedos es aprendiendo a identificarlos y estudiando de dónde vienen para que, llegado el momento, podamos decirles lo mismo que le grita Conelly a Bowie: «¡No tienes poder sobre mí!».

Al contrario que en la peli, y muy a mi pesar, nuestras inseguridades no tomarán la forma de una lechuza y se irán por la ventana. Tendremos que estar constantemente revisándolas, analizándolas y buscando herramientas de gestión emocional que nos ayuden a combatirlas. Pero, sobre todo, debemos aprender a no justificar aquellos comportamientos que nos llevan por el camino de la toxicidad. No vale con mirarlas fijamente una vez. Tienes que hacerlo todo el rato.

¿Y no tienes celos?

Si tuviese que hacer un *ranking* de preguntas frecuentes que la gente me formula cuando hablo de relaciones no monógamas, os aseguro que «¿Y no tienes celos?» se llevaría el primer galardón. Probablemente seguido de «¿Pero y si te quedas embarazada?», y mi favorita: «¿Si tu novio se pone malo a la vez que uno de tus amantes, CÓMO DECIDIRÍAS A QUÉ HOSPITAL IR PRIMERO?».

Los celos son una sensación irracional. Aparecen como un torrente de lava ardiendo que te inunda la tripa y te impide respirar. La presión en el pecho se hace abrumadora y sientes la boca como si estuviese llena de carbones al rojo vivo. No se lo recomendaría a nadie, la verdad. Llegan en un minuto y tardan meses en desaparecer, convirtiéndose en un lastre amargo para muchas relaciones, rompiendo parejas y frustrando planes de futuro.

Y todo esto ¿por qué? Pues porque nos sentimos amenazados. Algo que entendemos como propio está por un motivo u otro en peligro de salir de nuestro radio de acción. A veces el riesgo es real, pero en la mayoría de los casos simplemente estamos proyectando algo que tememos. Y en muchas ocasiones, como en una profecía autocumplida, el recelo ayuda a que en efecto nuestros miedos se hagan realidad. «Tengo miedo de que me deje, así que voy a ser super controlador con todo» provoca en tu pareja un sentimiento de rechazo («Voy a dejar a este tío pesado que no me deja vivir mi vida»). ¿Os suena de algo? Si a esto le sumamos el mito extendido popularmente que afirma que los celos son inevitables, incluso positivos dentro de la pareja (acordaos de ese manido «Si tiene celos es porque te quiere» o «El que no tiene celos, no está enamorado»), el resultado es un vínculo mental inquebrantable entre este sentimiento dañino y la prueba inequívoca de que existe la pasión.

Pero antes de hablar de celos, hablemos de amor. Querer es un sentimiento precioso. Ya sea a nuestra pareja, a nuestra madre o a esa planta tropical que te han regalado y que no tienes claro si va a sobrevivir el verano. Te llena de vida, energía y optimismo. Hasta en los momentos más turbulentos de tu existencia, cuando no te apetece levantarte de la cama y solo quieres acurrucarte y llorar, los seres amados pueden tender un puente de optimismo que te ayude en la recuperación. Tu perro mirándote con las orejas extendidas desde la esquina de la habitación te obliga a sonreír, aunque sea un poquito. Si tuviese que hacer un diagrama de lo que es el amor, los celos estarían sin duda en el extremo opuesto del abanico de las emociones. El miedo se situaría muy muy cerca, casi solapándose. Y es que este sentimiento, con sus consecuentes inseguridades, es uno de los rivales más poderoso del cariño.

Desde luego, el primer paso para poder navegar los celos es tener una relación basada en la confianza y la sinceridad. Si estamos acostumbrados a una dinámica destructiva, a no hablar con nuestra pareja o a contar mentiras, malamente podremos avanzar. Y malamente podremos conseguir que el vínculo sobreviva.

El segundo paso es dejar de culpabilizar a nuestra pareja de los celos que sentimos («Le miraste de forma especial») entendiendo que en realidad esta emoción tiene poco o nada que ver con lo que haga o deje de hacer la otra persona. Los celos son una proyección de nuestro miedo. Miedo a no ser lo suficientemente bueno, a no aportarle a tu compañero aquello que necesita, miedo de que encuentre a alguien mejor, miedo a no ser correspondido. El miedo provoca inseguridades, que nos hacen tener una visión destructiva y distorsionada de nuestra propia vida, nuestro cuerpo y nuestras emociones. ¿Y si encuentra a alguien mejor que yo? ¿Más listo? ¿Más compatible con su personalidad? ¿Y si folla mejor? ¿Y si la tiene más grande? ¿Y si ya no soy suficiente? ¿Y si decide dejarme? ¿Y si al volver conmigo ya no siente lo mismo? Todas estas preguntas retumban en nuestro cerebro de forma consciente e inconsciente creando un escudo de negativismo contra el que tenemos que luchar.

El tercer paso es comprender que para saber manejar los celos hace falta cultivar la inteligencia emocional. Aprender a escuchar nuestros sentimientos requiere esfuerzo y tiempo de trabajo. Por supuesto, también existen las personas que nunca han sentido celos, y como resultado de sus experiencias vitales, no empatizan con la posesividad.

Yo no era una de ellas.

He tenido que aprender muchas herramientas de gestión para luchar contra el sentimiento de abandono y las dudas constantes que me acechaban cuando mi pareja estaba con otra persona. Los pensamientos obsesivos me impedían racionalizar la verdad más obvia de cualquier relación de pareja sana: si está conmigo, es porque quiere. Y si quisiese estar con otra persona, no estaría conmigo. La labor de introspección que hice durante aquellos años es digna de convertirse en un caso de estudio. Lo juro. Pasé de ser una hidra de seis cabezas que odiaba a las ex de mi novio por tener el pelo más brillante, la ropa más bonita o las tetas más grandes a convertirme en un monje zen que solo desprendía calma, tranquilidad y olor a flores silvestres. Bueno, a lo mejor estoy exagerando un poco.

En realidad, a lo que me dediqué todo ese tiempo fue a analizar cuáles eran los detonantes que activaban mis miedos y me impedían vivir mis relaciones de forma equilibrada. Cogí todos aquellos supuestos que me producían escalofríos y los analicé, principalmente por mi cuenta pero también con mi pareja. De tanto pensar en ello acabé encontrando patrones que apuntaban hacia los verdaderos motivos que provocaban mi inseguridad. Pánico al abandono. Terror a ser rechazada. Una vez comprendí de dónde venían mis celos, fue relativamente fácil hacerlos desaparecer racionalizando la situación que los estaba provocando.

Fue la primera vez que sentí que tenía poder sobre unos sentimientos que hasta entonces me habían dominado. Es casi como un hechizo. Cuando aparece el pensamiento tóxico («Ella le gusta más que yo»), lo contrarrestas con una afirmación en positivo («Pero, fíjate tú por dónde, ha decidido estar conmigo»). *Counterspell*. Esta estratagema mental, repetida las suficientes veces, crea un atajo en tu cerebro que poco a poco se convierte en tu manera «normal» de pensar.

Poco a poco, el sentimiento constante de incertidumbre comenzó a disolverse. El miedo dio paso al empoderamiento. La codependencia se convirtió en libertad. Y otro amor, reconstruido y mucho más sincero, se instaló en mi vida.

Por supuesto, las cosas no siempre van rodadas. Incluso cuando ya llevas varios años practicando la no monogamia, es posible que haya situaciones que te provoquen ese retortijón doloroso en el estómago. ¿Os acordáis de cuando os dije que a los miedos hay que mirarlos constantemente a la cara, revisándolos y analizándolos todo el rato? Pues no estaba exagerando. Recuerdo la primera vez que mi pareja quedó con Andrea. No había nada en ella que la diferenciase de otras personas con las que había estado anteriormente. Pelo oscuro, ojos grandes y piel morena. Simpática, inteligente y muy risueña. Siempre sonriente. La conocimos a la vez gracias a unos amigos en común, y desde el primer momento pude mascar la química entre ellos, así que les di espacio para que pudiesen explorarla. Y, sin embargo, aunque todo estuviese hablado y totalmente claro, el día que por fin tuvieron una cita me entró un arrebato de celos que no supe gestionar. Pensamientos obsesivos, comparaciones constantes y una vocecita diminuta detrás de mi cabeza susurrándome todas las virtudes que veía en ella (en orden de menor a mayor: le gusta el *stand up comedy*, tiene pecas, combina el color de su bolso con el de los zapatos y puede llevar flequillo sin recordarme a Cher). No fue hasta que me vi con el agua hasta el cuello, llevando a cabo acciones de las que sabía que no iba a estar orgullosa en un par de horas, como intentar insistentemente encontrar su Instagram para… ¿revisar sus fotos?, ¿«conocerla más a fondo»?, que me dije a mí misma que tenía que parar. Entonces me senté e hice lo que tenía que haber hecho en un principio: coger papel y boli y analizar qué estaba pasando por mi cabeza. Me sé el ejercicio de memoria. Apunto arriba del todo «¿De qué tienes miedo?» y voy analizando paso por paso lo que tengo realmente dentro. Menudo alivio.

Por mucho que me esfuerce en cultivar mi inteligencia emocional, hay veces en las que siento cosas que van en contra de mis decisiones conscientes. Y es que los sentimientos no pueden (¡ni deben!) controlarse. Todos ellos son legítimos, por muy dolorosos o tóxicos que sean. Sentimos lo que sentimos. Celos incluidos. Si intentamos barrerlos debajo de la alfombra, acabarán saliendo tarde o temprano y explotándonos en la cara con más fuerza que nunca. Así que la única solución posible es confrontarlos, analizarlos y comprenderlos como una parte indiscutible de nosotros mismos, siempre impidiendo que dominen nuestros actos. Abracemos aquello que sentimos, pero no olvidemos que es nuestro deber tener control sobre nuestras reacciones.

Por muy obvia que suene esta máxima, hay poca gente que se decide a llevarla a cabo en la práctica. Los celos se apoderan de ti y te convierten en un vikingo borracho del siglo IX. Hacen que rompas sus cosas, te metas en su Facebook para leer sus mensajes privados o le dejes un audio en WhatsApp de diecinueve minutos cagándote en todos sus muertos. Dejemos de justificar estos comportamientos y rompamos una lanza a favor de respirar hondo, analizar la situación, comunicarnos con asertividad y actuar como una persona sensata.

¡Por cierto! De la misma manera que los celos me han jugado malas pasadas, durante estos años también he visto cómo ha aparecido una nueva sensación pisando fuerte en mi vida. Al principio ni siquiera sabía que tenía nombre, pero resulta que este invitado inesperado se llama *compersión*. Se trata de un estado de felicidad intensa que sientes cuando tu pareja disfruta de otra relación. Algo así como «Si tú eres feliz, yo soy feliz». Y si yo, el animal mitológico de seis cabezas que escupía fuego cada vez que su pareja miraba a otra persona, he podido llegar hasta aquí con tiempo y esfuerzo, entonces todo es posible.

Por eso, cuando alguien me pregunta: «¿Y no tienes celos?», contesto: «En general, no. Pero cuando los tengo, hago un esfuerzo para gestionarlos de forma sana». Olvidar nuestros demonios es imposible, pero podemos coger las riendas y aprender a vivir por encima de ellos.

Compromisos y acuerdos

Cuando hablamos de las relaciones no monógamas, tendemos erróneamente a extrapolar la idea del «amor libre» de los años sesenta. Seguro que sabéis a lo que me refiero: el amor es un sentimiento autónomo que debemos vivir con total libertad. Sin reglas. Sin normas. Ama a quien tú quieras. Ten sexo con quien te apetezca. Paz, hermana. Que el cariño, el afecto y la ternura se conviertan en el cemento que unifique y guíe todos tus actos. Si está hecho en nombre del amor, todo vale.

Aunque las intenciones de los *hippies* eran buenas y la teoría del amor libre suene a coros celestiales, el «todo vale» puesto en práctica resulta bastante disfuncional. La realidad es que, para que una relación de pareja funcione, hacen falta acuerdos. Las reglas en las relaciones no monógamas son tan necesarias como en cualquier otro vínculo interpersonal, con la diferencia de que aquí son las partes afectadas las que establecen las cláusulas del contrato, en vez de conformarse con aquellas impuestas por la sociedad. Estos pactos se crean con la intención de ayudar a gestionar las situaciones de forma positiva y se estipulan dependiendo de las necesidades de cada individuo. Son tan variados como personas (¡y miedos!) hay en el mundo. Puede que te moleste muchísimo que tu novio se líe con alguien de tu trabajo, y necesites un acuerdo que sitúe a tus *co-workers* fuera de vuestro radio de acción. O puede que te dé igual. A lo mejor, hasta te pone. Tal vez te parezca genial que tu pareja se lleve a su lío de esta noche a vuestra casa para pasar unas horas de pasión desenfrenada. O que solo te parezca bien la idea si tú estás simultáneamente quedando con otra persona. ¡Quién sabe!

La realidad es que cualquier vínculo entre seres humanos se gestiona mediante pactos, los verbalicemos o no. Las relaciones cerradas también los usan, lo que pasa es que son tácitos. Se sobreentienden. El principal es que no puedes anhelar sexual ni románticamente a nadie más allá de la pareja, mucho menos llevar a término esos deseos. Ahora, imaginemos que ese acuerdo implícito pudiese moldearse según las necesidades de cada persona. ¿Qué cosas necesitas que pasen en tu relación? ¿Cuáles te provocan rechazo?

«¿Te da igual que tenga una relación con tu ex?», leo en el blog de Golfxs con Principios. «¿Te da igual que tenga una relación con alguien de tu familia? ¿Te da igual que sea con alguien de dieciocho años? O quizá con alguien que tiene ochenta, o simplemente mucho mayor o más joven que tú [...]. ¿Te da igual del partido político que sea, sea cual sea? ¿Te da igual que sea una persona racista, homófoba, etc.? [...] ¿Te da igual que tengan cenas románticas? ¿Que se vayan de vacaciones a un lugar donde tú nunca has ido? ¿O a uno que significa algo en vuestra relación... Si es algo estable, quizá puede presentarle a su familia, ¿eso te da igual? [...] A lo mejor tú tienes mucho trabajo, pero quizá en su caso tienen mucho tiempo libre y pueden verse ¿tres días a la semana?, ¿cinco?, ¿seis? No es lo mismo que se enrollen algunas veces a que tengan una relación estable. ¿Hay días con un significado especial y quizá se necesita hablar sobre ellos? Cumpleaños, aniversarios, San Valentín, Navidades...»[22].

En las relaciones no monógamas es necesario establecer una serie de normas que sienten las bases del vínculo, teniendo en cuenta todas las variables que se puedan prever. Estos acuerdos por supuesto se irán renegociando y revisando, ya que muy posiblemente algunos de ellos cambien con el tiempo. ¿Te acuerdas de cuando dijiste que preferías no saber nada de las personas con

---

[22] Moscacojonera, «¿Se le puede poner límites a otra persona en una relación poliamorosa?» [publicación del blog]. Recuperado de *http://www.golfxsconprincipios.com/lamoscacojonera/se-le-puede-poner-limites-a-otra-persona-en-una-relacion-poliamorosa/* (30 de agosto de 2016).

las que se lía tu pareja? Pues puede que, pasado un tiempo, saber los detalles hasta te ponga cachonda.

Yo redacté mi primera lista de acuerdos a ritmo de vino y música *indie* mientras me leía el libro *Opening Up* de Tristan Taormino. Reflexioné acerca de cada una de las situaciones que podían llegar a suceder a la vez que releía obsesivamente capítulos como «Diseña tu propia relación abierta» o «Mitos sobre la no monogamia». El resultado fue un texto infumable dividido en tres tomos donde analizaba paso a paso cada pequeña cosa que pensé que podría molestarme. Aunque aquel primer borrador me fue extremadamente útil para entender qué cosas me producían inseguridades, me di cuenta de que, según pasaba el tiempo y la confianza en mi pareja aumentaba, no sentía la necesidad de tener tantos acuerdos. Así fui eliminando cosas que después de un tiempo me parecieron superfluas para quedarme con únicamente cuatro acuerdos, los mismos que he seguido usando en todas mis relaciones posteriores: practicar siempre sexo seguro cuando nos acostamos con terceras personas, establecer una comunicación total en lo que respecta a nuestros sentimientos y relaciones con otros, cerrar la relación en caso de que nuestros lazos se debiliten (así podemos centrarnos en reparar nuestro vínculo) y dejar de ver a cualquier persona que actúe en contra de la pareja.

La incomprensión

Cuando empecé en las relaciones no monógamas, en Madrid éramos cuatro gatos que se reunían en la parte de atrás de un bar de Malasaña para hablar de nuestras experiencias personales y dar charlas sobre qué hacer en caso de que alguien se saltase un acuerdo. Apenas había información al respecto, y todos los textos disponibles pertenecían a unos pocos blogs y libros en inglés que nadie estaba traduciendo[23].

Cuando intentaba hablar del tema con mis amigos, la mayoría reaccionaba como si acabase de confesarles que me había unido

[23] Hasta que Mosca de Golfxs con Principios empezó a hacerlo. ¡Gracias!

a una secta en la que adorábamos a peces alienígenas. «Así que quedáis una vez al mes para hablar de… poliqué? ¿Estás bien? ¿Necesitas hablar?». Si me atrevía a explicar, aunque fuese por encima, de qué iba la cosa, me tocaba contestar una auténtica avalancha de preguntas que probablemente culminasen con mi interlocutor asintiendo con la boca abierta y afirmando en letras grandes «Yo no podría». Costaba mucho hablar del tema. Y cuando lo hacías, te convertías automáticamente en el perro verde, la colega rarita. Con una gran dosis de paciencia y bastante frustración, poco a poco los medios de comunicación empezaron a darse cuenta de que pasaba algo que merecía ser contado. Y a la par que las relaciones no monógamas empezaban a hacerse conocidas en el mundo *mainstream,* también surgieron los *haters.* Tiene sentido. Para muchas personas esta visión de las relaciones resulta fría. Calculadora. Innecesaria. Un mercado de afectos que frivoliza el «verdadero» significado del amor. Amor mercantil, lo llaman. Lo que este tipo de análisis suele obviar es que las relaciones no monógamas están basadas en el desarrollo de estructuras afectivas profundas y no únicamente en la exploración sin límites de nuestra sexualidad. No son un pretexto para poder acostarte con muchas personas, ni una forma de ocultar tus incapacidades a la hora de comprometerte, sino más bien una manera de establecer redes emocionales sin seguir las reglas a las que estamos acostumbrados en la sociedad actual. Y ya de paso, una excusa para indagar en esas necesidades sexoafectivas que durante tantos años hemos relegado a un cajón de sastre en el que no considerábamos importante bucear.

Este capítulo no pretende ser una oda a favor de la no monogamia ni una manera de afirmar veladamente que las únicas relaciones honestas son aquellas que no tienen exclusividad, sino una forma de mostrar que otras maneras de amar son posibles y, además, funcionales. Que para navegar en aguas tranquilas es importante comprender nuestras expectativas, aprender a comunicar nuestras necesidades y esforzarnos por utilizar como base de nuestros vínculos el compromiso y la sinceridad. Utilizando estas máximas, el modelo relacional a seguir es decisión de cada cual.

CAPÍTULO 9

No es para tanto

Los largos tentáculos del machismo

Antiguamente el machismo era explícito. Absoluto. Si eras mujer, no podías tener propiedades, abrirte una cuenta en el banco o ir a votar, y cualquier decisión que tomases debía estar supervisada y aprobada por la figura masculina del padre, el marido o los hermanos. Cuando el sesgo de género estaba apoyado por la ley, las actitudes opresivas eran fáciles de reconocer y de cuantificar, pero según hemos ido aproximándonos a la igualdad de derechos en cuestiones legales, nos hemos olvidado de aquellas circunstancias en las que las mujeres seguimos siendo menospreciadas. Por una parte, porque las áreas más sensibles de sufrir estos desaires están relacionadas con cuestiones imposibles de legislar. Me refiero a las áreas más íntimas de nuestra vida, aquellas en las que nos sentimos expuestas y vulnerables: la sexualidad, el amor, la familia y, sobre todo, la relación con nuestro propio cuerpo. Y por la otra, porque la mayoría de las veces tenemos tan interiorizadas ciertas actitudes que les restamos importancia, llegando incluso a justificar y defender comportamientos indeseables.

El machismo moderno está codificado, difuminado. Al igual que ocurre con el racismo o la homofobia, se camufla tras supuestos argumentos biológicos, premisas peyorativas y falacias lógicas que a veces es complicado detectar. «Con ese escote no la van a tomar en serio», «Si no quiere que la llamen zorra, ¿por qué cuelga esas fotos?», «No se respeta a sí misma». ¿Os suena de algo? Son los mal llamados «micromachismos» (porque de micro no tienen nada; podemos llamarlos «machismos» a secas), esas actitudes ofensivas pero tremendamente arraigadas en nuestra cultura a las que las mujeres nos enfrentamos durante toda nuestra vida.

No es para tanto. Eso es lo que me contesta mi profesora de sexto de primaria cuando llego a clase llorando después de que dos niños se hayan pasado todo el recreo persiguiéndome por el patio para levantarme la falda. No es para tanto. Podrías defenderte, o ponerte unos pantalones cortitos debajo del uniforme; así seguro que no estarían tan interesados en ver qué es lo que llevas debajo de la ropa. Solo están jugando. Se encoge de hombros mientras yo me quedo pensando si de alguna manera esto ha sido culpa mía. ¿Estoy exagerando? ¿Debería haberme quedado sentada en vez de intentar saltar a la comba?. A decir verdad, tampoco es que haya mucho que ver. Básicamente un par de bragas grandes con dibujitos de *My Little Pony*. Y sin embargo, aquí estoy reflexionando qué tendría que haber hecho yo para evitar el acoso.

La misma historia, con diferentes escenarios y personas, se repite una y otra vez durante mi infancia: unos años más tarde un tipo me para por la calle y me dice que le gusta mi perfume: «¿Todo tu cuerpo huele así de bien?». Otro hombre me mira fijamente en el tren mientras se masturba por debajo de la ropa. Yo le ignoro y me cambio de vagón. Cuando te han repetido tantas veces que las invasiones de tu espacio, tu cuerpo y tu intimidad son un problema menor, no tienes un baremo fidedigno para distinguir cuándo tienes derecho a quejarte. Te convences a ti misma de que nada es para tanto, de que muy probablemente eres tú la que no está sabiendo leer la situación. Así, justificamos las agresiones. Tal vez se chocó conmigo al pasar y por eso me rozó el culo. Quizás no se ha dado cuenta de que está ligando con una niña de trece años. A lo mejor pensó que me iban a gustar sus piropos.

La cosa no mejora con la edad. Al cumplir los diecinueve comienzo a posar como modelo y me doy cuenta de que, si quiero salir indemne de esta profesión, necesito estar en estado de alerta durante las sesiones. Encuentro mil maneras educadas de pedirles a los fotógrafos que, por favor, pidan permiso antes de tocarme por mucho que quieran colocarme en la pose correcta. «Tranquila, estas fotos son solo para mí. No las va a ver nadie», me dicen después de negarme a posar en posturas en las que no me siento cómoda. ¿Se supone que eso debería tranquilizarme? Un tipo se queda medio desnudo mientras me hace fotos con la excusa de que «hace demasiado calor para llevar pantalones». Otro hace bromas sexuales. Muchos intentan ligar conmigo. A lo mejor es que me ven con cara de tonta. No, probablemente solo saben que soy vulnerable. Pequeña. Lo que les excita es mi indefensión. «No es tu sexo lo que en tu sexo busco, sino ensuciar tu alma —diría Leopoldo María Panero—, desflorar con todo el barro de la vida lo que aún no ha vivido». Y lo que es peor, tantos años creyéndome indefensa pasan factura: no sé defenderme. No sé qué hacer cuando siento que se están cruzando mis límites. Durante muchos años, mi respuesta pasa por mirar hacia otro lado y pensar que no tengo ningún arma a mi alcance. El miedo me paraliza y siento odio; no hacia ellos, sino hacia mí misma por ser incapaz de enfrentarme a su hostigamiento.

Cuando en el año 2017 el magnate de Hollywood Harvey Weinstein fue acusado de abuso y acoso sexual por más de ochenta mujeres en la industria del espectáculo (entre ellas Salma Hayek, Rose McGowan, Gwyneth Paltrow, Angelina Jolie o Asia Argento), la opinión pública se llevó las manos a la cabeza. ¿Pero cómo unas mujeres tan poderosas han podido caer en las manos de semejante energúmeno? Mezcla a un hombre con poder con una buena dosis de machismo naturalizado, añádele muchas personas con miedo a convertirse en las marginadas de su ámbito laboral y tendrás la respuesta. Tras el escándalo que se levantó como resultado de las confesiones de muchas de ellas, se orquestó una campaña de concienciación contra los abusos a través del *hashtag #MeToo*, en la que millones de mujeres de todo el mundo compartieron vivencias similares. Muchas de ellas no habían hablado antes por miedo a las represalias. Miedo a que alguien les dijese que estaban exagerando. A encontrar titulares que argumentasen que sus experiencias «no eran para tanto». Y es que la sociedad refuerza constantemente la percepción de que las mujeres no tenemos demasiado poder sobre el modo en que los hombres tratan nuestro cuerpo. Desde pequeña te enseñan, por una parte, que eres culpable de aquello que te pasa y, por la otra, que estás indefensa ante los abusos. No intentes responder, o saldrá mal. Si a esto le sumas los problemas derivados de una educación basada en la complacencia femenina, el resultado es la justificación en serie de conductas que no deberían darse. Como cuando un desconocido te arrincona en una discoteca y te toca el culo para después hacerse el loco cuando le confrontas. Porque es de noche, porque está borracho, porque es que le has gustado. Mujer, no es tan grave. No te pongas así.

Descodificando el acoso

Acabo de salir de trabajar y estoy esperando en un paso de cebra mientras me cubro la cabeza con una bolsa de plástico para que la lluvia no me moje el pelo. Ha sido un día largo y me siento agotada. Solo puedo pensar en llegar a casa, quitarme los zapatos empapados y darme una ducha calentita. Cuando el semáforo se pone verde y me preparo para cruzar, un coche se para a mi lado y de dentro sale una voz masculina que dice: «¡Eh, princesa! ¿Sabes lo qué te haría?». Una ráfaga de ira me paraliza la respiración y tengo ganas de lanzarles la bolsa empapada a través de la ventanilla y cagarme en todos sus muertos, pero en vez de eso elijo un punto fijo en el horizonte y no desvío la mirada. Cruzo la calle, como si no pasara nada. Ignorándoles. Como si no pasara nada. De fondo, oigo sus risas. Como si no pasara nada.

Cuando eres mujer, el acoso callejero es el impuesto a pagar por tener el privilegio de ocupar el espacio público. Llamemos a las cosas por su nombre: esto es violencia simbólica, no flirteo. El hombre que te roza el pecho sin tu permiso, el que te grita que no deberías ir con esa minifalda si no quieres que te pase algo, aquel que se relame los labios mientras te mira fijamente en el autobús... no están intentando iniciar un encuentro sexual. No están ligando. Se limitan a demostrar su poder, a afirmar que pueden hacer lo que quieran cuando quieran, porque a ellos les apetece. Y esta reafirmación ni siquiera va dirigida hacia ti; lo que intentan hacer es confirmar su autoridad o bien frente a ellos mismos o bien frente a otros hombres. Quieren asegurarse de que su dominio sigue ahí, como una carta debajo de la manga que pueden usar en cualquier momento. Un tótem que manosear para afianzar su ego. Se trata de un símbolo de pertenencia al grupo y, sobre todo una manera de validar su experiencia como hombres en el mundo. Por supuesto, la agresión solo se dará si sienten que ella está indefensa, y sin un hombre a su lado. «La mujer que no pertenece a ningún varón en particular pertenece potencialmente a todos», diría Celia Amorós. Su cuerpo es visto como un territorio a conquistar, pero si este ya tiene propietario, ha de ser respetado. Este es el código de honor del machismo: una mujer con dueño es sagrada, no porque ella merezca esa consideración, sino porque es la propiedad de otro hombre y el posible conflicto entre los machos ha de ser evitado.

Desde pequeñas nos enseñan a ignorar a los acosadores. Es una regla no escrita que casi todas las mujeres seguimos a rajatabla por miedo al conflicto. Yo he de confesar que más de una vez he contestado, me he enfadado y hasta he insultado al tipo en cuestión, pero la cosa no suele salir bien: los hay que se ponen chulos y justifican su actitud, otros usan la carta de la agresividad («¡Malfollada!», «¡Frígida!») y luego está ese pequeño porcentaje que se da cuenta de que ha metido la pata y pide disculpas. En un contexto que nos ha enseñado a ignorar que nos han agredido, es tremendamente poderoso confrontar a nuestros atacantes. No porque ellos se vayan a dar cuenta de que lo que están haciendo no es correcto (hay pocas posibilidades de que esto suceda, y lo más probable es que cuestionen tus palabras), sino porque defendernos es, en sí mismo, transgresor. Es importante que las mujeres empecemos a entender como legítima la autodefensa, la capacidad para el enfrentamiento que se encuentra oculta bajo las miles de capas de complacencia. «Lo más valioso que aprendes en un curso de autodefensa para mujeres no tienen por qué ser las técnicas y las llaves —dice Itziar Ziga—. A veces basta con descubrir que puedes reaccionar, a pesar de todos los mensajes con los que nuestra cultura patriarcal trata de infantilizarnos a las mujeres».

De forma paralela, también es efectivo que otro hombre invalide la dinámica de acoso. Porque si lo que busca el agresor es reafirmar su poder a través de la imposición de sus deseos, el arma más poderosa para contrarrestar sus acciones es explicarle que aquello no le está convirtiendo en un macho alfa. Que, de hecho, su actitud es ridícula y está fuera de lugar. Con que haya un solo amigo que no le ría la gracia, o que incluso le explique que lo que acaba de hacer no viene a cuento... el hechizo está roto. El símbolo se deshace, y el tótem manoseado se convierte en una baratija de plástico.

Sin embargo, todo esto son solamente paliativos. Tiritas en una herida muy profunda. No seremos testigos de un cambio real en este paradigma hasta que las nuevas generaciones, educadas para respetar los límites y comprender qué significa el consentimiento, formen parte de la sociedad.

En el plano digital nos enfrentamos a otro tipo de acoso, camuflado esta vez por el velo del anonimato. Sí, me estoy refiriendo a las fotos de penes no solicitadas. Según un estudio de Yougov realizado en 2018, el 41 por ciento de mujeres de entre dieciocho y treinta y seis años han recibido al menos una foto de este tipo. Lo cual contrasta notablemente con el 5 por ciento de hombres de este mismo grupo de edad que admitieron haberlas mandado[24].

Al igual que en otros tipos de agresión, las *dick pics* tienen que ver con la imposición de poder y la creencia de que existe un derecho legítimo a mostrar tus intenciones sexuales de forma explícita. Se impone una imagen en busca de una reacción. La lógica detrás de este tipo de comportamientos es que, con que tan solo una de las decenas de mujeres a las que has importunado

---

[24] *https://yougov.co.uk/topics/politics/articles-reports/2018/02/16/four-ten-female-millennials-been-sent-dick-pic*

conteste de forma positiva, habrá merecido la pena; incluso a costa de ser ofensivo e incomodar al resto. La reciprocidad no es necesaria en este tipo de interacción y la empatía queda relegada a un segundo plano. «Si yo lo quiero, entonces está bien hacerlo».

Consentimiento y reciprocidad

Las agresiones callejeras, las *dick pics* y el acoso machista que las mujeres soportamos en nuestro día a día ponen de manifiesto la falta de consentimiento que sufrimos en muchas de nuestras interacciones con los hombres. Pero lamentablemente, en el marco de la seducción recíproca también hay discordia. En el imaginario de muchos machos, el guion del flirteo solo puede acabar con un único final: teniendo sexo. Cualquier otro tipo de interacción será una meta malograda; una oportunidad desaprovechada. Por eso, en demasiadas ocasiones tomar la iniciativa en un gesto que pueda entenderse como remotamente sexual es entendido como la señal inequívoca de que tú también estás deseando terminar en la cama. Una vez has establecido contacto directo, no hay vuelta atrás: eres responsable de cualquier cosa que pase a continuación. Culpable de «dejarle con el calentón». O de que se vaya a casa con las manos vacías. ¡Eh, no puedes tirar la piedra y después esconder la mano! Es entonces cuando empieza el chantaje emocional. Este hostigamiento psicológico se utiliza para que la mujer sienta que llegado cierto punto, no puede cambiar de opinión. Las acusaciones se mezclan con la necesidad de complacencia, haciendo sentir a las mujeres que no hay posibilidad de echarse atrás, ¿cómo voy a decir que no? Pobrecito. No puedo rechazarle. He sido yo quien ha provocado esto. Debemos aprender a apartar este tipo de pensamientos y sustituirlos por un hecho irrefutable: tenemos derecho a cambiar de parecer en cualquier momento y expresarlo sin temor a las consecuencias, por mucha seducción, besos o roces que haya habido anteriormente con la persona en cuestión. Entendiendo que una interacción erótica puede ser tremendamente sexy sin que esta incluya sexo ni orgasmo.

La fascinación social por la genitalidad hace que el disfrute de todos se vea limitado. Nosotras nos sentimos en el compromiso de estar en estado de alerta y no dejarnos llevar demasiado para poder frenar aquellos avances a los que no queremos realmente acceder. Constantemente pendientes de que el chico no se pase de la raya, perdemos el placer del momento imaginando (y temiendo) lo que está por llegar. Mientras que ellos restringen su satisfacción obsesionados con la eyaculación y la idea de correrse. Como si la química entre dos personas no fuese legítima ni placentera si esta no les conduce a acabar follando.

Por si fuese poco, a todo este problema de comunicación hay que sumarle la represión sexual que las mujeres vivimos desde la infancia. Las reglas del cortejo dictan que los hombres son los que han de tener una actitud activa comunicando sus intenciones, mientras nosotras nos hemos de mostrar imprecisas, recatadas. No está bien visto socialmente que expresemos nuestro deseo así que, en más de una ocasión, aunque queramos intimar con la otra persona, nos mostramos pudorosas, ambivalentes. Como durante muchos años siempre han sido ellos los que han tenido que dar el primer paso, cuando una mujer lo intenta es común que él la rechace al sentirse intimidado. Además, nos han enseñado que una mujer «fácil» no es deseable y que no podemos demostrar claramente nuestros apetitos así que jugamos con las ambigüedades. Para compensar, ellos insisten. Insisten porque no son capaces de discernir si esa indeterminación es un verdadero «no», o simplemente una manera de expresar que no nos vamos a la cama con cualquiera. La dinámica resultante es tremendamente peligrosa porque erotiza la cultura de la violación. Romantiza la insistencia masculina y normaliza que las mujeres han de asumir una actitud pasiva. ¿La solución? Hacer borrón y cuenta nueva, esforzándonos en subvertir los roles de género que nos han inculcado. Ellos, comprendiendo que solo un claro «sí» ha de ser entendido como muestra de consentimiento. Y nosotras, aprendiendo a ser concisas y claras a la hora de expresar aquello que queremos y, sobre todo, las cosas que no deseamos que ocurran. Y si intimidamos o molestamos a la otra persona por ser demasiado directas, sinceramente… es su problema.

CAPÍTULO 10

Feminismo y nuevas masculinidades

Mi amiga Alice llevaba años hablándome sobre el tema, pero a mis veintipocos todavía no me quedaba nada claro por qué el feminismo me tenía que resultar interesante. En gran medida porque no tenía mucha idea de qué iba todo aquello, pero sobre todo porque no quería ser considerada como una fundamentalista. Porque de eso va todo esto, ¿no? Odiar a los hombres, estar frustrada y morir sola y rodeada de gatos.

Por supuesto, sabía que había ciertas cosas que no iban del todo bien en la sociedad; no me gustaba que me chistasen por la calle por llevar ropa corta, ni enfrentarme a los dobles estándares que pueblan la percepción social de la promiscuidad, pero todavía no era consciente de que todas estas cuestiones que me revolvían por dentro se extendían más allá de mi experiencia individual. No eran, como yo creía, casos aislados.

Evidentemente, también había muchísimas cuestiones sobre las que nunca me había parado a reflexionar. Recuerdo especialmente una noche en la que, hablando con Alice, le dije que yo me veía como una chica muy *masculina*.

—Hay chicas que se comportan como chicas, y chicas que se comportan como chicos, ¿sabes? Yo soy de las segundas.

—¿Qué significa exactamente eso? ¿Cómo se comportan las chicas? —me contestó ella.

—Bueno, ya sabes… Las chicas se critican mucho entre ellas, y se preocupan mazo por su físico. Y aparte, como que les gustan las conversaciones con doble sentido, ¿no? A mí todo eso me da pereza. Yo soy mucho más directa, y, además, soy bastante lógica y racional. Por eso casi nunca tengo amigas, suelo rodearme de chicos.

—Bueno, a lo mejor el quid de la cuestión está en que hay que ir derribando esos estereotipos, ¿no te parece? A lo mejor no hay «cosas de chicas» y «cosas de chicos», sino una educación que nos enseña que tenemos que actuar de cierta manera y no de otra dependiendo de nuestro género.

—Mmmm, no sé. No me queda claro.

Esa noche me fui a la cama pensando en la conversación que habíamos tenido, y a los pocos días le pedí a Alice que me pasase más información al respecto. Con mucha paciencia, mi amiga me descubrió una puerta que hasta entonces no sabía que existía, y me ayudó a ser consciente de algunas de aquellas conductas tóxicas que tenía intrínsecamente naturalizadas. Como la tendencia a ser complaciente con mi entorno casi por defecto, o la necesidad de justificar la existencia de unas máximas tóxicas dentro de mis relaciones afectivas.

Mi experiencia no es excepcional. Muy a mi pesar, todavía pertenezco a una generación que no ha sido educada en el feminismo. Los que nos hemos interesado en la cuestión lo hemos hecho tarde y normalmente tras vivir algún evento desencadenante. Tal vez fue un tuit lo que nos hizo cuestionar nuestras creencias, o una columna en el periódico que mostraba una perspectiva diferente al problema de siempre. En mi caso, una conversación inocente llegó en el momento oportuno.

Comencé a leer libros, a ver charlas y a interesarme por la teoría, y me di cuenta de que muchas de las cosas en las que ya creía tenían nombre y a muchas personas secundándolas. Empecé a ser consciente de esos momentos de mi vida en los que de una manera u otra mi autonomía se había puesto en la picota por el hecho de ser mujer. Y, sobre todo, entendí que muchas de mis experiencias y de esas cuestiones que «no iban del todo bien en la sociedad» no eran casos excepcionales, sino el resultado lógico de una violencia sistémica vivida y sufrida por todas las mujeres del mundo en mayor o menor medida. Me di cuenta de que no estaba sola y de que compartir mis vivencias me empoderaba tanto a mí como al resto de personas de mi entorno. Que podíamos y debíamos unirnos para transformar entre todos el sistema cultural en el que hemos crecido; el mismo que condiciona nuestras acciones y limita la expresión de nuestra identidad. Así fue como, poco a poco, me hice feminista.

La lucha frente al machismo

La mala fama del feminismo viene de lejos. Ya en sus comienzos, los periódicos se dedicaban a sacar tiras cómicas en las que satirizaban a los hombres que «permitían» a sus mujeres ser sufragistas. «A las sufragistas nadie las besa», se lee en un cartel de la época que representa a las mujeres que pertenecían a esta primera ola del movimiento como viejas cascarrabias frustradas por no haber encontrado a un hombre con el que casarse. Todas ellas gruñonas, apáticas y feas.

Como era de esperar, yo también recibí una clara reacción adversa cuando empecé a afirmarme como feminista en mi entorno. Era casi como confesar que te ibas a vivir a una comuna en una isla remota, o que pensabas dedicar tu vida a zurcir calcetines de ganchillo. ¿Qué ahora eres qué? ¿Estás segura? «Una vez conocí a una feminista», me dijo uno de mis amigos cuando empecé a hablarle de los nuevos matices que estaban tomando mis reflexiones. «Mucho ir a manifestaciones y quejarse de los techos de cristal, pero luego era la primera que se ponía a limpiar la casa mientras su novio se tiraba en el sofá». La respuesta de ellas tampoco fue mucho mejor: «Al fin y al cabo, ya vivimos en la igualdad, ¿no? ¿Tú realmente crees que las mujeres estamos oprimidas? Yo nunca me he sentido discriminada. ¿No crees que estás exagerando?». Y mi favorita: «¿Ahora te vas a dejar crecer los pelos de las axilas?».

Es increíble analizar cómo las parodias se han extendido aun hasta nuestros días; el machismo tiene las patas muy largas. Este es el motivo por el que, hasta hace muy pocos años, definirte como feminista significaba ganarte la etiqueta de radical y extremista. *Feminazi*. Hemos tenido que vivir toda una revolución social para conseguir encontrar los bordes de esta fractura ideológica y comenzar a entender que el feminismo no intenta afirmar de forma velada la supremacía de las mujeres. La historia, la falta de referentes y la naturalización de conductas machistas han creado una herida profunda en nuestros hábitos y, sobre todo, en nuestras conciencias. Poco a poco estamos aprendiendo a sanarla.

Me veo a mí misma con veinte años recién cumplidos, posando para un tipo que me ha contactado en una página de modelos para hacer una sesión. Cuando llego al estudio el ambiente está cargado y los focos hacen que la temperatura sea casi insoportable. Él es un hombre de mediana edad, huraño y bastante borde. Según entro por la puerta, se queja de mi físico e insinúa que tengo unos kilos de más. «Pero, bueno, no pasa nada. Algo se podrá hacer». ¡Empezamos bien! Su actitud es irritante, casi como si mi sola presencia le molestase. «¡No, así no!», me dice mientras me explica cómo tiene que posar *una modelo de verdad*. Mientras me indica de qué manera posar, se acerca a mí, colocando mis brazos y mis piernas con brusquedad y sin pedirme permiso, como si fuese una muñeca. Soy consciente de que sus manos están haciendo más presión de la necesaria sobre mi cuerpo, pero no me atrevo a decir nada. A veces siento como si me acariciase, pero no presto demasiada atención a mis pensamientos. ¡Exagerada! Cuando no miro a la cámara, mis ojos están fijos en el reloj de pared situado encima de la puerta; cuento los minutos para que las dos horas de sesión que ha contratado pasen lo más rápido posible. Vuelve a acercarse para colocarme en la postura que está buscando, pero esta vez presiona su entrepierna contra mi muslo durante unos segundos. Está empalmado. Me aparto con brusquedad, pero no digo nada. Finjo que estoy recolocándome el pelo para que no se dé cuenta de que lo he notado. ¿Por qué siento vergüenza? «Mierda. Mierda ¿Qué hago?». Mi incomodidad va en aumento. «A lo mejor te has equivocado. Es una acusación muy seria», me digo a mí misma. «Tal vez haya sido un malentendido». Evidentemente, no. «¿Y si simplemente está pensando en otra cosa?». No quiero creer que todo este tiempo haya estado rozándose conmigo de forma intencionada. Ahora que me fijo, no para de tocarse el paquete. Dios santo, a ver cómo consigo salir de esta. Los minutos pasan mientras me planteo cuál es la mejor estrategia para coger mis cosas e irme lo antes posible. Sin embargo, soy incapaz de reaccionar. Él sigue acercándose y yo eludo su mirada mientras lucho contra mis sentimientos. Ojalá esta hubiese sido una lección de empoderamiento, pero la realidad es que me quedé allí sentada hasta que llegó el momento de irme. Ya en la calle llamé llorando a un exnovio, que me vino a buscar en moto y me sacó de allí.

A veces me pregunto cómo me habría enfrentado a ciertas experiencias de mi vida si hubiese sabido antes que no estaba sola. Ojalá en aquel entonces hubiese presenciado la caída de Harvey Weinstein o Roger Ailes, porque tal vez habría tenido alguna referencia a la hora de plantar cara, hacerme valer. Quizás me hubiese sentido lo suficientemente protegida como para denunciar, en vez de callar y pasar página, como tantas otras mujeres han hecho a lo largo de la historia. En ese sentido, las nuevas generaciones tienen una herramienta de la que entonces carecíamos: las redes sociales, que te permiten conectarte al instante con millones de personas alrededor del mundo; también te reafirman a la hora de saber que, incluso cuando hablamos de las situaciones más temidas, podemos encontrar consuelo y apoyo en los otros.

La idea de formar comunidad está intrínsecamente relacionada con el feminismo. El argumento es sencillo: si la lógica que se establece detrás del machismo es la de la obediencia, sea esta directa o velada, la mejor manera de acabar con ella es buscando la forma de esquivar la autoridad; rebelarse. Y para llevar a cabo esta estrategia, el motín ha de estar compuesto por las personas afectadas, que, unidas ante un problema mayor, apartan sus diferencias para luchar en grupo. Es así como se crea un conjunto de movimientos políticos, culturales, económicos y sociales que cuestionan y analizan la asignación de los roles sociales y los privilegios que nuestro contexto y nosotros mismos establecemos en base a nuestro género. Analizando, visibilizando y cuestionando los componentes machistas que aún existen en nuestra cultura, e impidiendo que hombres como el que yo me encontré puedan seguir campando a sus anchas por el mundo.

Aunque *a priori* parezca demencial que haya habido una reacción adversa tan profunda hacia un movimiento fundamentado básicamente en la obtención de derechos, en realidad esta respuesta tiene todo el sentido del mundo. Al fin y al cabo, cuestionar el *statu quo* da miedo en cuanto a que pone de manifiesto que la situación actual ha de evolucionar, transformarse. Muchos y muchas se repiten que es mejor quedarse con lo malo conocido que arriesgarse a probar lo bueno por conocer; este es el motivo por el cual los movimientos que aspiran al cambio social son rechazados por defecto. Estamos demasiado atados a nuestra concepción actual del mundo como para imaginar una nueva, por mucho que esta promueva la creación de unas condiciones más equitativas.

En ciertos aspectos, hacerte feminista es como empezar a viajar. Cuando eres adolescente tienes una concepción del mundo estanca, basada en la realidad en la cual te has criado y el contexto donde has sido educado. Estás totalmente seguro de que tus costumbres y hábitos son la única manera posible de interactuar con tu entorno, y que la forma en la que tu cultura se comporta es, simplemente, la mejor. La más lógica, óptima y en definitiva, la única que debería existir. Por eso fruncimos el ceño cuando oímos que en la India comen con la mano y que en Japón los baños están situados en el suelo. ¡Qué incivilizados!

Pero cuanto más viajas, más te acostumbras a no darle importancia al choque cultural. Aprendes a adaptarte y a empatizar. De repente, no te parece tan raro que la gente lleve chanclas en medio de una tormenta, o que alguien sorba su plato de ramen a tu lado haciendo muchísimo ruido. Tu mente se abre porque entiendes que en el mundo conviven muchas realidades paralelas que son igual de válidas que la tuya. Es entonces cuando comienzas a ser consciente de tus privilegios, de aquellas cosas de tu contexto que dabas por supuesto, y de otras sobre las que nunca te habías parado a reflexionar porque no te habías encontrado en una posición que te incitase al debate. Con el feminismo, pasa igual. Sí, puedes quedarte únicamente con aquellas teorías que coinciden con tu percepción del mundo, pero es extremadamente enriquecedor e interesante romper una lanza a favor de la interseccionalidad. Siendo sincera, es muy posible que en otras circunstancias jamás hubiese investigado sobre los derechos que reclama el colectivo trans, la utilidad política de usar el lenguaje inclusivo o la lucha antirracista, porque son cuestiones que no he vivido en primera persona. En ese sentido, el feminismo, al igual que los viajes, ha hecho que mi visión del mundo sea más transversal. Me ha ayudado a comprender la importancia de empatizar con las opiniones ajenas, por mucho que no las comparta, y también me ha enseñado a moderar mi propio discurso, entendiendo que tenemos derecho a elegir caminos diferentes, aunque nuestro fin sea llegar a una misma meta.

La crisis de la masculinidad

Hace unos días un seguidor me dejó un comentario *a priori* inofensivo en mi Instagram: «¿Qué libros me recomiendas para convertirme en un hombre feminista?». Mientras me dedicaba a hacer una lista de sugerencias, las respuestas no tardaron en llegar, a cada cual más incendiaria que la anterior. «Los hombres no podéis ser feministas», «No intentes acaparar la lucha», «Este es un movimiento por y para mujeres», «Como mucho, serás un aliado». Mientras leía las quejas, no pude evitar imaginarme al pobre incauto atado sobre una torre de panfletos, a punto de ser quemado por un traspié en el lenguaje; sin entender de dónde venía semejante castigo.

Llevamos ya unos cuantos años debatiendo acerca del papel que los hombres deben asumir dentro del feminismo, pero no nos terminamos de poner de acuerdo. En una lucha que abandera la liberación femenina, tenemos miedo de que ellos tomen posesión de las primeras filas, como ha ocurrido en tantos otros movimientos sociales. Acostumbradas a ser constantemente eclipsadas por un sistema que premia el liderazgo masculino, la idea de ser relegadas a participar desde un segundo plano en nuestra propia lucha nos da pavor. Pero entonces, ¿pueden los hombres considerarse feministas? La conclusión más extendida es que no, ellos han de asumir únicamente el papel de aliados. Tienen que reforzar nuestra lucha y facilitar el debate entre mujeres, pero no batallar.

Aquí es donde las cosas me empiezan a chirriar, porque al fin y al cabo un aliado es un simpatizante, alguien que secunda tu conflicto, pero no se inmiscuye demasiado en él. Apoya la causa desde la distancia. Es ese país que te presta un par de tanques mientras eres atacado por el enemigo, o la vecina que te da consejos cuando tienes una discusión con tu pareja. Te ayudan, pero no se implican en el dilema que a ti tanto te preocupa porque en el fondo no sienten que aquello vaya del todo con ellos. También es una forma fácil de lavarse las manos: basta con decir que eres un aliado feminista para dormir a gusto por las noches sin que te remuerda la conciencia.

Yo no quiero aliados, quiero hombres feministas. De hecho, conozco a unos pocos. Son aquellos que están dispuestos a transgredir los roles de género de forma activa. Esos que escuchan las vivencias de las mujeres desde la certidumbre y la empatía y se preguntan qué pueden hacer activamente para cuestionar el sistema de opresión machista.

Si la labor final del feminismo es conquistar espacios de poder, es imperativo que planteemos el movimiento desde una perspectiva estratégica. Que en cada cuestión relevante nos preguntemos: ¿cuál es la manera más óptima de alcanzar nuestros fines? En la gran mayoría de los casos, es incuestionable que el sujeto político del feminismo han de ser las mujeres, pero me parece peligroso pensar que esta máxima tiene que sostenerse bajo cualquier circunstancia. Existen situaciones donde hay más posibilidades de que los resultados que ansiamos se hagan realidad si están formulados por los hombres, y es un error que eliminemos la posibilidad de utilizar estas estrategias por miedo a cuestionar nuestro propio discurso. El feminismo transformador es flexible en sus tácticas.

Por supuesto, antes de nada, hay que entender quién tiene que librar qué combates. Un hombre no puede penetrar en la realidad de lo que significa vivir como mujer en una sociedad machista (no va a sufrir jamás el miedo que tenemos las mujeres a la violencia sexual, ni va a ver cuestionada su valía profesional dependiendo de si enseña o no el escote), de la misma manera que yo no voy a experimentar jamás lo que significa pasar por una reasignación de género, ni voy a vivir el estigma asociado con afirmarte públicamente como trans. Tampoco puedo saber lo que significa transitar por la ciudad teniendo una discapacidad visual, por ejemplo. Lo cual no quita que pueda leer acerca de los problemas y derechos reclamados por los diferentes colectivos e intentar empatizar al máximo posible.

De la misma manera que yo no puedo intentar explicarle a una persona transexual cómo tiene que vivir su lucha, un hombre no puede tratar de instruirme sobre el machismo que llevo sufriendo toda mi vida. Esto es lo que espero de los hombres feministas: que escuchen, comprendan y actúen, pero sin aleccionar.

Cuando afirmamos que el papel de los hombres es secundario, estamos errando el tiro. Su combate no es el mismo que el de las mujeres, pero ellos también tienen mucho por lo que luchar. Al fin y al cabo, el sistema de dominación masculina también les ha arrebatado muchas cosas. Por encima de todo, les ha arrebatado la identidad, forzándoles a demostrar una serie de valores absolutos e inamovibles relacionados con la masculinidad. Replantear la masculinidad hegemónica y romper con los paradigmas impuestos socialmente es una asignatura que la mayoría de los hombres tienen pendiente. Todavía han de recuperar la libertad de ser quienes quieran sin que eso ponga en duda su identidad. Entender qué cosas les han sido arrebatadas, y trazar planes para recuperarlas. Aprender a ser frágiles, sin tener que rendir cuentas a nadie. Aprender a llorar. Y también aprender que no hay por qué encajar en el arquetipo de hombre que su contexto y sus referentes les han inculcado desde que son pequeños.

Tiene sentido que nosotras llevemos unos cuantos años de ventaja en la deconstrucción de nuestros roles sociales porque históricamente hemos estado mucho más puteadas («El patriarcado oprime a los hombres, pero nos asfixia a las mujeres», en palabras de la monologuista y activista feminista Pamela Palenciano), pero la realidad es que a los hombres también les compensa librar esta batalla.

Las llamadas «nuevas masculinidades» son un avance innegable en el camino hacia la equidad. El problema que surge con la exploración de esta nueva manera de entender qué significa ser un hombre es que ellos no tienen claro dónde colocarse. Que aquellos rasgos que han conformado su identidad desde que son pequeños (agresividad, autoridad, fortaleza incondicional...) se pongan en entredicho es un mensaje paralizante. Desmontar todo aquello que daban por sentado provoca una crisis en la manera que tienen de entender su posición en el mundo. Porque, si no puedo ser el hombre que me han enseñado a ser, entonces ¿qué soy?, ¿quién soy?, ¿dónde me sitúo en todo esto? El mundo me ha quitado mi lugar, después de ser bombardeado a diestro y siniestro con unos mandatos que ahora me dicen que no debo cumplir. Es inocente y bastante poco estratégico dar por hecho que los hombres van a hacer un esfuerzo por deconstruirse mientras sienten que su propia razón de ser es atacada.

Ciertas áreas del feminismo más identitario tampoco han ayudado a la hora de hacerles comprender que el feminismo también les beneficia. Y es que ponerles en la picota mientras se habla de privilegios, opresión y cultura androcentrista solo provoca rechazo y un enfrentamiento inevitable. Ellos se sienten atacados y culpabilizados por algo que a sus ojos simplemente no es cosa suya. «Yo no soy un violador», «Yo no soy un maltratador», «Yo no acoso a las mujeres». Bajo este prisma surgió en el año 2014 el *hashtag* #NotAllMen (#NoTodosLosHombres), una crítica a las generalizaciones y una manera de declarar que no todos los hombres se sienten afines a los actos o creencias machistas. Y no les falta razón. Lo que hay que hacerles entender es que, aunque es cierto que no todos los hombres son machistas, lamentablemente todas las mujeres se ven afectadas por el machismo y la misoginia que puebla la estructura social. La masculinidad tóxica y los comportamientos machistas han de ser analizados y eliminados, pero siempre desde una perspectiva estratégica que nos ayude a alcanzar los fines deseados. Si no, corremos el riesgo de perpetuar aquello contra lo que nos enfrentamos.

Todos somos herederos del sistema de opresión

Pero esto es solo la punta del iceberg. Durante los últimos años hemos sido testigos del nacimiento de otra nueva forma de identidad colectiva, una corriente contraria al feminismo institucional compuesta por hombres que critican lo que de forma despectiva denominan «ideología de género». Otro ejemplo más de que el radicalismo engendra radicalismo. Todos esos hombres perdidos en la avalancha de críticas han visto en este discurso una manera de explicar sus sentimientos encontrados, una forma de llenar el hueco que ha quedado tras los ataques, de abrazar de nuevo al grupo (abrazar su «masculinidad») y ratificar aquellos mandatos que les han enseñado desde pequeños. «El problema no es nuestro. Nosotros no tenemos que cambiar. Son ellas las que se han vuelto majaras y piden cosas sin sentido». Aunque hablamos de un fenómeno frustrante, esta respuesta era de esperar. Recordemos que si alimentamos la existencia de un «nosotras» elitista y excluyente, no podemos sorprendernos de que aparezca un «nosotros» con esas mismas características.

En su lugar, tenemos que centrarnos en llenar ese vacío de identidad que están sufriendo los varones con una nueva perspectiva de lo que significa ser un hombre mientras paralelamente impugnamos el modelo caduco y rancio del macho convencional.

Por supuesto, es fácil señalar con el dedo y tachar a los unos como culpables y a los otros como víctimas. Señalar a un culpable claro simplifica enormemente la cuestión y crea un blanco visible tanto para nuestra rabia como para nuestros intentos de mejora. Es más sencillo, pero también reduccionista. La realidad es que ellos, al igual que nosotras, son herederos de un sistema que ha validado la historia masculina y olvidado y silenciado la de las mujeres. Se trata de una herencia, una serie de capas superpuestas y extremadamente complejas que afectan a nuestra sociedad hasta el punto de conformar nuestra propia identidad.

No olvidemos que la aparición del feminismo ha sido posible únicamente en un contexto de abundancia de recursos. Hemos podido empezar a centrarnos en la emancipación femenina en el momento en el que no hemos tenido que preocuparnos por las altas tasas de mortalidad infantil, las enfermedades, las hambrunas o la guerra. ¿Habría podido sobrevivir la especie en un matriarcado? No lo sé. Lo que sí sé es que la división de tareas por género era una cuestión de supervivencia, no un acto político. Se convierte en un acto político en el momento en que el trabajo se automatiza, aparecen las máquinas y las mujeres pueden dejar el trabajo doméstico para ir a trabajar a las fábricas. Es entonces cuando por primera vez podemos plantearnos el abandonar la casa y los cuidados. Rebelándonos contra un futuro que no habíamos elegido para, finalmente, clamar por la igualdad de derechos.

Esto no es una guerra entre los géneros, y no creo que sea positivo ni estratégico culpabilizar a los hombres por los privilegios que ostentan como resultado de nuestro bagaje histórico. De hecho, ni siquiera creo que sea posible «renunciar a los privilegios», como tantas veces hemos escuchado en los debates. Lo que sí podemos y debemos hacer para vivir en una sociedad más justa es instrumentalizar esas circunstancias en las que recibimos un trato favorable para generar cambios estructurales que den voz a las personas estigmatizadas. Abriendo paso a los otros sin juicios y, sobre todo, sin paternalismos.

Se puede validar y comprender el sufrimiento de las mujeres sin tener que condenar a los hombres. Por supuesto, estoy hablando a un nivel estructural. A nivel individual cada cual es culpable y responsable de sus demonios y es innegable que muchos varones, como herederos de una cultura que les ha enseñado a menospreciar y maltratar a las mujeres, son machistas, misóginos y cómplices del sistema de opresión. Sus acciones han de ser juzgadas en consecuencia. Pero repito: el culpable verdadero de todo este entuerto es la tradición, esa estructura presente en todos los aspectos de nuestra vida que nos enseña de forma sutil a ejercer ciertos roles y no otros en base a nuestro género. Como consecuencia de estos papeles que reproducimos, mujeres y hombres tenemos sufrimientos específicos que fluyen de forma paralela al sistema. La existencia de unos no invalida la presencia de los otros: nosotras nos enfrentamos a la violencia sexual y de género, al tráfico de personas, la mutilación genital… mientras ellos tienen más posibilidades de acabar en la droga, viviendo en la calle, delinquiendo o suicidándose. No es una competición, sino una excusa para ayudarnos los unos a los otros.

Tenemos que dar cobijo a todas estas experiencias, ayudando a crear un nuevo orden social equitativo donde no nos veamos vapuleados por nuestro contexto. Y hablo de equidad y no de igualdad porque por mucho que a hombres y mujeres se nos reconozcan unos derechos igualitarios a nivel jurídico, esto no implica que vayamos a usar esos derechos de la misma manera ni aspirando a un mismo desenlace. Todos hemos de ser iguales ante la ley, pero esa igualdad legislativa no tiene por qué asociarse al igualitarismo social, ya que no todos queremos lo mismo. La igualdad en los Estados occidentales es bastante manifiesta, lo que nos falta es equidad.

Diálogo, inclusión y críticas constructivas

El feminismo ha de ser entendido como una herramienta que bien usada nos ayudará a alcanzar una sociedad más justa. Se trata de una perspectiva nueva a través de la cual podemos interactuar con el mundo, una llamada a ponerse esas «gafas violetas» sobre las que tanto hablamos.

El problema cuando hablamos de ideologías (y el feminismo en muchos ámbitos es entendido como tal) es que en el imaginario colectivo estas muestran una visión limitada de lo que debería ser el mundo. Una versión absoluta de la realidad. Rafael Sánchez Ferlosio ya anunció que, para él, tener ideología era sinónimo de no tener ideas propias.

La ideología es entendida como algo cerrado, constreñido y sin posibilidad de cambio. Es categórica. Y yo no creo que el feminismo deba serlo. El feminismo ha de englobarlo todo, deglutir el orden social hasta que la equidad sea una realidad y no una meta; que las propuestas que busca el movimiento sean entendidas de forma natural y asumidas por simple sentido común. O dicho de otra manera: los principios feministas deberían pasar a formar parte de una nueva ética. Al igual que hace cien años las sufragistas lucharon por conseguir que la igualdad legislativa fuese parte de la sociedad contemporánea, espero que dentro de otros cien las premisas de base que abrazamos en todos los feminismos (es decir, la equidad e igualdad entre hombres y mujeres y la libertad para transgredir los roles de género impuestos) sean parte de nuestra normalidad de la misma manera que hoy en día nadie cuestiona la idea del sufragio universal.

Sin embargo, de esta máxima también se deduce otra cuestión: si entendemos el feminismo como una nueva ética que ha de ser abrazada por la sociedad al completo, llegamos a una aparente paradoja en la que la afirmación de las mujeres como sujetos únicos dentro del movimiento ha de ser provisional. Una estrategia a utilizar para visibilizar la discriminación y cuestionar el poder, pero no un fin en sí mismo. Es decir, si comprendemos el feminismo como una demanda universal, también tenemos que poner nuestros esfuerzos en que el movimiento se democratice, convirtiéndose en un mecanismo que pueda ser usado por todas aquellas personas que quieran defenderlo.

Un feminismo hegemónico es incompatible con un feminismo identitario y, por ello, es nuestra labor mantener el equilibrio entre la afirmación de un movimiento transversal y la creación de límites que acoten qué sujetos están excluidos del mismo en según qué momentos y cuáles han de cumplir una función estratégica para alcanzar nuestras metas. Teniendo siempre claro que, aunque parezca una contradicción, el éxito político del feminismo implicaría también su disolución.

Por eso creo que es importante convertirlo en un marco teórico libre de ideologías, una hoja de ruta sobre la cual pueden y deben generarse distintas corrientes de aplicación que buscan distintos futuros posibles. Y es que la defensa de la igualdad legal y la equidad social debería situarse al margen de credos para poder ser asumida y aceptada por cuantas más personas mejor.

Esto no quiere decir que el feminismo, para ser fiel a sus fines, tenga que aislarse de su entorno. El poder es un ente fragmentado y, para cuestionarlo, muchas veces hay que formar alianzas que se establecen teniendo en cuenta el contexto de acción específico. Cualquier discurso que sume complejidad al debate y abra nuevas perspectivas es, en mi opinión, positivo. La variedad es una fortaleza, no una debilidad. Las únicas ideologías que creo que no deben tener espacio en un movimiento que aboga por la pluralidad son obviamente aquellas que niegan o rechazan esta diversidad. ¿Quiere esto decir que el feminismo tenga que aliarse por defecto con otras luchas que discurren de forma paralela, como el anticapitalismo o el anticolonialismo? No. Los vínculos con otras batallas tienen que darse únicamente si estos valen para el fin que estamos buscando, construyéndose de forma estratégica y sin darlos por descontado. Son un extra, no la base del movimiento.

El problema con la diversidad es que de alguna manera relativiza los discursos y enreda el significado original. Si los valores que seguimos no son absolutos, entonces ¿tú lo ves de aquella manera y yo de esta… pero todo vale? ¿Puedes ser feminista y comer carne? ¿Puedes no reciclar y pertenecer al movimiento? Dios mío, qué complejo. Creo que para resolver estas dudas hay que mantener siempre en el punto de mira el objetivo final: que hombres y mujeres alcancen una situación social, económica, cultural y política de equidad.

También hay que pensar que cuando tantas perspectivas tienen cabida dentro de un mismo cajón, la lucha nunca va a acabarse… Si no estamos todos de acuerdo, aunque sea en los detalles, eso significa que, por cada solución para unos, aparecerá un problema para los otros. Esta contradicción es una parte indisoluble de los movimientos sociales y señalar sus grietas forma parte del debate.

Por ello, me parece importante que no perdamos la capacidad de criticar aquellos aspectos del feminismo con los que no estamos de acuerdo, algo que hoy en día se hace con reparos. Por mi parte, creo que las disidencias no solo enriquecen el diálogo, sino que son necesarias para poder progresar en nuestras creencias. Recordemos que un movimiento que no acepta los reproches es, como mínimo, totalitario. El feminismo no es un ente homogéneo, sino que se compone de cientos de facciones diferentes cuyas opiniones distan entre sí. A veces pienso que, cuando alguien afirma no ser feminista, realmente lo que quiere decir es que no se siente cómodo con el tipo de feminismo que ha observado en los medios principales. Es como decir que no eres de izquierdas porque no estás de acuerdo con las opiniones de un partido concreto de esta facción política. Sin embargo, puede que investigando un poco más encuentres otro partido que sea más afín a tus creencias. O tal vez no encuentres nada, pero sigas queriendo afirmarte políticamente como de izquierdas porque te sientes vinculado a los valores generales que se afirman dentro de esta corriente.

Mi relación con el feminismo no siempre ha sido positiva. En más de una ocasión he sufrido en primera persona las críticas y el rechazo por parte de algunas ramas del movimiento. También he tenido miedo de expresar mi opinión, sobre todo cuando esta era contraria a la corriente principal de pensamiento. Por supuesto, no pretendo que todas estemos de acuerdo, pero sí aspiro a que la crítica se haga siempre desde el respeto y la inclusión. Centradas en construir y exponer nuestro propio discurso en base a nuestras fortalezas en vez de obsesionarnos con reprobar y censurar las opiniones contrarias. Como movimiento, creamos en la suma, no en la resta.

El feminismo que yo considero ganador es plural y se esfuerza en agrupar las causas comunes para poder avanzar. Comprendiendo que nuestras experiencias en el mundo son diferentes y que todas merecen ser escuchadas desde el respeto. En muchas ocasiones ponernos en los zapatos ajenos nos ayuda a descubrir los huecos en nuestro propio discurso, de la misma manera que viajar nos fuerza a comprender otras maneras diferentes de transitar por el mundo. Nos hace pensar en cuestiones sobre las que nunca podríamos haber reflexionado por nuestra cuenta porque se encuentran realmente alejadas de aquello que nos rodea.

Podemos afirmar con total seguridad que cualquier revolución ansía extender su discurso a cuantas más personas mejor y, sin embargo, en el feminismo seguimos barriendo de puertas para adentro en una mezcla de exclusión (este movimiento es mío) e indefensión aprendida (estoy harta de que me quiten las cosas, no me vais a quitar esto también). Y este comportamiento tenía sentido, en su momento. Pero hoy en día esto no es una batalla entre los géneros, sino una guerra contra el sistema en el cual hemos nacido. Para subvertirlo, tenemos que hacerlo juntos.

CAPÍTULO 11

Hablemos de sexo

El estigma de la sexualidad

Estaba en quinto o sexto de primaria cuando nos hablaron por primera vez de algo que tuviese mínimamente que ver con el sexo. Mientras la profesora nos explicaba en qué consiste el sistema reproductor, dónde está el útero o qué es el prepucio, la clase se dividía en dos facciones principales: a mi izquierda, el grupo de niños que se pasaban notitas y reían disimuladamente. De vez en cuando se oía una rima malintencionada, o algún comentario fuera de tono. A mi derecha, los asustados. Aquellos que tomaban notas en sus apuntes mientras deseaban con todo su ser que las horas de explicaciones pasaran rápidamente. Los mofletes rojos y la mirada fija en la pizarra, intentando evitar cualquier contacto visual. La chica que estaba a mi lado ponía cara de asco. «Yo nunca voy a hacer eso», me dijo al oído mientras nos explicaban que, para llevar a cabo la fecundación, los espermatozoides llegan al óvulo a través de la vagina. Cuando llegó el turno de las preguntas, nadie hizo ninguna. No porque no las tuviésemos, sino porque pensábamos que hablar de lo que teníamos entre las piernas en voz alta simplemente no estaba bien.

La primera vez que oí la palabra «follar» tendría unos ocho o nueve años y no entendí ni de lejos de qué iba la cosa. Desde entonces, fueron mis compañeros de clase (tan perdidos como yo) y más tarde internet (con todo el peligro y la desinformación que campan a sus anchas por la web) quienes me ayudaron a desentrañar todo aquel misterio.

Mi educación sexual fue inexistente. Un velo de misticismo cubría todo lo que tuviese que ver con el sexo, y la incapacidad de mis padres para tratar el tema con naturalidad lo convirtió en un tabú. Algo que no podía ni mencionarse. Si aparecía una escena subida de tono en la serie o la peli de turno, se apresuraban a cambiar de canal, con una prisa desmedida que me enseñó indirectamente que aquello no era correcto. Recuerdo una vez en la que, repasando los apuntes de biología con mi madre, le pregunté para qué servía el clítoris. No recuerdo qué me contestó, pero sí que se puso roja como un tomate y empezó a balbucear. Me arrepentí al instante.

En el colegio y en el instituto cualquier mención a los genitales giraba en torno al modelo reproductor. Los chicos tienen erecciones y eyaculan mientras que las chicas tienen la regla y se quedan embarazadas. Penes y vaginas están ahí para poder tener bebés. La única vez que nos dieron una lección que no trataba los genitales desde un punto de vista meramente biológico, la conversación se centró en los riesgos y los peligros del sexo (embarazos no deseados, la píldora, ITS y ETS…) y no se mencionaron ni una vez cuestiones como el placer o el consentimiento. De forma indirecta nos estaban enseñando que cualquier otro posible uso de nuestras partes íntimas era fuente de vergüenza, cuchicheos y risitas.

«Partes íntimas» es una manera de hablar de aquello que no debe ser nombrado. Especialmente cuando eres pequeño, se te fuerza a usar nomenclaturas caricaturescas y dulcificadas cuando hablas de tus genitales. Como si los niños pequeños no tuviesen vulva o pene, coño o polla, sino «peseta», «chichi», «pepita», «chumino», «papo», «toto», «potorro», «colita», «pilila» o «pito». ¿En qué momento se supone que dejas de tener «potorro» para pasar a tener coño? Los eufemismos solo consiguen cubrir con un velo de prejuicios aquello que ha de ser considerado como natural. Por eso es tan importante que nos enseñen desde pequeños a normalizar los mismos apelativos que usaremos más adelante. De esta manera desarrollamos una imagen corporal positiva, en la que nuestros órganos sexuales no son algo malo, sino una parte más de nuestro cuerpo.

Para completar la ecuación, estaba todo el tema de las muñecas. Como hija única y niña solitaria, mis juguetes eran mi principal fuente de alegrías diarias. Cuando me preguntaban cómo quería ser de mayor, tomaba como referencia los ojos grandes y el pelo largo de mis Barbie, mis Bratz y mis Chabeles. Calcaban la estética de esa mujer guapa, delgada y perfecta que yo quería llegar a ser, y lamentablemente su imagen se convirtió sin quererlo en una referencia de mi ideal de belleza. Solo que ellas, a diferencia de mí, no tenían nada entre las piernas. Nada. El plástico suave que torneaba su cuerpo imaginario simplemente continuaba sin aristas, creando la forma de un cubo de color carne. En ocasiones este cubo lucía el logo de la compañía en relieve, una gran B escrita en una tipografía estilizada que recubría ese lugar donde debería haber estado la vulva, los labios, el vello púbico. A veces me pregunto si el logotipo estratégicamente colocado en sustitución de los genitales no sería una estudiada maniobra comercial.

El cuerpo de mis muñecas no coincidía con el mío, pero a la vez sabía que hacer preguntas al respecto no iba a ser una buena idea, así que simplemente di por hecho que era a mí a quien le pasaba algo. Que estaba rota, mal hecha. Un molde con rebabas de fábrica. No solo no tengo el logo de Barbie en el pubis, sino que en su lugar hay *otra cosa*. Algo sobre lo que no puedo hablar ni preguntar y que tengo que cubrir pase lo que pase. Tardé muchos años en comprender que no era yo, sino mis referentes, los que estaban mal ideados. Cuando entré en la adolescencia, me di cuenta de que mi pelo púbico en crecimiento y la forma de mi vulva no coincidían con aquellos dibujos (¿tenemos miedo de enseñarles a los niños fotos de genitales?) de genitales blancos, imberbes y de proporción áurea que me habían enseñado en clase. De nuevo, la culpa, ¿será que me pasa algo malo? La incapacidad para exteriorizar las inseguridades por miedo a ser juzgada, por temor a poner sobre la mesa un tema que me avergonzase a mí tanto como a mi interlocutor.

Es absurdo que nos hagamos los sorprendidos cuando descubrimos que la demanda de labioplastias (procedimiento quirúrgico que altera los labios menores o mayores de la vulva con la intención de agrandarlos o recortarlos) ha aumentado un 45 por ciento en tan solo un año. Vivimos alienados: sin poder hablar sobre nuestro cuerpo, sin educación sexual y sin manera de contrastar con nadie la información sesgada que recibimos.

Humilladas por despertar el deseo

Estoy en clase de gimnasia. El suelo de hormigón pintado de rojo y las paredes de ladrillo visto me recuerdan a algún tipo de arquitectura soviética ideada para que centres toda tu atención en aquello que estás haciendo. Sin distracciones, solo hay espacio para la acción. Mi cuerpo diminuto de niña, concentrado en saltar a la comba. Estoy plana como una tabla y mis inexistentes pechos no se mueven ni un centímetro mientras pego los saltos de rigor, pero aun así dos chicas de mi clase se me acercan al acabar el ejercicio para decirme que les parece *mal* que aún no lleve sujetador. «¿Sabes que se te notan los pezones a través de la camiseta?», me dice Saray en voz baja, como si en mi ignorancia estuviese cometiendo un pecado terrible que ella ha tenido la caridad de señalar.

Es ese mismo tono que utilizan para confesar que les ha venido la regla, o juzgar a un hermano mayor al que han pillado viendo porno. Taimado, arrastrando las vocales con el atrevimiento de quien está rompiendo unas reglas no escritas. La cara de asco.

Me pregunta si soy consciente de que se me intuyen los pezones a través de la camiseta, pero lo que realmente quiere decir es que se me nota que estoy entrando en la adolescencia. *Bienvenida al club, bonita.* Yo me muero de la vergüenza, intento argumentar que hace frío, que no hay nada que sujetar, que a los chicos también se les marcan los pezones y nadie se queja. «No es lo mismo. A un chico nadie quiere verle las tetas».

El tiempo se para, su boca se ralentiza y, palabra por palabra, la frase se queda suspendida en mi memoria. Este fue el primer momento donde recuerdo sentirme humillada por mi cuerpo, la primera vez que me enseñaron que tenía que cubrirme, so pena de despertar la tentación ajena. La tentación de los hombres, por supuesto. Irónicamente, fueron dos chicas las que vinieron a imponerme esta nueva regla social que tenía que acatar para mantener el *statu quo* del patio del colegio. Irónicamente, por aquel entonces mi interés en la sexualidad, mis tetas o cómo iba evolucionando mi cuerpo era nulo, tirando a cero. Mis preocupaciones pasaban por aprobar mates, convencer a mis padres de que adoptasen un gato e impedir que mi prima me robase mis juguetes. No buscar un sujetador.

La conversación concluye con una amenaza velada: me sugieren que debería llevar al menos una segunda camiseta por debajo del uniforme del colegio. Ni siquiera se me ocurre pensar que tengo otra opción. Me siento presionada. No quiero tener que hablar de sujetadores con mis padres, pero tampoco quiero ser la marginada de la clase. De alguna manera me siento culpable de los cambios que está dando mi cuerpo (¡ah, la culpa!, ¡ha vuelto!) y rezo por encontrar un botón mágico que paralice la batalla que están librando mis hormonas. Sé que en algún momento me vendrá la regla y todo irá a peor. Me siento mal.

El sexo es un tema sobre el que nadie habla abiertamente, pero que parece producir una atracción irrefrenable en mi entorno. El primo de un compañero de clase nos enseña qué significa ser una «puta» y en menos de una semana ya hay una chica en nuestra escuela a la que le han colgado la etiqueta. «GUARRA», le escriben los niños en el pupitre, con los mismos lapiceros Alpino que usan para pintar casitas y mariposas en Plástica. El resto tenemos miedo de ser juzgadas de la misma manera, así que aprendemos a *cuidarnos,* a cubrirnos, a no andar demasiado con los chicos. En clase de Lengua nos hacen comprar un diccionario y ellos se dedican a buscar y marcar con subrayador cualquier palabra que les recuerde al tema de marras: sexo, masturbación, prostituta. Se dedican a leer las definiciones en voz alta durante las pausas entre clases, como si fuesen los mesías de un nuevo discurso transgresor. Mirad, nos atrevemos a hablar de lo prohibido, lo oculto, lo innombrable. Ellas los ignoran, pese a que sienten la misma curiosidad por entender de qué va todo este tema; ya han aprendido que su deseo es algo que han de mantener en secreto.

El doble estándar de la promiscuidad

Ha pasado algún tiempo. He heredado un par de sujetadores deportivos y hasta me he dado mi primer beso en el parque del barrio. A mis quince años todavía soy una niña que no sabe nada de sexo, pero, como el resto de personas de mi entorno, uso el alcohol como una excusa para desinhibirme y poder hablar de ello. Estamos jugando al «yo nunca»: «Yo nunca me he masturbado», dice uno de los chicos, mientras levanta su vaso y bebe entre risas y miradas de complicidad. El resto de chicos también se apresura a beber, como si necesitaran reafirmar su masculinidad a través del estandarte del onanismo. Ellas, por su parte, se quedan calladas, con cara de circunstancias y sin saber muy bien qué hacer. Yo levanto mi vaso y bebo. Ellos me miran con las cejas arqueadas. Ellas, con curiosidad. Soy incapaz de saber si están abochornadas y no quieren confesar que se masturban por miedo a ser tachadas de zorras, o si de verdad se están perdiendo una parte muy placentera de su sexualidad. De nuevo, el estigma. Los tabús, impidiendo que nos reconozcamos como sujetos activos. «Nuestras sexualidades nos ponen en peligro —dice Virginie Despentes en *Teoría King Kong*—, reconocerlas es quizás experimentarlas y toda experiencia sexual para una mujer conduce a su exclusión del grupo».

Es el doble estándar de la promiscuidad, herencia de una educación que todavía tiene un gran bagaje religioso. La mujer ha de guardar su virtud para aquel que la ame de verdad, reservar su cuerpo y su sexualidad únicamente para ese hombre que pueda demostrarle su valía. Es una realidad que las niñas y las adolescentes no hablan de sexo. Muchas veces, ni siquiera con sus amigas. El terreno de la experimentación queda relegado a la intimidad, algo que haces a puerta cerrada y sin contar a nadie. Mientras tanto, el deseo sexual masculino es anunciado a viva voz, sin requisitos para su disfrute. Ellos, en gran medida, se enorgullecen y hablan abiertamente de cómo y de qué manera se hacen pajas, presumiendo sin miedo de los avances sexuales que han conseguido con la chica de turno. Enarbolan su sexualidad como signo de virilidad, éxito y triunfo mientras para nosotras este mismo despertar causa confusión y culpa. Hasta existen una serie de eufemismos heredados del béisbol que los chicos utilizan como metáfora para hablar del grado de intimidad conseguido. Seguro que lo habéis oído en alguna peli americana: «*First base*» es un beso en la boca, «*Second base*» tocar las tetas, «*Third base*» tocar alguna parte de la anatomía de la otra persona por debajo de la cintura, «*Home run*» hace referencia a las relaciones sexuales con penetración. No se me ocurre ninguna analogía remotamente similar en las mujeres.

En más ocasiones de las que me gustaría señalar, los méritos de una mujer son analizados tomando como nota de corte la cantidad de personas con las que se acuesta. Por ese motivo, decimos que una chica promiscua «no se respeta a sí misma». Con sus actos está rompiendo las reglas de la moralidad y eso la convierte en una persona indecente, indecorosa. E incluso vamos más allá: aquella que comente actos impúdicos no está únicamente haciendo algo malo, sino que ella en su conjunto se convierte en un estandarte de lo vulgar, lo incorrecto. Está malogrando su vida. Se juzga su alma, su ser. No sus actos.

Por su parte, al hombre promiscuo se le critica siempre desde el raciocinio, nunca desde la moralidad. Ellos son ególatras y mujeriegos. Tal vez padecen del síndrome de Peter Pan, pero nadie pensará que su *esencia* ha cambiado. No se cuestiona su espíritu, sino su mente («¡Ya va siendo hora de sentar la cabeza!») y, por tanto, por muy mal que hagan las cosas, siempre pueden alcanzar la redención. Ellas no tienen esta posibilidad, en cuanto a que han transmutado su naturaleza a través de la lujuria. Una vez estás «usada», no hay vuelta atrás. No existe la salvación. «Todos quieren una llave que abre muchas puertas, pero a nadie le interesa una cerradura que se abre con cualquier llave», me escribía el otro día un usuario en mis redes, resumiendo muy bien el sesgo de género en la percepción de la promiscuidad.

La vagina, ese gran desconocido

En ocasiones, mirar los mensajes privados que me mandan los usuarios de mis redes sociales se convierte en todo un ejercicio de antropología. Entre los textos de apoyo, las conversaciones íntimas y los debates filosóficos, siempre se cuela alguna pregunta sobre sexo. Por regla general, hecha por una mujer. Y casi siempre relacionada con tres temas recurrentes: no puedo correrme, no sé cómo masturbarme y quiero comprobar si mis genitales son normales.

Cada una de estas cuestiones puede derivar en temas más concretos: ¿está bien que no consiga correrme con la penetración?, ¿es correcto fingir orgasmos?, ¿debería blanquearme el ano?, ¿los vibradores se usan por dentro o por fuera?, ¿tengo demasiado vello?, ¿debería ir al médico si mis labios vaginales no son simétricos? Yo contesto lo mejor que sé y las animo a que se pongan en manos de un profesional que pueda ayudarlas a tratar sus dudas y sus problemas en profundidad. Pero, en el fondo, no puedo evitar pensar en el tremendo lastre que las mujeres cargamos a nuestras espaldas en el terreno sexual. La educación recibida ha hecho que sintamos vergüenza al masturbarnos y culpa por confesar que sentimos placer, así que tardamos mucho más tiempo que ellos en descubrir qué es lo que realmente nos gusta.

No son pocas las historias de mujeres que alcanzan su primer orgasmo mucho tiempo después de tener la primera relación sexual. Y es que para poder centrarte en disfrutar tienes primero que estar en paz con tu cuerpo y deshacerte de la sensación de no saber qué es lo que estás haciendo o si deberías o no hacerlo. La exploración de la sexualidad femenina es un camino largo porque nuestros procesos están mucho más silenciados que los de los hombres.

Si nunca te has corrido y además no has recibido ninguna información sobre qué le pasa a tu cuerpo cuando llegas al orgasmo, ¿cómo vas a saber cuándo sucede? O incluso, ¿qué tienes que hacer para alcanzarlo? Nos enseñan que la principal forma que tenemos de recibir placer es a través de nuestro compañero. En concreto, a través de la penetración. Pero cuando no es así, o cuando ese placer no desemboca en un orgasmo, ni siquiera sabemos que existen otras opciones para conseguirlo.

Con la intención de eliminar el misticismo que cubre los genitales femeninos, la artista y actriz porno Annie Sprinkle creó la performance *Public Cervix Announcement* (1989-1995). Durante la obra, Annie se reclina en una silla, introduce un espéculo en su vagina y deja que los espectadores observen uno a uno con una linterna el cuello de su útero. Mientras tanto, ella hace comentarios en clave de humor y va explicando con unos diagramas qué es lo que los asistentes están viendo. «Estoy segura de que todos sabéis lo que es un cérvix y dónde encontrarlo», dice ella mientras guiña un ojo pícaramente. No, la verdad es que muy poca gente sabe qué es un cérvix, mucho menos dónde puede estar.

De hecho, son pocas las mujeres que han explorado su vagina. Nuestra anatomía es difícil de acceder; está interna, escondida. Para saber qué es lo que hay ahí abajo, tienes que abrirte de piernas delante de un espejo y muchas veces no hay ni forma ni ganas de hacerlo. A esto hay que sumarle el estigma que llevamos arrastrando desde la infancia, con todas esas frases que nos han repetido hasta la saciedad («Eso no se mira», «Eso no se toca», «Eso no se enseña») grabadas a fuego en nuestras cabezas. Vivimos en la *ignorancia vaginal*.

No sabemos qué aspecto se supone que tienen que tener nuestros genitales y nadie nos ha explicado cómo funcionan nuestros procesos sexuales así que tenemos miedo de un millón de cosas. Miedo a que huela mal o a que tenga un sabor intenso, que tenga pelo o que no sea bonito. De no corrernos, o de corrernos demasiado deprisa. De eyacular y dejarlo todo perdido. Nos aterra que por un motivo u otro la pareja con la que vamos a acostarnos decida que no hemos cumplido los estándares de lo que se entiende como «correcto». Y es que cuando no tienes nada ni a nadie con quien compararte, ¿cómo vas a saber si lo que sientes es o no una patología? Pensamos que alcanzaremos el entendimiento de nuestra sexualidad a través de las relaciones en pareja, pero cuando estas finalmente llegan nos damos cuenta de que no son satisfactorias. Y es que es muy complicado que alguien pueda complacernos si no hemos experimentado nosotras antes por nuestra cuenta.

Nuestro placer es secundario

Que la sexualidad masculina sea publicitada a todos los niveles también da pie a la idea de que el sexo es algo que gira mayoritariamente en torno a su figura. El placer de los hombres tiene un carácter universal; se convierte en la norma. Así es como llegamos a pensar que lo más importante cuando tenemos relaciones es que ellos se queden contentos y complacidos. El sexo termina con la eyaculación masculina, que se convierte en el estandarte de una relación satisfactoria. *C'est fini!* Y si tú no has llegado al orgasmo… pues qué se le va a hacer. Es esta obsesión androcentrista la que nos hace creer que no hay sexo si no existe penetración y que, por tanto, las lesbianas «no tienen sexo de verdad», o que se trata de un sexo de «peor clase». Además, como desde esta perspectiva la eyaculación es el símbolo de que la relación ha sido fructuosa, no se puede concebir una relación sexual en la que no se alcance el orgasmo masculino. Otro ejemplo: los métodos a seguir para masturbar un pene forman parte de la cultura popular, al menos a grandes rasgos, porque es algo que nos llevan contando básicamente desde siempre. Sin embargo, ¿cuántas referencias recibimos a lo largo de nuestra vida acerca de cómo hacer un buen *cunnilingus?* Pocas, por no decir ninguna. Todavía son muchas las personas que ni siquiera saben distinguir las diferentes partes de la anatomía sexual femenina.

Como nuestro placer es entendido como secundario o prescindible, encontrar maneras alternativas de recibir placer más allá de la penetración no siempre es visto con buenos ojos. Si, hablo de la falta de aceptación de los juguetes sexuales. Y para que entendáis bien de qué estoy hablando, os voy a contar la historia de mi amiga Virginia.

Virginia estaba liada con un tipo que, por lo que parece, no veía como una prioridad que ella alcanzase el orgasmo. Así que mi amiga, esperando correrse de una vez por todas mientras follaban, decidió comprarse un vibrador que parecía una nave espacial, con el mango ergonómico color plateado y un montón de cabezales intercambiables listos para ser introducidos en los distintos orificios de su cuerpo. Un cetro del onanismo. Sorprendentemente, a él no le sentó nada bien la nueva compra. De hecho, se sintió atacado; como si su pene no fuese lo suficientemente válido como para complacerla. Cuando en mitad de un arrebato de pasión Virginia sacó el vibrador, él se enfadó y decidió irse al salón a ver la tele. «Bueno, al menos de esta forma somos dos los que no nos hemos corrido», pensó Virginia, en su frustración.

Sí, hay hombres que se sienten amenazados por los juguetes sexuales. Por mucho que me cueste empatizar, es una realidad. Ven los dildos como una competencia, un sustituto que pone en duda su propia masculinidad. De nuevo, una consecuencia tóxica de esa visión de la sexualidad centrada en la mirada masculina. También hay muchas mujeres que se avergüenzan de usarlos. Al fin y al cabo, un vibrador es la representación física del placer femenino. La escalera mecánica de los orgasmos. No tienes que hacer nada más que convencerte a ti misma de que estás dispuesta a pasártelo bien y *voilá!,* tendrás un rato de disfrute, nunca mejor dicho, al alcance de la mano. Y, sin embargo, la culpa, el miedo y la vergüenza que sentimos alrededor de nuestro placer nos impiden en muchos casos normalizar su uso.

Afortunadamente, poco a poco las cosas están cambiando. Que se lo digan al Satisfyer, el famoso succionador de clítoris que se alzó como el tercer producto más vendido durante las Navidades del 2019. ¡Ahí es poco! Aunque no podemos desdeñar la capacidad de este juguete para provocar orgasmos (la marca asegura que el 83 por ciento de quienes lo han usado ha llegado al clímax en menos de dos minutos), lo más revolucionario de su aparición en el contexto social actual es que pone de manifiesto que cada vez son más las mujeres interesadas en conocer su sexualidad y disfrutar de su cuerpo sin miedo. Que un aparato centrado en el placer femenino haya revolucionado el mercado significa que hemos hecho un avance espectacular en nuestra concepción de la sexualidad de la mujer. El modelo tradicional, que nos enseña que solo podemos llegar al orgasmo a través de la penetración y los elementos fálicos, queda relegado a un segundo plano a favor de reclamar el valor de la estimulación del clítoris. Se trata de una oda al disfrute femenino. Un placer que, por primera vez, está pensado únicamente por y para nosotras.

Contradicciones, complacencia y orgasmos fingidos

Vivimos en una constante dualidad. Tenemos que ser sexuales, pero sin convertirnos en unas «frescas». Sumisas y complacientes, pero con imaginación en la cama. Con iniciativa a la hora de ligar, pero sin llegar a intimidar a la otra persona. Allá donde vamos nos bombardean con anuncios de chicas en bikini, referencias sexuales y artículos sobre «Cómo hacer que se vuelva loco por ti». Pero a la vez, los tabús que llevamos arrastrando toda la vida nos provocan una suerte de cortocircuito cerebral en el que no sabemos dónde situarnos. ¿Tengo que ser la chica precavida, modesta y pudorosa, o la depredadora *femme fatale* que pone a todo el mundo a sus pies? Si la ecuación ya era complicada de por sí, súmale los mitos del amor romántico. Se nos ha enseñado, por una parte, que tenemos que ser mujeres liberadas e independientes, sin prejuicios a la hora de tener polvos de una noche. Y por la otra, que el amor está inequívocamente vinculado al sexo y que aquella persona que se acueste con nosotras tiene que querernos para siempre. Que la virginidad femenina es extremadamente importante. Que aquel hombre que se aventure a follarnos tiene primero que pasar las doce pruebas de Hércules.

Por muy absurdo que parezca, la sociedad nos dicta que el amor y el sexo no pueden estar separados mientras nos anima a usar Tinder para encontrar rollos pasajeros. ¿Cuál es el resultado? Que nos sentimos confundidas. Frustradas. Los hombres lo tienen mucho más fácil en este sentido porque su sexualidad no está sacralizada, mientras que nosotras tenemos que deconstruir un millón de enseñanzas para poder conectar con nuestro cuerpo de forma sana. Para disfrutar del sexo fuera del marco de las relaciones y, sobre todo, para entender cómo funcionan los mecanismos de nuestro placer. Es sintomático analizar cómo las chicas jóvenes son más propensas que los chicos jóvenes a definir su satisfacción sexual en base a si su compañero ha disfrutado, mientras que los chicos miden la satisfacción en base a su propio orgasmo[25].

Tendemos a ser indulgentes, a poner siempre las necesidades del otro por encima de las nuestras, muchas veces durante toda la vida. ¿Es una consecuencia de esas enseñanzas veladas que nos hacen obviar nuestro placer, o una excusa para no enfrentarnos a descubrir qué es lo que verdaderamente queremos? Probablemente, ambas. Pero la realidad es que esta complacencia sistemática pasa factura. Volvemos al tema de marras: vemos el placer del hombre como fundamental en una relación sexual, mientras que el de la mujer se convierte en una variable opcional. Muy pocas veces un chico acabará el acto sin correrse. Así, lo que es importante para él se convierte en *lo único importante*. «Si él está satisfecho, entonces yo estoy satisfecha», se repetirán ellas como un mantra, mientras se vuelven a poner las bragas sin haberse corrido.

Probablemente esta sea la razón principal por la que miles de mujeres en el mundo siguen fingiendo sus orgasmos. Somos incapaces de explicar cómo nos gustan las cosas o bien porque ni nosotras mismas lo sabemos o bien porque nos da vergüenza verbalizarlo, y, además, tenemos miedo de que nuestro compañero

---

[25] McClelland, S. I., «Intimate Justice: A Critical Analysis of Sexual Satisfaction». *Social and Personality Psychology Compass,* 4 (9), 663-680. Recuperado de *https://doi.org/10.1111/j.1751-9004.2010.00293.x* (2010).

se pueda sentir herido por no hacernos disfrutar. Qué ironía, ¿no? Nos quedamos sin corrernos, y además preocupadas de que la otra persona se lo tome a mal. «Total, ¡no es para tanto!», nos decimos a la vez que ponemos los ojos en blanco y arañamos su espalda cuando en el fondo de nuestro cerebro estamos repasando la lista de la compra. Las cifras hablan por sí mismas: según una investigación realizada en el 2013 por sexólogos de la Universidad de Kansas, un 68 por ciento de mujeres aseguran haber fingido alguna vez en la cama frente al 33 por ciento de hombres. La razón principal: la presión por satisfacer a sus parejas.

Ojo, el orgasmo no debe entenderse como un mecanismo para medir el nivel de satisfacción de un encuentro sexual. Puedes acostarte con alguien sin correrte y pasártelo realmente bien. Lo que intento con estas afirmaciones es poner el foco en la invisibilización del orgasmo femenino como consecuencia de una serie de mecanismos naturalizados que relegan nuestro disfrute a un segundo plano. ¿Cuántas veces te has quedado tumbada en la cama después de follar, esperando a que sea él quien tenga la iniciativa de hacerte disfrutar? ¿Cuántas veces has sido incapaz de explicarle cómo y dónde te gusta, por miedo a herir su amor propio? La falta de reciprocidad en el sexo es un imperativo al que las mujeres nos enfrentamos constantemente. Cuando una cita empieza a caldearse y vas al baño a mirarte al espejo y preguntarte si de verdad quieres follarte a esa persona, en el fondo de tu mente estás poniendo una ristra de velas y rezando siete avemarías a la virgencita de la buena suerte para que el chico tenga unos conocimientos mínimos de anatomía («Por favor, que no sea gilipollas», «Por favor, que sepa qué es un clítoris», «Por favor, que no tenga que hacerle un mapa para encontrarlo»).

En la protección contra el embarazo y las infecciones y enfermedades de transmisión sexual pasa otro tanto de lo mismo: la responsabilidad de usar métodos anticonceptivos recae principalmente en la mujer, y no es raro que ellos intenten justificarse y poner excusas para tener sexo sin protección. «Follar con condón es como meterte en la ducha con calcetines», me dijo un chico, después de negarme a follar sin preservativo.

Estamos tan acostumbradas a que el sexo no sea equitativo que tenemos naturalizadas algunas actitudes realmente tóxicas. Nos han enseñado que tenemos que ser atentas, serviciales y amables. Las encargadas de que todo salga bien. Y para llegar a este objetivo intentamos cumplir las expectativas que el otro tiene de nosotras, muchas veces hasta el punto de no saber cómo parar una situación que no queremos que suceda por miedo a «cortar el rollo» o a «estropear el momento». Le haremos una mamada a un tío para que quede «satisfecho» ese día que no nos apetece follar. O acabaremos cediendo a las insistencias del pesado de turno por miedo a rechazarle de una forma demasiado directa. Pensamos que hacer estas renuncias es un acto de altruismo en el que dejamos de lado nuestros propios deseos con la intención de colmar las necesidades del otro. Callamos para no tener que confrontar las emociones ajenas, pero lo único que conseguimos es reforzar una concepción insana del sexo.

¿La solución? Honestidad y claridad a la hora de expresar nuestros deseos. ¿Qué es lo peor que puede suceder? ¿Que hiramos sus sentimientos al decirle que no queremos tener sexo, que no nos gusta cómo nos está tocando o la manera en que está interactuando con nuestro cuerpo? Si a alguien le molesta la sinceridad, es esa persona quien tiene que gestionárselo. Mirar hacia otro lado y ceder a cosas que realmente no nos apetecen por miedo al conflicto solo perpetúa dinámicas dañinas.

¿Nuestras fantasías tienen que ser feministas?

Cuando decidí afirmarme como feminista, inevitablemente empecé a revisar aquellas experiencias vitales que se veían cuestionadas por este nuevo prisma a través del cual había empezado a entender el mundo. Por supuesto, el sexo estaba entre ellas. Fue entonces cuando fui consciente de que una parte de mi imaginario sexual estaba compuesto por escenas que erotizaban la dominación masculina: chicas atadas en cuerdas de yute, colgadas de un palo de bambú situado en el techo. Hombres de traje y chaqueta que las torturaban suavemente con sus manos impecables. Ellas, siempre dispuestas. Ellos, altivos y haciendo alarde de su fuerza. «Tiene sentido que me gusten estas escenas, llenas de componentes machistas», me repetía a mí misma, cuando me asaltaban las dudas. «Al fin y al cabo, toda mi realidad está construida alrededor de este tipo de comportamientos». Pero ¿no debería intentar cambiar mis fantasías? ¿Es correcto que siga disfrutando de ellas, ahora que comprendo en profundidad las relaciones de poder que se establecen entre los géneros? Tal vez tendría que intentar modificar mis deseos para que estos sean feministas.

Al juzgar lo que sucede dentro de nuestras cabezas es complicado llegar a un terreno común. El deseo sexual es un mecanismo muy delicado, a veces incomprensible. Se trata de un resorte que se estimula y salta de forma inconsciente tras la aparición de una imagen o una idea que nos resulta atractiva. El deseo es anhelo. Así, las fantasías surgen como una manera de representar nuestro imaginario, organizando de forma concisa aquello que nos resulta erotizante con el fin de activar y alimentar nuestra sexualidad. Sobra decir que el deseo y las fantasías no aparecen en un espacio estanco, sino que se alimentan de todo aquello que nos rodea, estructuras sociales y guiones culturales incluidos. Es un dispositivo complejo que se origina en la infancia y evoluciona a través de distintas variables, como la percepción de nuestra identidad o las condiciones que se dan durante nuestra crianza. Tenemos las fantasías que tenemos como resultado de nuestras vivencias, nuestras referencias y en definitiva, nuestro contexto. «Nuestro erotismo es una mezcla de cultura, porno, moral y trauma, todo eso que se vuelve deseo, morbo y fantasía. Esas primeras experiencias en adelante harán que eroticemos ciertas cosas y no otras», dice Gabriela Wiener en su artículo «El sexo de las supervivientes»[26].

Por eso, es lógico que algunas de nuestras fantasías sexuales reproduzcan el imaginario de la dominación masculina. Si esta-

---

[26] Wiener, G., «El sexo de las supervivientes». *ElDiario.es.* Recuperado de *https://www.eldiario.es/zonacritica/sexo-supervivientes_6_766483345.html* (30 de abril de 2018).

mos acostumbradas a percibir a los hombres como figuras de autoridad, tiene sentido que, de forma inconsciente, repitamos este mismo patrón en nuestras cabezas. Mucho se ha escrito sobre el *bondage,* la sumisión femenina y otros juegos sexuales que escenifican de forma consensuada una relación de poder desigual en la que normalmente es el hombre el que encarna un rol dominante. Lo primero que habría que decir al respecto es que las relaciones de poder son inherentes al sexo, de la misma manera que son inherentes a la sociedad. La siguiente cuestión sería: ¿tenemos este tipo de fantasías como resultado de un contexto social que erotiza la complacencia femenina y el poder masculino? Muy probablemente. Y aquí viene la pregunta complicada: ¿si me pone una figura masculina en un rol de poder, he de intentar modificar mi deseo porque esa fantasía no concuerda con mis ideales feministas? Yo creo, sinceramente, que no.

De hecho, ¿pueden modificarse los deseos? Tal vez. No lo tengo claro. Es una realidad que nuestros anhelos van mutando de forma orgánica a lo largo del tiempo. Las cosas que nos parecían el culmen de la lujuria hace unos años es posible que en este momento ya no sean santos de nuestra devoción. No creo que haya que pensar en el deseo como algo absoluto e impasible al cambio, pero a la vez siento que intentar ceñirnos a unos límites impuestos que encajen mejor con nuestros ideales puede dañar ese mecanismo tan vulnerable que es la sexualidad. El deseo es una parte importante de nuestra identidad como individuos y no sé si es posible acotarlo sin perder cosas importantes por el camino. Recordemos que hablamos de cuestiones instintivas, inconscientes. Aquello que nos excita viene de zonas recónditas, oscuras. No nos ponemos cachondas de forma racional, simplemente sucede. Y si se trata de un mecanismo inconsciente, ¿podemos forzarnos a que algo nos deje de resultar erótico? Yo creo que no.

Tengo que hacer un apunte aquí para señalar la necesidad de distinguir entre el plano imaginario y la realidad. Una cosa es fantasear con una situación y otra muy diferente, llevarla a la práctica. Pero si algo tengo claro es que, dentro de nuestras cabezas, no le debemos explicaciones a nadie. Nuestras fantasías forman parte de nuestra intimidad y no hay por qué ponerles límite. Es importante hacer una distinción entre las fantasías imaginarias y las que nos gustaría llevar a la práctica porque en muchas ocasiones tenemos un deseo sexual hacia algo que realmente no queremos que suceda. De hecho, a veces fantaseamos con ciertas cosas exactamente porque sabemos que no es posible llevarlas a la práctica y, si se diese el caso, es posible que no nos gustasen. El morbo se encuentra exactamente en esa delgada línea de lo que entendemos como imposible. «Es evidente que muchos hombres heterosexuales se empalman pensando en ser penetrados por otros hombres, o ser humillados, sodomizados por una mujer —nos dice Virginie Despentes en *Teoría Kink Kong*—, del mismo modo que es evidente que muchas mujeres se excitan con la idea de ser violentadas, de participar en un *gang bang* o de ser folladas por otra mujer». Puede que en tu mundo imaginario te resulte tremendamente atractivo liarte con todo un parque de bomberos, exactamente porque hacen todo lo que te gusta como a ti te gusta. No existen los gatillazos, la mala gestión emocional, ni la posibilidad de pillar una ETS. Sin embargo, también es muy probable que esa misma idea puesta en práctica no te resulte demasiado sugerente. Habría que lidiar con demasiados inconvenientes. Y, si en algún momento decidimos abandonar el terreno de la imaginación y llevar a cabo las prácticas con las que hemos fantaseado, todo estará bien siempre que se respeten los límites del consentimiento, la seguridad y la legalidad.

Por supuesto, me parece importante que localicemos los elementos machistas que forman parte de la construcción de nuestro deseo, cuestionando por qué nos gusta lo que nos gusta y encontrando las raíces de esas fantasías que *a priori* se alejan de nuestras creencias. Es significativo y forma parte del debate feminista comprender un contexto que ha erotizado la sumisión de la mujer. Pero también creo que castrar y poner límites a nuestros deseos no es emancipador, en cuanto a que reproduce ese totalitarismo que llevamos tanto tiempo intentando combatir. Históricamente a las mujeres se nos ha dictado la manera en la que teníamos que vivir nuestros anhelos, nuestras relaciones y nuestra sexualidad. Y, aunque todavía existe un estigma social relacionado con la mujer que se muestra como sujeto «deseante», y no solo deseado, es una realidad que al fin tenemos un espacio, aún pequeño y poco naturalizado, para expresar nuestra sexualidad libremente. Me parece necesario que exploremos esta nueva área del mapa sin el velo de la culpa, por mucho que nuestros deseos a veces sean laberínticos y estén llenos de contradicciones. El camino pasa por asumir nuestras fantasías mientras entendemos de dónde provienen. Y si se da el caso de querer llevarlas a cabo, hacerlo de forma ética y responsable.

La filósofa Judith Butler plantea una alternativa interesante que pasa por reasignar significados. En vez de intentar eliminar o limitar aquellas fantasías que reproducen roles convencionales y *a priori* poco transgresores, nos reapropiaríamos de su simbolismo convirtiéndolas en herramientas para nuestro placer. De la misma manera que el colectivo LGTBIQ+ ha reinterpretado insultos homófobos como «maricón» o «bollera» llevándolos a su terreno y usándolos hasta que han perdido su poder, podemos abrazar prácticas consideradas como «de sumisión» o «humillantes» desde la ética y el empoderamiento. Porque el verdadero foco de debate no es la práctica en sí misma, sino lo que esta significa dentro de nuestro contexto. Nos chirría la imagen de una mujer siendo azotada por un hombre porque está reproduciendo el guion machista de complacencia femenina/dominación masculina que estamos intentando subvertir. Pero si conseguimos desfigurar este símbolo y lo que esa imagen significa para hacerlo nuestro («Esto sucede porque yo lo quiero, bajo mis reglas y con mis condiciones»), habremos ganado la partida. Bajo estas máximas, la mujer atada y suspendida con cuerdas deja de ser un símbolo tangible de la sumisión femenina, para representar a una persona disfrutando de su sexualidad de la manera en que así lo ha decidido.

En definitiva, tenemos que reclamar nuestro placer, trabajando primero y antes de nada la exploración de nuestro propio cuerpo, nuestras fantasías y apetitos personales. Escapar de las redes de la complacencia y hacer un ejercicio de introspección para entender qué es lo que nos apetece y lo que no, respetando y haciendo que se respeten nuestros límites y nuestros deseos.

CAPÍTULO 12

El dilema del trabajo sexual

¿Qué es el trabajo sexual?

Me siento en primera fila, dejo el bolso entre las piernas y me echo por encima el chal que he traído para no pasar frío. He venido a ver el preestreno de la película *Alanis* (dirigida por Anahí Berneri en 2017) y la historia empieza fuerte, con la actriz principal encarnando el papel de una prostituta a la que la policía desaloja de su casa. Sin teléfono, sin hogar, sin dinero y sin un espacio donde poder ejercer, se enfrenta a la pobreza mientras intenta criar a su hijo pequeño. Durante toda la película, Alanis demuestra ser una mujer que intenta con todas sus fuerzas que sus circunstancias no determinen quién es, mientras lucha por conseguir un espacio propio en una sociedad que la trata o bien como una víctima o bien como una criminal. Es fuerte, está llena de resilien cia y hace lo que puede para sobrevivir.

Cuando se vuelven a encender las luces, tengo el corazón en la mano. Pocas películas que haya visto retratan tan bien la inestabilidad e inseguridad del trabajo sexual más precario. Después de la proyección hay un debate que gira en torno a la prostitución. No recuerdo quiénes eran las ponentes, pero sí que entre ellas no había ninguna prostituta. Para compensar, a mi lado y también en primera fila hay un montón de chicas del colectivo Hetaira, que trabaja en defensa de los derechos de las trabajadoras del sexo. A su lado se sientan varios miembros de AFEMTRAS, una agrupación feminista compuesta por trabajadores sexuales del Polígono de Villaverde. La ponencia empieza y el cine se convierte en un auténtico campo de batalla. Las prostitutas se quejan, y con razón, de que quieren tener voz en un debate que se centra en su forma de vida. ¿Por qué nadie las ha invitado al estrado? Las abolicionistas les replican que su empleo es una forma de opresión contra la mujer y que el trabajo sexual voluntario es prácticamente inexistente. Puede que ellas piensen que ejercen con autonomía, pero son una excepción y, por lo tanto, no ejemplifican al colectivo. Sus opiniones no cuentan. Gritos. El micrófono vuela con rabia de una mano a otra. Las mujeres se ponen de pie, señalando con dedos acusadores. Una chica en la última fila grita con todo el aire que tiene en los pulmones: «¡Sois unas aliadas del patriarcado!».

Es la discusión de siempre. El dilema que lleva dividiendo al feminismo prácticamente desde los años setenta. ¿El trabajo sexual es una opción laboral legítima, o un símbolo despiadado de la dominación contra la mujer? ¿Debería ser prohibido o despenalizado? ¿Profesión o lacra social?

Antes de nada, vayamos al principio: ¿qué es exactamente el trabajo sexual? El término fue acuñado por la activista Carol Leigh a finales de la década de los setenta para poder describir la labor que ella y otras compañeras desarrollaban dentro de la industria del comercio sexual. Cansada de presenciar como espectadora un debate que desestimaba su propia experiencia, con esta nueva definición pretendía, por una parte, reconocer el trabajo sexual como un trabajo y, por la otra, unir a todas las personas implicadas en el negocio del sexo para luchar codo con codo contra el estigma. El principal beneficio de hablar de «trabajo sexual» es que en su propio significado reconoce la prestación de servicios sexuales como una práctica legítima que merece ser entendida como un empleo y a sus participantes como personas autónomas con voluntad propia. Sujetos en vez de objetos.

Es también una manera poderosa de romper jerarquías. En la mente de la mayoría de personas existe una pirámide que establece qué profesiones relacionadas con el sexo son mejores que otras. Una *stripper* es mejor que una actriz porno, ya que su contacto con el cliente es menor y se produce de forma privada. La domina profesional es vista por encima de la *stripper*, ya que la interacción que tiene con sus clientes está más reglamentada. Por supuesto, la puta de calle se encuentra siempre en lo más bajo de la pirámide, entendida como una víctima que se ve obligada a sufrir humillaciones constantes para poder llegar a fin de mes. Hablar de «trabajadores sexuales» equilibra la balanza, rompe las jerarquías y pone todos los empleos al mismo nivel.

En más de una ocasión me han *defendido* públicamente afirmando que yo trabajé en el porno, pero nunca fui puta. Como si de alguna manera esta diferencia me colocase en un escalón superior a la hora de medir mi valía social. Por supuesto, también han tratado de insultarme argumentando que durante mi paso por la industria del cine X tenía relaciones sexuales a cambio de dinero: «Mira la definición en la RAE, ¿ves? *Eres una puta.* No intentes negarlo». La realidad es que no pretendo negarlo, porque me parece que el verdadero quid de la cuestión se encuentra en las problemáticas que recorren transversalmente todas las formas de trabajo sexual, no en los debates dialécticos que pretenden perpetuar que comerciar con sexo es una deshonra. El estigma de la etiqueta «puta» lo hemos sufrido todas aquellas que nos hemos manifestado como sujetos sexuales activos, independientemente de que nos hayamos dedicado o no al trabajo sexual.

Recuerdo a aquella chica de mi colegio, de la que se rumoreaba que hacía mamadas a cualquiera que se prestase en los diminutos baños de la segunda planta. Quién sabe si aquello era cierto o no. Probablemente su fama fuese resultado del desarrollo precoz; a los trece años, si te crecían las tetas más que al resto, eras automáticamente incluida en la categoría de *guarra*. La llamaron «Puti-Vanessa» durante como mínimo, dos años, hasta que acabó cambiándose de instituto, harta del *bullying* y la presión.

Es necesario que nos esforcemos en dejar de utilizar la etiqueta «puta» como un insulto, a favor de consolidar su valor denominativo. Subvirtiendo su significado cultural para centrarnos en lo increíblemente reivindicativo que es dar poder a un sujeto político que ha sido denostado durante tanto tiempo. Si la *puta del patriarcado* es un objeto complaciente que está al servicio de los deseos masculinos, la *puta feminista* es un sujeto activo que se afirma a sí mismo, autónomo y que no necesita tutelajes.

La meta dentro de este debate es que podamos llegar a entender las ventajas de agrupar todos estos empleos dentro de un mismo término mientras comprendemos en qué se diferencian. Hablar de «trabajo sexual» tiene sobre todo un fin político, ya que está acuñado por aquellas personas que lo ejercen para establecer una identidad común que intenta romper con las jerarquías dentro del negocio. Se trata de demostrar que existe una unión entre todos los trabajadores, vinculados entre sí por una característica común: el estigma, la marginación. La persecución estatal e ideológica que sufren por dedicarse a un empleo que se encuentra en los márgenes de la sociedad.

La cantidad de trabajos que se incluyen dentro de la categoría de trabajo sexual es enorme: masajistas eróticos, actores y actrices porno, *escorts,* prostitutas de calle, bailarines de *stripptease, performers* de espectáculos de sexo en vivo, dominantes profesionales, *webcammers,* teleoperadores de líneas eróticas... Básicamente cualquier empleo en el cual se ofrece un servicio o actividad que tiene como fin la excitación sexual del consumidor entraría dentro del marco del trabajo sexual, independientemente de si hay o no contacto directo con esa persona. Cada uno de estos empleos tiene sus propias características y especificaciones y, por supuesto, su propio lugar de trabajo. Las chicas que hacen *webcams* eróticas raramente ven a las personas que consumen sus *shows,* mientras que el *go-go* que baila en una despedida de soltera tiene que luchar para que no le roben el tanga.

Es común que las trabajadoras consigan sus ingresos prestando servicios en más de un área durante su carrera. Muchas actrices porno también son dóminas profesionales. Hay *strippers* que además hacen *shows* de *webcam*, *escorts* que ofrecen masajes eróticos y un larguísimo etcétera. Las razones son variadas, pero pueden resumirse en dos: por un lado, maximizar la cantidad de dinero que pueden llegar a ganar, ya que no todos los empleos requieren de las mismas franjas horarias (una *stripper* trabajará sobre todo por la noche, lo que le deja las horas diurnas para trabajar como masajista, *escort*...), ni aseguran un salario suficiente para poder vivir (los sueldos precarios obligan a muchas actrices porno a compaginar su trabajo con los *shows* eróticos o hacer *webcam,* por ejemplo). Y por el otro, les permite controlar el nivel de exposición pública al que se enfrentan (una actriz porno cansada de ver su imagen comercializada puede evitar las cámaras trabajando como *escort).* A esto hay que sumarle el problema del estigma: aquellos trabajadores sexuales que se dediquen a profesiones con mucha exposición pública tendrán dificultades a la hora de encontrar empleo en otros sectores, y es muy posible que acaben rebotando de un área a otra del trabajo sexual como en una cinta de Moebius de la que es complicado salir.

O víctima o repudiada

Cuando en el año 2017 decidí retirarme definitivamente del porno y centrarme en desarrollar otras áreas de mi carrera laboral alejadas del ámbito sexual, me enfrenté a un dilema inesperado. Todo el mundo —los medios, la prensa, incluso mis seguidores— dio por hecho que iba a retractarme de mi participación dentro de la industria. Se esperaban el mismo guion que hemos visto una y otra vez repetido en otras actrices de cine X: cuando dejan el negocio, se «cambian» el nombre y o bien reniegan de su pasado públicamente, o bien desaparecen de la faz de la tierra, rechazando cualquier aparición pública. Cada vez que concedía una entrevista, las preguntas viraban hacia una misma dirección: «¿Qué tal llevas el estigma?», «¿Te arrepientes de haber sido actriz porno?», «¿Vas a empezar a utilizar tu nombre *de verdad*?». Las dos palabras que acompañaban cualquier artículo eran «encauzar» y «reciclar». Encauzar mi vida, como si en algún momento me hubiese desviado de aquello que quería. Reciclar mi carrera, como si mi pasado fuese algo que tuviese que desinfectar.

«No, no me arrepiento. Tampoco tengo nada que "encauzar". Y, por cierto, Amarna es mi nombre *de verdad*», contestaba yo, frustrada de tener que enfrentarme una y otra vez a los mismos estereotipos. «Es parte de mí misma y de mi identidad. He sido y seguiré siendo la misma persona, simplemente *me he cambiado de trabajo*».

Me sorprendió presenciar cómo a la gente le costaba entender lo que desde mi perspectiva era una cuestión tremendamente obvia. Simplemente *me he cambiado de trabajo*. Y es que una vez has participado en el negocio del sexo, la sociedad da por sentado e intenta convencerte de que tu propio ser se ha devaluado. Estás manchado, sucio, tiznado. ¿Seguro que no te arrepientes? ¿Cómo es posible? Sobrevivir a esta presión constante es complicado y hace falta mucha fuerza y resiliencia para saber que lo que haces no va a destruir tu existencia, pese a que todo el mundo te repita lo contrario.

También te explican de forma velada que tienes una posibilidad de redención pública. Para reinsertarte socialmente, has de presentarte como una víctima. Entonces ¡todo perfecto! Al igual que en la parábola del hijo pródigo, tus pecados serán perdonados y volverás a ser aceptada con los brazos abiertos.

La realidad es que cuando aparece una trabajadora sexual dispuesta a hablar públicamente de su profesión, los medios de comunicación aprovecharán la oportunidad para entrevistarla en todas sus plataformas y crear titulares morbosos que atraigan a las visitas, muchas veces llegando a manipular sus palabras y la imagen que quiere proyectar de sí misma y de su trabajo. Utilizan las voces de las protagonistas para confirmar las sospechas del público. Véase: que todas ellas son mujeres débiles, manipuladas y con infancias traumáticas, probablemente adictas al sexo, las drogas o el alcohol. Que se arrepienten de sus decisiones vitales, que eran jóvenes e inocentes cuando alguien les convenció de entrar en el negocio. Que son víctimas de un sistema que ha destrozado su futuro. Que llevarán el estigma durante toda su vida. Cualquier matiz en la historia será descartado, por mucho que sea necesario para comprender su biografía. Los matices no atraen visitas. Las mujeres sufrientes, sí. Este es uno de los motivos por los que no hay muchas personas que quieran exponerse; tienen miedo de que su intimidad se vea vulnerada y su discurso, deformado.

A esto hay que sumarle los propios prejuicios del espectador, que pocas veces está abierto a escuchar la verdad. Espera que el relato de la vida de la trabajadora sexual o bien le ponga cachondo o bien le provoque desazón. La realidad (que las trabajadoras sexuales tienen una vida más allá de su trabajo, que van a la compra y tienen hijos y parejas que les esperan en casa; que su herramienta de trabajo más importante es la inteligencia emocional, no el sexo) es decepcionante. Lo que la gente quiere oír son historias morbosas que puedan comentar luego con los colegas entre risitas y juicios morales. Buscan a «la chica que dejó Bellas Artes para follar delante de las cámaras» y a «la periodista que abandonó su vida para hacerse actriz porno». Quieren hacer patente que esa persona está marcada de por vida, y tener poder para señalar y perpetuar la letra escarlata. En definitiva, sentirse superiores. Por este motivo, en las entrevistas la ronda de preguntas cobra casi siempre la misma forma: «¿Te cuesta encontrar pareja cuando les dices que eres trabajadora sexual?», «¿Alguien te ha rechazado por tu trabajo?», «¿Qué es lo más extremo que has hecho en cámara?» o «¿Qué es lo más raro que te ha pedido un cliente?», en vez de formular las cuestiones realmente importantes: «¿Cómo gestionas emocionalmente el tener contacto sexual con tantas personas?», «¿Cómo podemos entender mejor en qué consiste realmente el trabajo sexual?», «¿De qué manera te gustaría que tu imagen, como parte de un colectivo discriminado, se tratase en los medios?», «¿Qué tipo de protección estatal hace falta para que puedas ejercer tu trabajo de forma segura?», «¿Cuáles son tus demandas como trabajador?» o «¿Cómo puede una persona de a pie ayudar a minimizar el estigma relacionado con el trabajo sexual?».

Por si los estereotipos no fuesen suficientes, también habrá que aguantar una buena dosis de paternalismo. Leo en los comentarios de una entrevista que me hicieron hace un tiempo: «Ojalá esta chica salga adelante. Ser una estrella porno no se lo deseo a nadie porque se tiene que pagar un altísimo precio en dignidad humana, en autorrespeto y en desprecio por parte de la sociedad. Ha tenido suerte de poder salir de ese mundo [...]. Espero que encuentre el amor de verdad». Todo el mundo se siente con plena potestad para analizar tu caso, por mucho que tu misma te esfuerces en explicar los detalles de tu propia historia.

Yo tuve suerte. Cuando decidí retirarme ya era un personaje público y pude utilizar mis redes sociales para explicar mi realidad y contar mis vivencias sin filtros ni intermediarios a todo aquel que quisiese escucharme. Los motivos que me llevaron a ser trabajadora sexual y todas las cosas maravillosas que me llevé de los años que estuve frente a las cámaras. También los problemas que se derivan de la precariedad laboral, el machismo y el estigma. Y por supuesto, los derechos que reclama el colectivo. Tuve suerte porque, pese a que mis palabras fueron tergiversadas por muchos medios y tuve que enfrentarme a demasiadas polémicas, finalmente conseguí la forma de hablar en primera persona.

Siempre me ha parecido curioso analizar cómo el feminismo ha luchado con fuerza por romper los mitos sociales atribuidos a las mujeres (la esposa virtuosa que cuida de los hijos, la mujer madura cuya única preocupación es encontrar el amor, la *femme fatale* devorahombres, la exnovia obsesiva, la suegra mandona y cascarrabias, la feminista totalitaria con pelos en los sobacos...), mientras se sigue manteniendo y perpetuando la idea de la trabajadora sexual rota. Muñecas defectuosas destinadas a *performatizar* una vida de excesos y sufrimiento mientras nosotros las miramos comiendo palomitas desde el sillón. Y es que parece que disfrutemos de una manera casi morbosa con estas historias dolientes. La puta que llora frente a las cámaras porque le han quitado la custodia de sus hijos. La actriz porno venida a menos que no consigue salir de la drogadicción. Disfrutamos porque lo vemos como un castigo merecido por haber desafiado las reglas sociales. Sabías dónde te metías cuando elegiste esto, ahora *asume las consecuencias*.

Si, por otro lado, la trabajadora sexual no se reconoce como víctima, su experiencia se valora automáticamente como una excepción dentro de la norma. Se la tratará como una rareza, en vez de como representante de una realidad que existe de forma paralela a las historias sufrientes. ¿Que no lo pasas mal teniendo sexo por dinero? ¡Imposible! Se despreciará su opinión y sus vivencias y se la criticará por estar invisibilizando a sus compañeras menos afortunadas. Es un círculo vicioso en el que no hay salida para las trabajadoras sexuales: te quieren víctima o no te quieren. O te arrepientes y necesitas ayuda, o eres despreciada. O confirmas sus prejuicios o eres una excepción.

Como el público espera a una mujer pobre, inculta y necesitada, algunas de las que nos hemos dedicado a ello intentamos de forma consciente o inconsciente proveer de una contranarrativa: no «parecer» una trabajadora sexual. Yo misma he caído en esta trampa en demasiadas ocasiones. Así, intentas convencer a la audiencia de que lo tienes todo clarísimo, de que no hay ningún problema asociado al negocio, de que eres inteligente, de que eres culta, de que lo haces porque quieres, de que solo realizas prácticas que te chiflan y que cada día es una explosión de fuegos artificiales y purpurina. Tienes tanto miedo a ser incluida en la categoría de víctima que lo pintas todo color de rosa. Ahora me doy cuenta de que es un error reproducir este discurso y que la verdadera solución pasa por abrir espacios para hablar de la precariedad y los problemas sin que estos sirvan de excusa para argumentar que el trabajo sexual es indigno.

La realidad es que es muy complicado cambiar los prejuicios que pueblan la imaginación de la gran mayoría de personas porque estos se apoyan en lo emocional, lo subjetivo. Están construidos gracias a la visión que muestran los medios y el relato cultural. La falta de información sobre el trabajo sexual ha plagado de estereotipos la percepción de este negocio durante muchísimos años, y esto ha influido tremendamente en la manera en la que entendemos su práctica.

¿La solución? Escuchar. Primero, escuchar de verdad y de corazón la realidad de este trabajo, contada por sus protagonistas. Son muchas las que están dispuestas a hablar si encuentran a un receptor empático, y gracias a internet y las redes, no es muy difícil encontrarlas. Después, quitarnos de encima los prejuicios y estar dispuestos a entender la realidad de un trabajo precario, con sus problemas y con sus ventajas. Y, por último, desconfiar del discurso de aquellos que nunca han estado mínimamente cerca del trabajo sexual, pero pretenden explicarnos qué es lo que hace falta para mejorarlo. La pregunta que debemos formular no es ¿cómo ayudamos a las trabajadoras sexuales?, sino ¿cómo podemos ayudar a las trabajadoras sexuales a alzar la voz sin miedo, para que sean ellas las que nos digan lo que realmente necesitan? «Realmente no existe tal cosa como los "sin voz". Solo están los deliberadamente silenciados, o los preferiblemente no escuchados», en palabras de Arundhati Roy.

Estereotipos y prejuicios más comunes

Yo misma he acabado harta de ver mis experiencias y mi discurso manipulado e instrumentalizado de mil maneras diferentes, muchas veces usado para apoyar causas con las que ni siquiera estoy de acuerdo. Por este motivo decidí hace unos años dejar de conceder entrevistas al respecto. La lucha era doble: primero contra los prejuicios del público y después contra los medios de comunicación que contaban únicamente aquello que les convenía. Aquí tenéis un ejemplo de un titular real, plagado de información sesgada y datos que nos llevan a conclusiones erróneas: «Con diecinueve años se fue de casa de sus padres para convertirse en la actriz de su género más buscada; con veinte sufrió maltrato; con veintiséis dejó el porno. Hoy, esta licenciada en Bellas Artes trata de encauzar su vida con una certeza: "Llevo un estigma que irá conmigo toda la vida"».

En un intento por mejorar la situación, en el 2018 publiqué un manual de buenas prácticas periodísticas titulado «La guía responsable para hablar del trabajo sexual en los medios»[27] con la intención de eliminar los discursos discriminatorios y analizar

[27] *https://issuu.com/amarnamiller/docs/es_laguiaresponsable_compressed*

los prejuicios más comunes a los que se enfrentan las trabajadoras sexuales, proponiendo soluciones para no perpetuarlos. Y ¿cuáles son estos prejuicios recurrentes relacionados con el trabajo sexual?

Tenemos el mito de la «víctima o burguesa», en el que la trabajadora es entendida o bien como una mujer engañada que ha acabado ejerciendo en contra de su voluntad, o bien como una privilegiada que nada en billetes mientras explora sus fantasías sexuales, demasiado ocupada en atender fiestas de alto *standing* acompañada de ejecutivos adinerados como para pensar en sus compañeras menos favorecidas. Abuso versus romantización. La puta de calle contra la *escort* de lujo. Así, se opacan las experiencias de la gran mayoría, que no entran dentro de esta dualidad.

Otro prejuicio clásico incluye la percepción de la trabajadora como un foco de delincuencia. Partiendo de la idea de que los conceptos de crimen y trabajo sexual están unidos, la mayoría de la población percibe a las personas que se dedican a este empleo como inevitablemente vinculadas a actividades delictivas. Sin embargo, parecemos olvidar que las trabajadoras sexuales ejercen en la clandestinidad como consecuencia de la desprotección y la falta de derechos, y que es esa marginalidad la que las hace víctimas y partícipes de situaciones ilícitas. No al contrario.

También existe un argumento recurrente que afirma que el bien con el cual la trabajadora sexual está comerciando es su propio cuerpo. Como si parte de su jornada laboral estuviese dedicada a amputar y entregar su coño, sus manos o su culo al cliente de turno. La realidad, bastante obvia por otra parte, es que el bien comercializado son las horas durante las cuales se ofrece un servicio, en este caso de carácter sexual. No puedo evitar preguntarme ¿por qué es indigno y negativo vender sexo y no lo es vender otro tipo de servicios? Uno puede conseguir dinero con su talento musical, sus conocimientos en un área concreta, su capacidad para coser, cavar, sexar pollos, dar masajes o limar callos. Dentro de nuestro sistema económico puedes mercantilizar casi cualquier prestación o actividad realizada con tu cuerpo y tu imagen sin sufrir ningún tipo de consecuencia negativa a nivel social, a no ser que dicha tarea esté relacionada con tus genitales. Creo que es acertado pensar que esta concepción de la sexualidad proviene de una herencia religiosa que nos ha enseñado que el sexo es algo sacralizado, intocable. Que, tal y como hemos visto en otros capítulos, las personas (y especialmente las mujeres) promiscuas están devaluando su propio ser. La realidad es que los órganos sexuales ni se desgastan ni se desvalorizan por mucho que los uses, y que una gran parte de los problemas que sufren las personas que se dedican a este negocio tienen más que ver con el estigma asociado y el empeño en silenciar sus voces que con el hecho de vender servicios sexuales.

Y, ya por último, tenemos el mito de «la ninfómana»: como históricamente el deseo sexual de las mujeres ha sido infravalorado y excluido del discurso hegemónico, en la imaginación de una parte sustancial de la población una mujer que se dedica al trabajo sexual voluntariamente debe de sufrir algún tipo de patología. Así, se da por hecho que se trata de mujeres insaciables, adictas al sexo que han terminado ejerciendo este empleo para poder colmar su deseo.

Hay otro efecto secundario del estigma, y es que cualquier crítica que las trabajadoras hagan hacia la industria del sexo será tomada como una confirmación de que ese oficio es, tal y como todos temían, infecto y malvado. Estos prejuicios limitarán tremendamente su capacidad para recibir ayuda externa. Los terapeutas, la policía y otros profesionales dedicados a ofrecer asistencia tenderán a pensar automáticamente que el trabajo sexual es la causa principal de sus problemas, y las trabajadoras, hartas de ver su vida y su profesión constantemente juzgadas, preferirán mantener sus quejas y reflexiones bajo la mesa. ¿Para qué levantar la voz si cuando lo hacen solo les esperan juicios morales, paternalismo y condescendencia? No me cansaré de repetir que la presión social y la violencia simbólica a la que se enfrentan cada día de su vida las trabajadoras sexuales es mucho más peligrosa que el trabajo sexual en sí mismo.

Mientras tanto, la industria del rescate reduce estas variables y la complejidad de toda esta dinámica para que encajen con sus propios estereotipos de lo que es el negocio del sexo. El argumento viene a ser algo parecido a esto: «Como yo jamás haría algo así, y me haría sentir mal, comprendo que ellas deben sentirse exactamente igual. ¡Necesitan ayuda!». La consecuencia, como veíamos antes, es que las trabajadoras sexuales se ven limitadas a interpretar únicamente un papel: el de víctima. Y cuando alguna se anima a criticar el acoso, la violencia, la explotación laboral o las condiciones precarias en las que ejerce su oficio, la respuesta a la que se enfrenta es unánime: «¿Bueno, que esperabas?». Y más aún: «¿Por qué estás ahí? ¿Por qué trabajas en condiciones pésimas? ¿Por qué te dedicas a ello? ¿Por qué perpetúas esa industria que tan mal te está tratando?». Este tipo de cuestiones culpabilizan a la trabajadora sexual, haciéndola responsable de estar manteniendo un sistema precario. Pero obvian que la solución no pasa por culpabilizar a las perjudicadas, sino por poner el foco en el verdadero problema: que el trabajo sexual está precarizado por carecer de protección legal. Por verse sometido al estigma y ser empujado a los márgenes de la sociedad. Ningún trabajo que tenga que ejercerse de forma clandestina puede asegurar la protección de sus empleados. Pero ¿y por qué esa clandestinidad? Hay muchos países en los que el trabajo sexual no es ilegal y su ejercicio no está penado. Es cierto. En la teoría, al menos. La realidad es mucho más compleja.

Posturas feministas alrededor del trabajo sexual

La discusión en torno a si el trabajo sexual es un empleo lícito es compleja y tiene muchas dimensiones. Desde finales de los años sesenta y principios de los setenta el movimiento feminista se ha separado en varias corrientes enfrentadas con marcos ideológicos y opiniones dispares. Estas posturas han ido evolucionando y transformándose con los años, pero se dividen básicamente en dos facciones: por una parte, están aquellas personas que entienden el trabajo sexual como una forma de esclavitud que ha de ser derogada, y por la otra, aquellas que abogan por la despenalización de cualquier forma de comercio sexual[28].

Las abolicionistas y neoabolicionistas piensan que la prostitución y otras formas de trabajo sexual son un atentado contra la dignidad de las mujeres que legitima la supremacía masculina. Además, entienden el trabajo sexual como una forma de esclavitud basada en la explotación, la denigración y la violencia. Los argumentos de abolicionistas y neoabolicionistas son similares, aunque se diferencian en la perspectiva laboral: el movimiento abolicionista original no comulgaba a nivel ideológico con la existencia del trabajo sexual, pero estaba a favor de brindar derechos al colectivo para alcanzar unas condiciones laborales dignas. El Código Penal español se rige por este abolicionismo y, teóricamente, solo criminaliza la prostitución en la que hay una tercera persona que saca un beneficio económico del intercambio de servicios sexuales (criminaliza el proxenetismo). Lamentablemente, desde la entrada en vigor en 2015 de la Ley Mordaza[29] se penaliza tanto al cliente que solicita servicios en el espacio público como a la prostituta[30].

La situación en nuestro país es compleja: al no estar regulado por una ley concreta, el trabajo sexual se considera alegal. No existen convenios ni sindicatos y no hay protección para las trabajadoras, que tienen que fiarse del buen hacer de la persona que les está contratando. En semejante caldo de cultivo, son pocas las empresas y los empresarios que no se aprovechan de la situación para

[28] Aunque durante todo este capítulo hablaré de "trabajo sexual" de manera generalista, el foco principal del debate es la prostitución.

[29] La Ley Orgánica 4/2015, de 30 de marzo, de protección de la seguridad ciudadana.

[30] En 2017 se interpusieron, de media, 1,3 denuncias diarias contra mujeres por ejercer la prostitución. Como no pueden multar a las prostitutas por ejercer, las denuncias se registran de forma generalista como delitos de «desobediencia a la autoridad» o «exhibición obscena». Disfrazar las multas bajo otros nombres también impide poder recopilar datos fiables. Jara, Y., «La policía usa la Ley Mordaza para tramitar una denuncia diaria contra prostitutas por "exhibición obscena"». *ElDiario.es*. Recuperado de *https://www.eldiario.es/sociedad/denuncia-diaria-ejercen-prostitucion-Espana_0_810869767.html* (4 de septiembre de 2018).

conseguir implantar las reglas que más les convienen. Véase: imponer la clientela, prohibir el uso del condón, provocar que la trabajadora consuma alcohol para que también lo hagan los clientes en el caso de la prostitución o los clubs de *striptease*, o intimidar a la actriz para que realice prácticas en cámara con las que no se siente cómoda en el caso de la pornografía... ¿Cómo se van a quejar? ¿A quién? ¿Usando qué herramientas? Ya saben que nadie va a hacerles caso. Es una realidad absoluta e innegable que el limbo legal propicia los abusos y expone a las trabajadoras a la violencia.

Por poner otro ejemplo: en el porno no se cobran pluses por nocturnidad, no existe un salario mínimo, y como no están definidas las horas que componen una jornada laboral, tampoco existen las horas extraordinarias. No se especifica si las dietas, el alojamiento o el transporte están incluidos en el trabajo a realizar. Esto significa que puedes estar grabando durante diez horas sin comida, sin agua y sin baños, pagándote tú el transporte y el alojamiento. Firmando contratos que dan permiso a la compañía a revender tu imagen a terceros por tiempo indefinido sin avisarte y sin recibir ningún tipo de remuneración. Cambiando tu nombre, tu etnia, tus datos biográficos, tu edad, el nombre de la película o de la escena sin siquiera consultarte. Cruza los dedos para que te den de alta en la Seguridad Social. Sí, esto es explotación laboral en toda regla.

Durante las últimas décadas la postura abolicionista ha evolucionado a nivel ideológico para dar paso al neoabolicionismo, que se distingue por un enfoque antiderechos hacia la prostitución y otras formas de comercio sexual[31]. El neoabolicionismo está en contra de dar derechos laborales a las trabajadoras sexuales, ya que no entienden el comercio sexual como un empleo y piensan que otorgar derechos legitimaría un negocio con el que no están de acuerdo. Piensan que el trabajo sexual voluntario es minoritario y que, incluso cuando se da este caso, el consentimiento de la traba-

---

[31] Encarnadas por el llamado «modelo sueco», una serie de normativas que se impusieron a finales de los 90 y principios de los 2000 en Suecia, Noruega e Islandia.

jadora sexual estaría viciado por un contexto de opresión que la ha obligado a aceptar ese empleo. Por este motivo, piensan que toda relación sexual establecida dentro del marco del trabajo sexual es una violación. Además de criminalizar el proxenetismo, el neoabolicionismo castiga también la demanda, multando al cliente. Aunque en la teoría la postura neoabolicionista no intenta sancionar a las personas que ejercen, las prostitutas sufren una penalización indirecta al ser empujadas a trabajar en la clandestinidad, corriendo riesgos para que los clientes no sean descubiertos.

Existe otro modelo que está en contra de la existencia del trabajo sexual, llamado prohibicionista o penalista. En este marco se persigue legalmente y se criminaliza a las trabajadoras, que son entendidas como delincuentes[32].

Otros países[33] han decidido adoptar el modelo regulacionista o reglamentarista, donde el ejercicio del trabajo sexual está gestionado por el Estado, controlado por la policía y regulado mediante el uso de licencias. Esta postura considera que el trabajo sexual es un mal inevitable y, aunque rechazan moralmente su práctica, han decidido regular su actividad para evitar la marginalización del colectivo. Aunque se trata de un intento bienintencionado, las regulaciones en las que está basado (como obligar a las trabajadoras a inscribirse en registros policiales y a ejercer únicamente en espacios designados para esta labor) son difíciles de cumplir. Como resultado, se crea una división entre trabajo legal y actividad sumergida que beneficia a los empresarios y no a las trabajadoras. Además, el control gubernamental favorece el estigma e impide que las protagonistas operen de forma independiente.

Dentro del modelo regulacionista encontramos una subcategoría, la «regulación hacia la abolición». Las personas que validan este modelo proponen otorgar derechos a las trabajadoras sexuales, pero su meta final sería la abolición del comercio del sexo. Viene a decir: no estoy a favor del trabajo sexual, pero mientras discutimos los detalles teóricos de toda esta cuestión, vamos a

---

32 Implantado en países como Lituania, Rusia o Croacia.

33 Como Holanda, Austria, Suiza y Alemania.

brindar derechos al colectivo para que puedan salir de su situación marginal.

El modelo que yo apoyo y el que me resulta más favorable para las trabajadoras es aquel que aboga por la despenalización, también llamado «proderechos». La despenalización implicaría eliminar cualquier delito relacionado con la compra-venta de servicios sexuales. Así, el trabajo sexual sería considerado como una actividad laboral, y sus participantes pasarían a tener los mismos derechos y las mismas garantías que el resto de trabajadores.

La prioridad de este modelo es el reconocimiento de los derechos humanos y laborales de las trabajadoras sexuales, renegando de aquellos juicios de valor que afirman que, para ser considerado un trabajo, el ejercicio del comercio sexual ha de ser empoderante. Reconoce que muchas trabajadoras sexuales acaban ejerciendo como consecuencia de una situación vulnerable, pero entiende que esta precariedad es una consecuencia inevitable del capitalismo y, dentro de sus circunstancias, cada mujer ha de tener la libertad de enfrentarse a la necesidad económica como ella decida.

La voz de las propias trabajadoras cobra relevancia ya que nadie decide por ellas si el servicio que ofrecen es perjudicial, humillante u opresivo. Un buen ejemplo es el modelo neozelandés, el único que contó con trabajadoras sexuales para redactar la ley. Entre otras cosas, este modelo está basado en la idea de la autoorganización por medio de cooperativas y el régimen de autónomos, y permite a las trabajadoras, por poner un ejemplo, pedir visados, préstamos o hipotecas sin tener que mentir sobre su profesión. También reconoce el derecho de admisión, bajo el cual las trabajadoras pueden rechazar libremente ciertas prácticas o clientes sin tener que dar explicaciones por ello. Que el trabajo sexual sea reconocido como un empleo legítimo facilita la autorganización y brinda derechos al colectivo.

Por supuesto, todo esto son resúmenes generalistas y dentro de cada facción existen matices y creencias que son específicos de cada individuo. Estas definiciones han de ser leídas como una hoja de ruta a la hora de entender las diferentes posturas, no como un credo absoluto e inamovible.

En todos los modelos anteriormente mencionados se aboga por establecer de forma paralela salidas laborales no precarizadas para aquellas mujeres que no quieren ejercer el trabajo sexual. Además, la prostitución coactiva y la explotación laboral siguen considerándose prácticas ilegales que han de ser combatidas por las autoridades policiales y políticas.

Este es el punto del debate en el que verdaderamente entramos en aguas profundas, ya que una gran parte del argumento contrario al trabajo sexual se centra en la idea de que despenalizarlo implicaría permitir y legitimar la existencia de la trata de personas con fines de prostitución forzada. Son muchos los que afirman que prostitución y trata son dos caras de una misma moneda, y que una no puede existir sin la otra. Y, sin embargo, este tipo de críticas parecen obviar una realidad incuestionable: que la trata aparece como consecuencia de las políticas migratorias, el cierre de fronteras y la desidia estatal, e intersecciona de forma acuciante con muchas más industrias aparte de la del comercio sexual. No es un resultado inherente a la existencia del negocio del sexo, sino un problema que atraviesa cualquier área laboral precarizada dentro del sistema económico actual, y las medidas para erradicarla han de fluir de forma paralela a la existencia de esos trabajos. Cuando se dice que la trata existe porque existe la prostitución, estamos cayendo en una falacia, que es más fácil de identificar cuando extrapolamos conceptos. En el sector agrícola, ¿existe la trata porque existen los temporeros? ¿Existe la trata porque nosotros, como usuarios, comemos aceitunas? Por supuesto que no. La trata existe porque hay unas condiciones de explotación extremas y una falta de protección institucional hacia los trabajadores que favorece que se dé esa circunstancia. Es tremendamente peligroso culpar al consumidor de problemas que tienen su origen en cuestiones estructurales porque así se justifican, se simplifican y se mistifican las realidades económicas, políticas y legales que dan origen al tráfico de personas.

Tanto las feministas neoabolicionistas como las proderechos quieren que la trata de personas sea erradicada. Lo que todavía parece que no ha quedado claro es que lo realmente peligroso es intentar medir con la misma vara a una trabajadora sexual autónoma y a una víctima de trata porque sus condiciones y necesidades son diferentes. Y aunque seguimos hablando, en cualquier caso, de un problema real y acuciante, a nadie se le ocurre comparar a una mujer que es prostituta porque así lo ha decidido con aquella que es obligada a trabajar en ello en contra de su voluntad, ¿verdad? Uno es un trabajador, que necesita leyes que amparen sus derechos, y el otro una víctima que precisa de ayuda específica. Si no nos planteamos prohibir el trabajo doméstico o la agricultura, aunque esté más que demostrado que el porcentaje de personas víctimas de trata en estas áreas laborales es más alto, ¿por qué en el caso del trabajo sexual caemos sistemáticamente en esa comparación?

Hace unos años me quejé públicamente de un mensaje que la guardia civil subió a Twitter. El texto decía lo siguiente: «Consumir prostitución es financiar la esclavitud moderna. Quien lo ejerce es explotad@ sexual y/o laboralmente». La foto que lo acompañaba también era contundente: «Pagar por sexo es financiar la esclavitud de mujeres y niñas. Los hombres de verdad no compran mujeres». ¿Y si en vez de perdernos en la demagogia barata que mezcla conceptos y alimenta el estigma, buscamos (buscan, porque es la policía la que debería en todo caso atender este problema) soluciones concretas? Por ejemplo, campañas de concienciación que estén dirigidas a las personas que consumen prostitución, no para decirles que «están financiando la esclavitud moderna», sino para ayudarles a identificar situaciones de trata y que así puedan denunciar. Cosa que ya sucede en algunas ocasiones, por cierto. Y, por supuesto, ofrecer ayuda y protección a las mujeres que se atreven a acusar a sus tratantes.

El trabajo sexual precario: necesidad, explotación laboral y falta de derechos

Por supuesto, no todo el mundo que se dedica a un empleo lo hace porque quiere. Cuando escribo acerca de esa persona «que se dedica a la prostitución porque así lo ha decidido», muchos se llevarán las manos a la cabeza, y con razón, entendiendo que este tipo de empleo feminizado y precarizado está atravesado por los prismas del capitalismo y la opresión. Y como tal, el análisis es complejo y no puede reducirse a un «trabaja en ello porque así lo ha decidido». La gran mayoría de nosotros vivimos bajo la coerción de tener que trabajar para vivir, y la posibilidad de acceder a un trabajo vocacional es un privilegio que muchos no pueden permitirse. Hay muchas personas que se dedican al trabajo sexual porque necesitan ganar dinero y, en ocasiones, no encuentran otras opciones laborales. Lo que estas personas necesitan es, por una parte, que se analice el contexto que las ha llevado a ejercer un empleo que no les gusta (lo cual incluye pensar, por ejemplo, en la situación de las mujeres migrantes y racializadas, o la falta de oportunidades laborales para las personas trans que intentan acceder a un mercado de trabajo que no sea sexual) y, por la otra, la creación de ayudas y salidas laborales realistas que las asistan a la hora de dejar el trabajo sexual.

Cuando hablamos de trabajos precarios, hay otra cuestión que atraviesa el debate, y es la de la explotación laboral. Este concepto abarca todas aquellas situaciones en las que el empleador utiliza su poder para oprimir al empleado, y puede tomar diferentes formas: que el pago sea inferior al trabajo que se realiza, que se coaccione al empleado a trabajar más horas que las estipuladas, que se le obligue a trabajar en días festivos sin que se remunere su servicio de forma adecuada, eliminar el cobro de pluses por riesgo o nocturnidad, etc. La explotación laboral es un problema y una realidad en cualquiera de las ramas del trabajo sexual. Tanto la puta de calle como la glamurosa actriz porno trabajan en condiciones de inferioridad respecto a otras formas de empleo como consecuencia de ejercer un trabajo que se encuentra en los márgenes de la ley. Es necesario que el trabajo sexual salga de la clandestinidad para que las mujeres que se dedican a él tengan la capacidad de acción y decisión que necesitan para poder rechazar aquellos servicios que no quieren hacer.

Tampoco debemos esperar que las trabajadoras sexuales se sientan empoderadas mientras ejercen para poder conseguir derechos laborales. Nadie debería tener que defender su empleo para tener la posibilidad de llevarlo a cabo sin peligro. De hecho, esta es una condición que no se impone en absolutamente ningún otro ámbito laboral. Que una persona no disfrute haciendo su trabajo no debería restringir sus posibilidades de ejercerlo sin sufrir daños.

La cuestión es, de nuevo, muy obvia: hay que dar derechos y mejorar las condiciones laborales de aquellas personas que quieren dedicarse al trabajo sexual, ayudar a buscar salidas a las que no quieren y establecer medidas gubernamentales y policiales que permitan erradicar la trata. Estas tres cuestiones son compatibles y no entran en conflicto.

Comprar el consentimiento

Enciendo el ordenador y el primer tuit que veo, compartido más de 150 veces, hace que se me revuelvan las tripas. Dice: «La prostitución no es un trabajo, sino una forma de violación». El siguiente tiene más de 700 retuits y reza: «El porno es violación grabada». No es la primera vez que me encuentro con esta máxima. Para muchas personas, cualquier relación sexual que se establezca dentro del marco del trabajo sexual es indiscutiblemente una violación. La prostituta que se acuesta con su cliente, la actriz porno que tiene relaciones con su compañero delante de las cámaras…, todas ellas son víctimas de agresiones sexuales constantes, ya que su consentimiento se considera nulo. La idea detrás de esta afirmación es que lo que el cliente está comprando no es un servicio sexual, sino el consentimiento para acceder al cuerpo de una mujer que de otra manera le rechazaría. Compra el derecho a hacer con su cuerpo lo que quiera y cuando quiera. Una vez los billetes cambian de mano, ella no puede decir que no a nada.

Sin embargo, es verdaderamente importante comprender que el intercambio de dinero no revoca la habilidad de consentir. El consentimiento, tanto fuera como dentro del trabajo sexual, se construye alrededor de diferentes factores: lugar, hora, circunstancias personales, estado emocional, confianza, amor... y deseo sexual. Cuando tu rollo te dice: «Solo follo usando protección», una de las reglas para el consentimiento es el uso del condón. Si una persona decide no tener sexo antes del matrimonio por motivos religiosos, significa que sus creencias están condicionando su consentimiento. Cuando hablamos de trabajo sexual, simplemente hay que añadir otro componente más a la ecuación: la remuneración económica. Pero este no es, ni mucho menos, el único elemento a tener en cuenta. El dinero en el trabajo sexual no es un símbolo tangible que represente el consentimiento, sino uno más de estos factores que lo construyen. Cuando las trabajadoras negocian la interacción sexual, no solo tienen en cuenta sus ganas de que esta suceda, sino que también piensan en las condiciones que tienen que darse para que se pueda llevar a cabo. Por ejemplo, «Sí, puedo rodar esta escena, pero únicamente si la grabación se realiza en Madrid durante estos días del mes», o también «Podemos tener sexo durante una hora por 50 euros. Me tienes que explicar cualquier práctica que quieras realizar con antelación y únicamente me acuesto con mis clientes usando protección».

Es un error garrafal confundir deseo sexual con consentimiento. Puedes tener sexo con consentimiento que en ocasiones no resulta placentero. O dicho más claramente: es posible tener un mal polvo y eso no significa que te hayan violado. El problema de mezclar todos estos conceptos es que, si ignoramos y menospreciamos la capacidad de consentir de la trabajadora, estamos excusando e invisibilizando los verdaderos abusos. Porque si puedes comprar el consentimiento de la trabajadora, eso quiere decir que es imposible violarla, ¿verdad?

La idea de que si existe un intercambio de dinero entre cliente y trabajadora cualquier consentimiento queda automáticamente invalidado también se utiliza para negar la existencia de trabajadoras sexuales que se dedican a su empleo de forma voluntaria. Al fin y al cabo, si estamos hablando de un contexto de opresión y precariedad, ¿cómo podemos estar *seguras* de que están tomando sus decisiones de forma libre? Se trata de un dilema filosófico para el que no hay una respuesta objetiva. Si extrapolamos este debate a otras áreas, ¿cómo podemos saber que *realmente* queremos tener hijos, si desde pequeñas nos están presionando con la idea de la maternidad? La única respuesta posible es creer a las personas cuando afirman que están haciendo algo porque quieren. Es tremendamente paternalista decirle a una trabajadora que ha elegido su trabajo en pleno uso de sus facultades que su elección carece de valor por haber sido tomada en un contexto histórico de opresión. Y sí, hay trabajadoras sexuales que eligen su trabajo por voluntad propia. Su decisión ha de ser respetada.

Creo que la solución al debate de la libre elección pasa por, primero, respetar las decisiones ajenas, aunque estas no coincidan con nuestras creencias, y, segundo, analizar las condiciones que tienen que darse para que una mujer pueda tomar su elección de la forma más libre posible. En el caso que nos concierne: que se dé información acerca de los beneficios y también los riesgos de empezar en el trabajo sexual, que se advierta sobre el estigma a la vez que se lucha contra él ofreciendo ayuda y apoyo, que se den recursos legales a las trabajadoras para poder denunciar los problemas, etc.

Paternalismo y violencia simbólica

Es importante insistir en la capacidad de acción y agencia de las trabajadoras sexuales porque la realidad es que el valor de sus decisiones se pone en duda constantemente, como si ellas mismas no fuesen capaces de analizar su trabajo ni distinguir los abusos. En estos momentos existe toda una rama del feminismo que se empeña en llamar a las prostitutas «mujeres prostituidas» o «mujeres en situación de prostitución», ya que a sus ojos la mujer que trabaja en la industria sexual nunca lo hace por voluntad propia. O bien es víctima de trata o bien ejerce voluntariamente, pero presionada por condicionantes externos. El problema de estas nomenclaturas es que arrebatan a la protagonista cualquier capacidad de acción. La trabajadora deja de ser un sujeto, ni siquiera tiene nombre. Es irónico que se critique la cosificación de la mujer, mientras que con el uso de esta terminología las trabajadoras sexuales son convertidas en objetos sin autodeterminación. Que quede claro: ninguna trabajadora sexual se define a sí misma como «mujer prostituida», y utilizar estos términos es paternalista y perpetúa los estereotipos.

El lenguaje moldea la manera en la que entendemos el mundo. Por eso desde el feminismo se ha insistido tanto en reasignar significados, cambiando la carga negativa que tienen algunas palabras inherentemente relacionadas con las mujeres: víbora, bruja, zorra, perra. Desde la posición proderechos también se ha establecido esta misma práctica, apropiándose del insulto «puta» y utilizándolo como bandera. Así, una palabra destinada a menospreciar a la otra persona se convierte en un arma política. Y hablo de arma política, porque hay un simbolismo relacionado con la prostitución, que tiene que ver con la opresión, la sacralización del sexo y el desprecio hacia las mujeres. Cuando alguien te dice «puta», lo que realmente quiere decir es que vales menos, que significas menos.

En 2017 recibí un correo con semejante carga de violencia que decidí hacerlo público, intentando mostrar el ensañamiento y el estigma que sufrimos las que en algún momento nos hemos dedicado al trabajo sexual:

> *Hola:*
>
> *Reconozco que soy una de las personas que te llaman prostituta y puta y se masturban viendo tus vídeos, pero deberías saber que ambas acciones no tienen nada que ver. No tiene nada que ver que digamos que eres una puta, que es la verdad, con que nos masturbemos viendo tus vídeos. Por tanto, decirte lo que eres en realidad y masturbarnos viendo tus vídeos son acciones compatibles. Si no quieres que te llamemos puta y que nos masturbemos viendo tus vídeos, no los hagas. No hagas vídeos en los que tienes sexo a cambio de dinero; y si los haces, asume las consecuencias.*

También reconozco que me pareces físicamente atractiva, pero eso no tiene nada que ver con que te diga la verdad: eres una puta. Eres una puta porque eres una prostituta y las palabras puta y prostituta son sinónimas. Eres una prostituta porque te dedicas a la prostitución. La pornografía es lo mismo que la prostitución y viceversa. La palabra pornografía significa «Tratado acerca de la prostitución». Consulta la palabra **«pornografía»** *en el DRAE y en el DLE, en los dos lo pone claramente. ¿Por qué en la definición de la palabra «pornografía» aparece la palabra prostitución? Porque son lo mismo.*

Tus padres deben de estar avergonzados de tener una hija como tú, que no es una persona de provecho y que ha malgastado el dinero de sus padres en hacer una carrera a la que no ha sabido sacar partido; una carrera que no ha aprovechado; una hija que va a matar a sus padres a disgustos. Probablemente tus padres se estarán preguntando: «¿Qué hicimos mal?». Pobres…, los compadezco; les salió torcido el árbol. Hay que enderezar a los árboles cuando son pequeños, para evitar que se tuerzan cuando son grandes. Si no se enderezan a tiempo, luego es demasiado tarde y se tuercen de forma irreversible. Me parece que tus padres te dieron poco o nada cuando fuiste pequeña. A ti te falta más vara que otra cosa. Si tus padres te hubieran dado unos tortazos a tiempo, hoy serías una persona decente; una persona de provecho. A veces, unos tortazos a tiempo salvan vidas. A ti te falta una cantidad de tortazos enorme. En fin, espero que algún día alguien te dé los tortazos que te mereces y que tus padres no te dieron.

Bueno, me despido de ti, objeto sexual.

Un tortazo cordial, puta.

Este tipo de pensamientos, sobra decirlo, son herencia de una perspectiva tremendamente machista de la sexualidad. Otro ejemplo más de cómo la violencia se ejerce contra la mujer. Y no una mujer cualquiera, sino aquella que ha traspasado los límites de lo socialmente aceptable. Te has dedicado al trabajo sexual, así que mereces mi odio, mi desdén, mi humillación. Recuerda: «No hagas vídeos en los que tienes sexo a cambio de dinero; y si los haces, asume las consecuencias». Tú eres la culpable de mi agresividad.

¿El trabajo sexual alimenta el machismo?

Este es un argumento que se repite una y otra vez: las trabajadoras sexuales son causantes del machismo y la violencia, y la existencia del trabajo sexual legitima su existencia. Estoy prácticamente segura de que el hombre que me escribió este correo no piensa en mí como una persona, sino como un objeto merecedor de su desprecio. Y eso me da miedo. Creo que es un problema que definitivamente no puede obviarse. Pero no voy a asumir bajo ningún concepto que yo soy la responsable de su violencia. Que yo hice algo para provocarla. Cuando se nos llena la boca diciendo que el trabajo sexual crea a seres como este, se me ponen los pelos de punta. Es el equivalente a decir que ir con minifalda por la calle incita a los violadores a pasar a la acción. Repito: la existencia del trabajo sexual no justifica ni legitima los comportamientos machistas.

Parecemos olvidar que no son las trabajadoras sexuales, sino la sociedad la que enseña a los hombres que la misoginia es aceptable. Es muy fácil lanzar la pelota al tejado de los otros, pero me parece cuanto menos naíf afirmar que el porno «engendra violadores» o que la existencia de la prostitución incrementa el machismo, de la misma manera que no pienso que los videojuegos sean una escuela para asesinos en serie. ¿Que sería mejor tener una industria del sexo feminista? ¿Con más variedad a la hora de representar cuerpos y sexualidades no convencionales y que no se centrase únicamente en satisfacer y representar el deseo masculino? Por supuesto. ¡Por favor, yo también quiero eso! La perspectiva de género tiene que aplicarse también en el trabajo sexual. ¿La industria del sexo es machista? Sí, en su gran mayoría, y muy a mi pesar. Pero la solución a este problema pasa por aportarle una perspectiva feminista, no sumirla en la clandestinidad. Hay que enseñar a los consumidores a tratar a las trabajadoras sexuales con ética y respeto y darles poder a ellas para poder rechazar a los energúmenos. Aquellos que consumen servicios sexuales para ejercer violencia o satisfacer fantasías misóginas.

Repetimos una y otra vez que «no es posible un porno feminista» o que es inviable ejercer la prostitución desde una perspectiva de género y sin embargo son muchas las trabajadoras sexuales que lo están intentando. Luchando por una parte contra el machismo y la explotación laboral que reinan en esta industria y por la otra, la que más me preocupa, contra los discursos que niegan que tal cosa sea posible.

Es una realidad que seguirá habiendo hombres machistas y depredadores sexuales haya o no haya prostitución porque la verdad, esa que tanto nos cuesta oír, es que el trabajo sexual no es un problema derivado del sistema de dominación masculina, sino una consecuencia de la vida en sociedad, vinculada con la precariedad laboral que se establece como una condición estructural de nuestro sistema económico. Y que las formas de opresión (de clase, género, raza...) que concurren bajo este paraguas pueden y deben ser combatidas utilizando el feminismo como arma.

Un trabajo feminizado

Durante todo este capítulo he hablado principalmente de «trabajadoras sexuales» en femenino y «clientes» en masculino. No es casualidad. Aunque existen hombres cis y trans que se dedican al negocio del sexo, son una minoría. Sí, hay *escorts* masculinos, actores de cine X y gigolós. También hay mujeres que consumen pornografía y algunas otras que pagan por servicios sexuales. Generalizar es complicado porque siempre se pierden matices, pero aun así creo que podemos afirmar que el trabajo sexual tiene género. En general, ellas son las proveedoras y ellos los compradores. Las razones son diversas, y también complejas.

Por una parte, está ese eterno sentimiento de culpa que las mujeres tenemos asociado al sexo. Nos han explicado miles de veces de forma consciente e inconsciente que es nuestra labor ser complacientes, así que nos cuesta mucho conectar con la idea de recibir placer. No estamos acostumbradas a expresar nuestro deseo, y como consecuencia ni se nos pasa por la cabeza consumir alguna de las diferentes variantes del trabajo sexual. A esto hay que añadir que el mercado actual está principalmente orientado a los hombres, ya que se entiende que ellos son prácticamente siempre los consumidores. En este contexto, la mujer que siente curiosidad por contratar este tipo de servicios no suele encontrar ninguna oferta que le resulte atractiva. Y, por último, aunque no menos importante, a las mujeres por regla general les resulta más sencillo que a los hombres encontrar parejas con las que practicar sexo ocasional y experimentar en la cama. Al tener más facilidad que ellos a la hora de encontrar compañeros sexuales, es muy posible que las necesidades de las demandantes femeninas sean diferentes (¿tal vez más afectivas?) y, como antes mencionaba, el mercado actual no las abarca. Sería muy interesante que hubiese algún estudio que analizase los motivos por los cuales las mujeres no consumen trabajo sexual.

La necesidad de entender la complejidad del dilema

Para cerrar este capítulo me gustaría hacer un repaso de las diferentes realidades que se solapan dentro de este debate:

1. El trabajo sexual existe. Nos guste o no, lo prohibamos o no, hay y habrá personas que se dediquen a ello. Y esos individuos necesitan protección laboral, reconocimiento de sus voces y experiencias individuales y poder tener los mismos derechos que cualquier otro trabajador.

2. Hay personas que se dedican al trabajo sexual por voluntad propia, pero como fruto de la necesidad ya que no han encontrado otra manera de conseguir sustento. Estas personas necesitan derechos y otras salidas laborales.

3. También existen aquellas que se dedican al trabajo sexual por voluntad propia, y sin que esta decisión sea consecuencia de la necesidad económica o la falta de salidas laborales. Sus experiencias también son una realidad dentro del trabajo sexual, y merecen ser escuchadas.

4. Las víctimas de trata necesitan acciones y medidas gubernamentales que aseguren su integridad y se centren en la protección de sus derechos humanos.

En un contexto donde las disputas a favor y en contra del trabajo sexual dividen a la sociedad, es complicado situarse. También es complicado dialogar. La realidad es que este es un debate complejo que no puede presentarse de manera reduccionista.

Mi apuesta personal pasa siempre por respetar las opiniones ajenas por mucho que yo no las comparta. Entiendo que es complicado mantener la calma cuando ves tus creencias puestas en entredicho; yo misma he perdido la paciencia más de una vez en este debate. Pero si de algo estoy segura es de que no puede haber una conversación justa sobre el trabajo sexual que no incluya a las protagonistas de la historia. Es irónico e hipócrita criticar el trabajo sexual argumentando que niega a las mujeres y reduce sus vivencias mientras afirmamos que las trabajadoras sexuales no pueden ser sujetos políticos dentro del feminismo. Como dice Melissa Gira Grant, «no es el trabajo sexual el que nos degrada, sino esa gente que usa nuestras experiencias para justificar la degradación».

Hay algo que tanto el feminismo abolicionista como el prodederechos comparten: las ganas de acabar con la violencia machista y la intención de ayudar a las mujeres que trabajan en condiciones precarias. Mi propuesta pasa por poner sobre la mesa aquellas cuestiones en las que estamos de acuerdo, y empezar a trabajar desde ahí. Y, sobre todo, entender a las putas, las *webcammers*, las actrices porno, las *escorts*, las dominatrices profesionales…, como las protagonistas del debate. Como aliadas. Como trabajadoras. Y sí, también como feministas.

CAPÍTULO 13

El sexo plasmado

Empecé en el cine porno trabajando detrás de las cámaras en una productora pequeñita y alternativa que fundé con casi veinte años. Los principios fueron complicados: no teníamos ni idea de cómo dirigir, mucho menos cómo gestionar los tejemanejes de montar una empresa. Vencimos el desconocimiento con entusiasmo y muchas horas extra. Recuerdo quedarme noches enteras investigando por internet cualquier artículo, blog o vídeo que me explicase cómo podíamos hacer aquello. De qué manera montar una página web para ofrecer vídeos en *streaming*. Qué cámaras usar. Contratos. Legalidad. Un amigo fotógrafo se sumó a la iniciativa, y una de nuestras actrices se ofreció a ayudarnos como coordinadora. Yo le dedicaba todo el tiempo que me quedaba libre entre la universidad y mi trabajo como modelo. No teníamos beneficios, pero tampoco pensábamos demasiado en ello. Cansados de un porno rancio que presentaba un sexo mecánico y ginecológico, queríamos hacer algo nuevo. Sexo de guerrilla, en tono *amateur,* pero que presentase a parejas reales teniendo sexo de verdad; enfocarnos en que hubiese química, besos apasionados y mucho roce de pieles. Al poco tiempo de empezar a dirigir me decidí a aparecer también delante de las cámaras, como actriz. No hubo una gran epifanía, no me sentí sucia, ni mancillada, ni vi mi vida como en una película. Fue divertido. Seguí actuando en mis propias escenas durante un tiempo, primero sola y después con otras chicas. Fue entonces cuando me contactaron desde otra productora, interesados en que apareciese en alguna de sus escenas. Después de pensármelo mucho accedí, volé a Ámsterdam y grabé el primer vídeo porno en el que yo no estaba cien por cien al mando de la situación. También fue la primera vez que gané dinero gracias a la industria. Estaba radiante de poder volver a España para aplicar en mis propias grabaciones todo lo que había aprendido allí. Comencé a rodar con otras compañías, intentando aprender todo lo que podía de sus *workflows* de trabajo. Pese a los esfuerzos por sacar la productora adelante, los años pasaban y no conseguíamos que aquello funcionara.

Las discusiones internas sobre qué rumbo debíamos tomar con la empresa finalmente consiguieron llevarla a pique. Tenía veintitrés años, acababa de terminar la universidad y no sabía qué forma iba a tomar mi futuro profesional. El porno me gustaba, así que decidí lanzarme a la piscina y empezar a buscar trabajos como *performer*. Fue entonces cuando me convertí en actriz porno a tiempo completo ¿Los motivos? Me sentía cómoda delante de las cámaras, orgullosa de mostrar mi cuerpo y mi sexualidad. También me apetecía experimentar y explorar los límites de mis gustos. Tenía curiosidad por descubrir un mundo sobre el que apenas había información, y la ambición suficiente como para intentar cambiar las cosas desde dentro, en la medida de lo posible. Obsesionada con el periodismo *gonzo* y los *beatnik,* empezar en el porno *mainsteam* me pareció la excusa perfecta para conseguir una buena historia que contar. Pasaron los años, y el resto es historia. Me mudé a Los Ángeles, el epicentro mundial del negocio, para impulsar mi carrera. Grabé escenas de las que me siento orgullosa y otras que en estos momentos me negaría a rodar. Tuve días buenos y días malos. He sufrido el estigma y he luchado contra los prejuicios, pero aguantar las críticas y el desprecio también me ha dado una fortaleza y una resiliencia que no sé si habría podido conseguir de otra manera. Estar constantemente fuera de mi zona de confort y enfrentarme a la vida de una forma tan poco normativa compensaban los problemas y la precariedad del negocio. Hasta que llegó un momento en el que me dejó de compensar.

A los veintisiete, me retiré. De esto hace ahora tres años.

Sexo «bueno» y sexo «malo»

Tengo 20 años, y aunque todavía no trabajo en el cine X, acepto de vez en cuando sesiones de fotos de desnudo. Estoy revisando mis mensajes en una web de modelos cuando me encuentro con el anuncio de marras: «Se buscan chicas de entre 18 y 25 años para fotos eróticas. Contraluces, planos sugerentes y con estilo. Esto es arte, NO PORNO». Las mayúsculas me hieren las retinas y me pregunto qué tiene el porno para levantar tantas ampollas. Realmente ¿es imposible hacer fotos porno «con estilo»? ¿Una pieza artística no puede ser pornográfica? Incluso ¿qué es lo que convierte una obra en pornográfica? Solemos enredarnos en definiciones que intentan dividir las representaciones sexuales utilizando como vara de corte el nivel de coherencia estética. Si algo es suave, delicado, insinuante... lo calificamos como erótico. Una mujer tumbada en la cama gimiendo de placer con tan solo una suave sábana de seda cubriendo su cuerpo. Si, por otro lado, nos enfrentamos a una representación del sexo cruda, directa y sin filtros, hablaríamos de pornografía. En el imaginario de la mayoría de la población, lo erótico es artístico; lo pornográfico, vulgar.

Nos esforzamos en crear esta división, como si necesitásemos establecer una separación simbólica entre el sexo «bueno» y el sexo «malo», una partición entre aquellas imágenes que nos es permitido admirar abiertamente y esas otras que solo podemos desear de puertas para adentro. Recuerda: ¡esto es arte, no porno! La realidad es que una representación explícita puede tener tanta o más calidad artística que otra que esté enfocada en lo tácito, lo sugerente. El grado de crudeza de una obra no tiene por qué entrar en conflicto con su calidad narrativa, e intentar defender lo contrario tal vez sea un vestigio de esas reglas morales que nos han enseñado que lo evidente, en el sexo, carece de interés estético. Volviendo a la pregunta de marras, lo que hay que tener en cuenta es la intencionalidad: cualquier representación que tenga como fin excitar al receptor es pornográfica.

Pese a todos los mensajes que nos llegan afirmando que el porno es un objeto de consumo y no una producción cultural, es innegable que tanto la sexualidad como el deseo son áreas especialmente importantes de nuestras relaciones como seres humanos, y la exploración de estos derroteros y su representación en diferentes medios puede ser extremadamente enriquecedora. Entre algunos de sus beneficios encontramos el ayudarnos a descubrir nuevas prácticas y fetiches, despertar nuestra imaginación y ayudar a activar la libido y el deseo, normalizar el acto sexual, asistirnos a la hora de entender otros cuerpos ajenos al nuestro, ayudarnos a comprender de forma más sana nuestra propia imagen, etc.

Las desavenencias morales que separan el porno de otros tipos de trabajo creativo con fines comerciales (como el teatro, la ilustración o la animación, sin ir más lejos) reduce la representación explícita de la sexualidad a un producto sin valor social ni cultural. Un género menospreciado por unas reglas que nos han enseñado que el sexo es algo sagrado que no debemos mostrar. Sí, el cine porno es cultura porque representa un aspecto importante de la vida del ser humano mientras nos aporta conocimientos sobre las costumbres sexuales, los gustos, las aspiraciones y las fantasías de nuestros congéneres. Un género más dentro de su categoría.

Porno *mainstream* vs. porno alternativo

Hablar de la industria del cine porno en su totalidad es complicado, de la misma manera que sería complejo establecer pautas generalistas en la industria de la moda o la automovilística: cada empresa tiene sus particularidades y una manera propia de desarrollar su actividad dentro del negocio. Sin embargo, es posible crear una división de corrientes que se diferencian entre ellas en la manera de producir su contenido y representar la sexualidad. Hablo del cine porno *mainstream* y del alternativo.

La corriente principal en la industria pornográfica, también llamada *mainstream*, está copada por un monopolio que acapara la mayoría de la producción y las ganancias, y que elige qué está de moda y cuáles son las actrices que van a triunfar. Normalmente, cuando pensamos en la típica escena porno, nos vienen a la mente este tipo de vídeos. Ya sabéis: hombres cachas con miembros monstruosos, mujeres convencionalmente atractivas, un escenario perfectamente iluminado, posturas acrobáticas y muchos, muchísimos planos ginecológicos donde lo que prima es ver de cerca la penetración. La coherencia estética o las representaciones de carácter artístico pasan a un segundo plano a favor de mostrar el sexo de manera cuanto más directa, mejor. La historia, si es que la hay, suele estar plagada de estereotipos: la niñera inocente, la profesora cachonda, el fontanero que decide desatascar las cañerías de su jefa. Todos y todas están siempre cachondos, disponibles y listos para la acción. No hay gatillazos, ni penes flácidos, ni prácticas sexuales que se salgan de lo normativo. El sexo está centrado en la penetración, las mamadas y la eyaculación. Todo gira en torno al hombre; y no cualquier hombre. Este tipo de porno está pensado para un nicho de la población reducido: hombres blancos, occidentales y heterosexuales.

Las cámaras se centran siempre en el cuerpo de la actriz, guillotinando sin piedad la cabeza o el cuerpo de su compañero. El actor se ve reducido a una máquina de follar, un pene sin ningún tipo de criterio cuya única función es penetrar cuantos más orificios mejor. Así, el espectador se identifica sobre todo con el placer de ella. «El porno es también la manera que tienen los hombres de imaginar lo que ellos harían si fueran mujeres, cómo se esforzarían en dar placer a otros hombres, siendo buenas putitas y comiéndose todas las pollas», dice Virginie Despentes en *Teoría King Kong*. El supuesto sexo lésbico también rinde buena cuenta de la mirada masculina: las actrices se penetran mediante el uso de dildos dobles y *strap-ons*. Las manos y la lengua sustituidas por elementos fálicos, como si no hubiese espacio para un tipo de sexo que no incluyese rellenar vaginas. Las personas racializadas son representadas bajo estereotipos tóxicos: el hombre negro agresivo, casi animalesco. Ella, vestida con un traje de Pocahontas. Las mujeres trans son entendidas como anomalías, fetiches exóticos a camino entre los sexos. Los hombres trans ni siquiera tienen cabida en esta área de la industria. Tampoco los hombres bisexuales, no sea que cuestionen de refilón la orientación sexual del espectador.

Pero también hay otra corriente periférica y tremendamente transgresora que intenta mostrar representaciones sexuales que se alejan de los tópicos de siempre. Escenas que no acaban con la eyaculación masculina, que muestran bellezas no convencionales y cuerpos que se salen de lo normativo. Tripas con lorzas. Piernas con pelos. Parejas que se encuentran en los márgenes del género binario. Planos tremendamente sexys en los que solo se muestra la cara de placer de los participantes. Vídeos que cuestionan los roles que hombres y mujeres han de cumplir en el sexo, imponiendo perspectivas alternativas a la hora de grabar lo explícito. Sí, existen. Lo que pasa es que no son fáciles de encontrar, primero porque no aparecen en los buscadores, saturados del otro porno casposo que, como hemos visto antes, acapara los canales principales. Y segundo, porque, normalmente, para ver este tipo de porno hay que pagar. Estoy acostumbrada a que la gente se revuelva en sus asientos cuando digo esto, así que voy a repetirlo: para ver porno que se salga de los tópicos, hay que pagar.

Y para explicaros por qué, voy a hacer un resumen muy rápido de cómo funcionan los *tubes*. Este tipo de portales ofrecen vídeos sexuales gratuitamente a través de páginas web que funcionan como bazares. Su contenido se nutre, por una parte, de los vídeos subidos por los usuarios y, por la otra, de contenido robado de internet. Piratería, dicho así en claro. Mientras Hollywood se partía la crisma luchando para que los derechos de autor fuesen respetados en plataformas como YouTube, la industria pornográfica libraba la misma batalla contra los *tubes*. Solo que, en este caso, el porno perdió. El gigante de la industria, una empresa canadiense llamada Mindgeek, compró la mayoría de *tubes* a la vez que se ponía al mando de las grandes empresas que producían pornografía, como Brazzers, Digital Playground, Men.com o Reality Kings. Con acceso a cientos de vídeos pornográficos y el dominio absoluto de las plataformas de distribución gratuita, Mindgeek dio con la solución definitiva a la piratería: si no puedes destruirla, únete a ella. Colgaron una parte de los vídeos porno de las empresas que ahora dirigían (muchas veces fragmentados o subidos en baja calidad) en los *tubes*, de tal manera que cualquier persona pudiese acceder a ellos sin pagar ni un céntimo. Simultáneamente ganaban dinero ofreciendo los mismos vídeos en mejor calidad o completos previo pago de una subscripción en la web de turno, y vendiendo espacios publicitarios a los anunciantes, dispuestos a pagar cantidades desorbitadas para promocionarse en páginas con muchas visitas. Así fue como crearon uno de los monopolios más fructíferos de la época contemporánea. Entonces ¿cuál es el problema? Pues que en estas plataformas también se colgaron miles de vídeos de productoras pequeñas que no podían permitirse distribuir su contenido de forma gratuita. La piratería las arruinó y las llevó a la quiebra al no poder monetizar de ninguna manera sus escenas. Y así, se acabó cualquier atisbo de innovación o variedad.

Este es el problema más grande contra el que lucha actualmente el porno alternativo. Apenas hay plataformas de distribución, es muy complicado darse a conocer y, sobre todo, muy poca gente está dispuesta a poner dinero para ver vídeos sexuales. El cine porno es visto como un producto de segunda categoría, algo para lo que no vale la pena sacar la cartera. Los *tubes* han malacostumbrado al espectador a no tener que gastar ni un céntimo para consumir su contenido.

Por supuesto, hay muchas personas que afirman que el porno que ellos querrían ver simplemente no existe. Que se trata de un género pobre en cuanto a la variedad de representaciones. Y, sin embargo, creo que lo que realmente quieren decir es que no les gusta el tipo de porno que han encontrado cuando han buscado rápidamente por internet. Y es normal. Las plataformas gratuitas ofrecen las mismas escenas rancias de siempre que reproducen esos tópicos que nos parecen tan cansinos. Todo el mundo se queda ahí, en la superficie. Para encontrar productoras que transgredan lo normativo, hay que profundizar en internet. Es el equivalente a decir que no te gusta la carne después de comerte una hamburguesa en un restaurante de comida rápida.

Cuando apoyamos la creación de leyes que prohíben la venta y comercialización de escenas pornográficas, también están incluidas, muy a mi pesar, estas productoras que intentan hacer contenido innovador y de calidad. ¿Que la mayoría del porno es rancio y machista? Sí, estoy de acuerdo. Pero el problema no es del porno. El porno *per se* no es malo. Lo malo es que exista un monopolio que acapare toda la producción y comercialice un producto que reproduce estereotipos sexistas. Es esto lo que hay que cambiar. Es ahí donde tenemos que poner nuestros esfuerzos.

Si queremos meter al Estado de por medio, ¿por qué no hacerlo mejorando las condiciones precarias en las que se desarrolla la industria?

La falta de protección hace que los *performers* se vean incapaces de denunciar cuando son víctimas de abusos. Tienen miedo. El estigma y los prejuicios impiden que vayan a la policía, ¿quién los va a creer? Se sienten desprotegidos, con la policía y la opinión pública en su contra. La falta de protección y la imposibilidad de alzar la voz convierte la industria pornográfica en un caldo de cultivo ideal para que muchas personas indeseables se aprovechen en su beneficio de la situación precaria de los actores. El problema reside en que la industria se esté lucrando a través del trabajo de hombres y mujeres en una situación de precariedad mientras representa estereotipos que tienen una visión de la sexualidad limitada y machista.

El porno como educador sexual

Yo, como tantas otras personas, lo aprendí todo sobre sexo gracias a —o a pesar de— la pornografía. Cuando entré en la adolescencia, el sexo empezó a cobrar relevancia. Los niños hablaban abiertamente sobre el tema y presumían de sus avances sexuales mientras a nosotras se nos imponía, por un lado, una actitud recatada y cuidadosa, y, por el otro, la exigencia de no ser unas mojigatas. ¿Con cuántas personas te has liado? ¿Sigues siendo virgen? El eterno dilema femenino entre la virtud y el vicio. Frente a toda esta presión, el sexo seguía siendo un gran desconocido. Era algo oculto, mitificado.

Yo no tuve educación sexual. Ni en casa ni en el colegio me explicaron de qué iba todo aquello, así que las únicas fuentes de información que acabaron contestando mis preguntas al respecto fueron el boca a boca e internet. Así fue como empecé a consumir pornografía.

Como muchos otros adolescentes, utilicé el porno sin ningún tipo de filtro, como fuente de inspiración y aprendizaje. Pensé de corazón que el sexo que veía en las películas era una representación verídica de lo que me esperaba en la cama con mis futuras parejas sexuales. Pero, como os podéis imaginar, al llegar la hora de la verdad, me di cuenta de que este conocimiento estaba sesgado y que muchas de las actitudes, prácticas y escenarios que había visto en el porno no solo no me ponían cachonda en la práctica, sino que en muchas ocasiones eran tóxicos y nocivos.

Yo tuve la suerte de investigar lo suficiente por mi cuenta como para ser consciente pronto de mi error y subsanarlo a base de libros, artículos y preguntas a las personas correctas. Pero, lamentablemente, son muchos y muchas los que nunca acceden a este conocimiento y como resultado, normalizan a pies juntillas y durante toda su vida aquello que han aprendido de la pornografía *mainstream*. Véase: que hombres y mujeres están constantemente cachondos, los preliminares son innecesarios, el placer de la mujer es secundario y todas llegan fácilmente al orgasmo con la penetración. Los cuerpos atléticos y delgados son la norma, la penetración se practica de forma mecánica y las posturas parecen sacadas de un manual de gimnasia. La realidad, distorsionada. ¿Esto significa que el porno debería mostrar representaciones sexuales más verosímiles? Sí y no. Antes de nada, tenemos que tener en cuenta que el porno es un género audiovisual pensado para representar actos ficcionados. No se trata de un documental, ni aspira a ser objetivo. Los vídeos y las fotografías comercializados por la industria no están pensados para educar al consumidor, y no podemos exigirle que lo haga, de la misma manera que no exigimos a los libros o a las películas convencionales que nos enseñen a vivir nuestra vida. El porno no debe ser usado como educador sexual, de la misma manera que no podemos aprender a conducir con el *Grand Theft Auto*. Tampoco podemos exigirle que supla las carencias educacionales de las que deberían hacerse cargo padres y educadores.

La solución a este dilema pasa por enseñar a los jóvenes a separar la realidad de la ficción y explicarles que no pueden creer que aquello que encuentren en internet representa de forma fidedigna una relación sexual. Dando referentes fiables y contestando a sus preguntas para que no intenten resolver sus dudas a través de la pornografía.

Dicho esto, ¿sería beneficioso que el porno presentase otro tipo de escenarios? Definitivamente, sí. Hace falta más diversidad y que se imponga una perspectiva de género dentro del negocio. La visión que se presenta de la sexualidad en el porno *mainstream* es homogénea, plagada de estereotipos y centrada en el placer masculino. Además, en esta versión limitada de la sexualidad se lleva a cabo lo que yo llamo «normatividad relativa»: prácticas que en un principio no suceden muy a menudo en nuestro día a día se entienden en el porno como extremadamente comunes. Sexo anal sin protección, sexo en público, dobles y triples penetraciones... Mientras tanto, otras prácticas son estigmatizadas y categorizadas como «bizarras». Por ejemplo, las relaciones bisexuales que incluyen a hombres cis, las prácticas BDSM, o el sexo con personas trans se comprenden como anomalías sexuales. En resumen, todo aquello que no le parece atractivo al varón normativo, blanco, occidental y heterosexual simplemente se entiende como extraño. Su sexualidad se convierte en la norma y el resto de perspectivas pasan a formar parte de la periferia. Así, todo lo que se salga de la «normatividad relativa» es comprendido como una parafilia.

¿Cuál es la solución? Crear y consumir un porno inclusivo, variado y que presente otras realidades más allá de lo hegemónico. Eliminar las categorías que fomenten estereotipos y prejuicios, cuestionando los modelos tradicionales que rigen las escenas. Que el sexo no se acabe cuando el hombre se corra. Que las mujeres tengan orgasmos sin penetración. Que se cuestionen los estándares de belleza típicos. Que se emplee tiempo en los preliminares. El cambio debe empezar desde dentro de la industria a manos de los *performers,* directores y productoras, pero puede también ser apoyado por los consumidores, pagando por consumir los vídeos de aquellas compañías que lo estén haciendo bien. Son pocas, pero están ahí: The Crash Pad Series, Abbywinters, Four Chambers, Beautiful Agony, Lustery, Ersties... Como dijo Annie Sprinkle en su libro *Hardcore From the Heart*, «La respuesta al porno malo no es la prohibición del porno, sino hacer mejores películas porno».

Fantasías sexuales, prácticas humillantes y trucos de cámara

En el 2016 tuve una discusión pública con la escritora Lucía Etxebarria a través de las redes sociales. El objeto de debate era un texto[34] que Lucía había dirigido públicamente a mi persona, en el que explicaba que los hombres adictos al porno «pretenden que se la chupes de rodillas» y «quieren correrse en tu cara [...] correrse en tu boca [...] masturbarse con tus tetas» o llamarte «guarra o putita» creyendo encima que «te va a gustar». Cuando leí el artículo, tuve que esforzarme en respirar hondo y esperar unos minutos antes de contestar. Lucía estaba obviando que hay muchas mujeres que consideran estos juegos sexuales atractivos y deseables, mientras que, con su discurso, dejaba entrever que hay ciertas prácticas que son buenas, naturales y positivas, y otras que merecen nuestro rechazo por ser consideradas indignas, indecentes o degradantes.

34 *https://diario16.com/podemos-y-su-musa-porno/*

La realidad es que no todo el mundo disfruta de su sexualidad de la misma forma, y lo que para algunas personas puede entenderse como vejatorio puede ser fuente de disfrute y placer infinito para otras tantas. Es fácil caer en el paternalismo y establecer valoraciones bajo nuestros propios esquemas olvidándonos de que estos no tienen por qué coincidir con los del resto. Habrá quien considere la lluvia dorada como una asquerosidad, mientras que también existirán aquellos a quienes les parecerá realmente placentero. Lo mismo pasa con las penetraciones anales o las eyaculaciones faciales. No podemos discernir lo que cada persona considera humillante u opresivo, en tanto que no existen verdades absolutas sobre la sexualidad o el propio cuerpo. Lo que sí podemos y debemos hacer es analizar si las prácticas realizadas cuestionan o no la sexualidad hegemónica y plantear alternativas. Pero sin juicios morales. Mi opinión es que siempre que haya consenso y se respeten los límites de la legalidad, no creo que debamos juzgar lo que los otros hacen en la cama.

Cuando ponemos sobre la mesa el debate creado alrededor de la pornografía, a veces nos olvidamos de mencionar todas aquellas cosas que suceden detrás de la pantalla. Por ejemplo, las pruebas de ETS/ITS que los actores y actrices que ruedan de continuo se realizan cada catorce o veintiún días (dependiendo del país donde se grabe la escena) para tener relaciones sexuales sin utilizar condón. Tampoco se muestran los métodos anticonceptivos usados, ni la negociación previa en la que se pactan las posturas sexuales y se establecen los límites personales de cada persona («Odio que me toquen los pezones», «Por favor, nada de cachetes en el culo»). Los *performers* saben con antelación si la escena que van a grabar contiene interacciones heterosexuales u homosexuales, ya que no todos están dispuestos a realizar cualquier acto en pantalla. De hecho, muchas actrices comienzan rodando escenas ellas solas y, una vez se sienten cómodas, pasan a grabar con otras mujeres y/o con hombres. A veces, nunca cruzan esa línea y, en otras ocasiones, deciden no realizar algunas prácticas (como sexo anal o sexo con componentes sadomasoquistas) en toda su carrera.

El porno representa escenarios a los que normalmente no podemos acceder en nuestra vida privada, y eso nos hace fantasear con prácticas que tal vez nunca lleguemos a realizar. Por este motivo también nos sirve como inspiración a la hora de expandir nuestros horizontes sexuales. Cuando vemos una película convencional, a veces queremos descubrir la dramatización de eventos reales —como en la serie *The Crown* (2016) o en *El gran dictador* (1976)—, otras veces queremos ver documentales y en otras ocasiones simplemente nos apetece pasar un buen rato y olvidarnos de nuestro día a día. Con el porno, pasa igual.

También hay que recordar que la escena final que nosotros consumimos está editada y que se han eliminado todas aquellas cosas que por el motivo que sea no resultaban atractivas en cámara: pedos vaginales, posturas imposibles que acaban con alguien cayéndose de la cama, pausas para poner lubricante, penes flácidos… Tenemos que empezar a pensar en los actores y actrices porno como acróbatas, algo así como el equivalente sexual de los dobles de riesgo en las películas convencionales. Los *performers* pornográficos preparan su cuerpo para poder realizar prácticas que son ajenas a la mayoría de la población, y esa preparación normalmente no aparece en el corte final del vídeo. Al igual que un equilibrista planifica su espectáculo y prepara su cuerpo antes de salir al escenario, los actores y actrices siguen sus propios rituales. A lo mejor lo que hace falta es que antes de cada escena apareciese un cartel que rezase: «Estas prácticas han sido realizadas por profesionales entrenados. No lo intentes en casa». Tal vez así todo quedaría mucho más claro. Y es que una de las críticas que más oigo cuando la gente habla de porno tiene que ver con la falta de veracidad a la hora de representar las escenas sexuales. «Nadie en su sano juicio haría eso en la cama», «Los actores y las actrices son demasiado falsos», «Su placer no es real. Están sobreactuando».

Es curioso cuánto insistimos en pedirle al cine pornográfico algo que nunca exigimos a otros géneros cinematográficos: que represente la verdad, como si se tratase de una *snuff movie*. Los trucos en cámara se ven como trampas y no medios para representar la acción. Así, les reprochamos a las actrices y actores que, por ejemplo, finjan el placer. «No se le pide a Britney Spears que tenga ganas de bailar cada tarde que sale a actuar —dice de nuevo Despentes—. A eso es a lo que viene, nosotros pagamos para verlo, cada uno hace su trabajo y nadie se queja al salir diciendo: "Yo creo que simulaba"».

Seamos claros: en el momento en el que pones una cámara delante de alguien, nada de lo que vas a ver es «real». Todos, absolutamente todos nosotros cambiamos nuestra actitud cuando sabemos que alguien más está observándonos. En el porno este factor se multiplica por mil. Incluso en ese tipo de películas categorizadas como *amateur*, éticas o feministas, las posiciones y prácticas que vemos están realizadas con la intención de ser grabadas. Por muy realista que parezca ese sexo..., sigue sin ser igual al que practicaríamos en casa. Los actores y actrices están más pendientes de poner su cuerpo en posiciones que realcen su atractivo que de obtener placer. Y es que actuar cuando estamos follando no debería ser visto como algo inherentemente malo. A veces en nuestra vida privada exageramos la forma en la que representamos nuestro placer para mostrar a nuestro compañero que nos gusta lo que nos está haciendo. Gemimos, miramos con erotismo o nos mordemos el labio en el momento preciso para indicar que todo va sobre ruedas. ¡Y puede ser muy divertido! Lo que no es sano es pretender que nos gustan prácticas que realmente no disfrutamos por miedo a decepcionar a la otra persona.

Las experiencias que los actores y actrices tienen en la pornografía son tan variadas como las personas que se dedican a este trabajo. Para algunas resulta empoderante mientras que para otras será la peor decisión que han tomado en su vida. De todas las áreas que engloba el trabajo sexual, probablemente el porno sea aquella con más exposición pública y, por tanto, el estigma al que las actrices se enfrentan durante toda la vida va a ser muy grande. Los actores no lo sufrirán tanto. Otro ejemplo del doble estándar en la promiscuidad sexual.

Por eso me parece primordial no romantizar la industria e informar sobre las consecuencias antes de animar a nadie a dedicarse a la pornografía. Lo más importante es tener claro que, si ruedas una escena, va a estar en internet para siempre. No hay manera de borrarla y es posible que tu familia, tus amigos o tus compañeros de trabajo vayan a verla. Tu vida se va a ver afectada, y tienes que tener muy claros los riesgos antes de animarte a hacerlo. Creo que es especialmente relevante disuadir de sus intenciones a cualquiera que quiera rodar una escena simplemente «por probar». Aquellas personas que graban tres o cuatro vídeos para después retirarse tienen altas posibilidades de pasarlo mal. Se llevarán la peor parte de la presión social sin todos los beneficios que aporta este trabajo.

La actriz Bree Olson explicó muy bien su experiencia en una carta que publicó en sus redes sociales después de dejar la industria. Se titula «A todas las chicas jóvenes que estén pensando en hacer porno». El texto reza así: «Cuando haces porno, de forma automática te conviertes en una parte segregada de la sociedad que es sometida a prejuicios sin el apoyo de activistas por los derechos humanos. El porno no es malo, lo malo es el modo en que la gente te tratará el resto de tu vida [...]».

Yo empecé en la industria por una mezcla de curiosidad, exhibicionismo y ganas de vivir aventuras. En mi caso personal, resultó empoderante. Me ayudó a superar complejos, a descubrir mi sexualidad y también a sentirme bien en mi propia piel. Y aunque una vez dentro viví la precariedad y unas condiciones laborales deplorables, lo disfruté durante muchos años. Cuando dejó de compensarme, me retiré. Pero no ha sido fácil. La lucha constante contra los prejuicios desgasta a unos niveles que muy poca gente puede soportar. No me cansaré de repetirlo, pero lo más complicado de ser actriz porno no es trabajar en una industria machista y precaria, sino tener que enfrentarte constantemente a los juicios de la sociedad. Por favor, dejemos de lado las ideas retrógradas. Ya va siendo hora.

Porno feminista vs. porno «para mujeres»

Durante los últimos años se ha debatido largo y tendido sobre si es posible o no hacer pornografía feminista y si deberían existir categorías específicas de «porno para mujeres». Muy a mi pesar, estos conceptos suelen usarse indistintamente como sinónimos, así que antes de nada me gustaría diferenciar ambos términos.

Algunas productoras han presumido de estar grabando contenido específicamente dirigido a las consumidoras femeninas. Pero ¿qué es lo que les gusta a ellas? En la cabeza de muchas personas, a las mujeres les ponen cachondas las situaciones afectivas, el sexo lento y con besos profundos. Los argumentos románticos que incluyen a parejas con mucha química disfrutando de una noche de pasión entre palabras de amor y compromiso.

Sin embargo, parece que la realidad es muy distinta. Cuando Pornhub hizo públicas sus estadísticas de consumo en el año 2018, me sorprendió ver que las mujeres buscan un 87 por ciento más a menudo que los hombres porno de *gangbangs* (una mujer penetrada simultáneamente por más de tres hombres), un 83 por ciento más de escenas de *bondage,* un 72 por ciento más de vídeos con dobles penetraciones y un 58 por ciento más de escenas que incluyen la palabra *hardcore.* Vaya, parece que lo del sexo romántico es simplemente un mito.

Personalmente veo varios problemas asociados al hecho de categorizar ciertos tipos de pornografía como hecha «para mujeres». Por una parte, este término acota nuestros deseos a nuestro género, como si este condicionase inherentemente nuestros gustos sexuales. A los hombres les gusta el sexo duro. A las mujeres, lo romántico. Un prejuicio que surge como resultado de esas características que el machismo ha asociado históricamente con las mujeres. Ya sabéis: nosotras somos más vulnerables, emotivas y sensibles. Preferimos lo delicado, lo estético. Ellos son fuertes, rudos, vulgares. Les atrae lo salvaje y las conductas de riesgo. Los datos, sin embargo, apuntan a una realidad muy distinta. Utilizar esta terminología perpetúa los estereotipos, volviendo de nuevo a la cuestión de siempre: lo masculino se entiende como universal mientras que lo femenino necesita una posición aparte. El «porno para hombres» es la norma, así que no necesita una nota a pie de página. El «porno para mujeres» es la anomalía, la excepción. Además, hacer esta división invisibiliza a aquellas personas que no se sienten identificadas con el concepto hegemónico de género: personas no binarias, de género fluido, agénero, etc. Si te sales fuera del binarismo hombre/mujer, ¿dónde quedan tus gustos?, ¿dentro de qué categoría los englobamos?

Ahora que esto ya ha quedado claro, pasemos a la gran pregunta: ¿es compatible el feminismo con la pornografía? Definitivamente, sí. No únicamente porque cualquier problemática que atañe a las mujeres ha de ser tratada por el feminismo (y en el porno hay consumidoras, y también mujeres trabajando delante y detrás de las cámaras), sino también porque la única forma de combatir el machismo imperante en cualquier industria es usando el feminismo como arma. Lo cual nos lleva a la siguiente pregunta: ¿es posible un porno feminista? Sí, también. El porno feminista expande las nociones de deseo, belleza y género a través de formas de representación no convencionales. Básicamente lucha contra la representación hegemónica de la sexualidad que he diseccionado durante todo este capítulo.

Pornografía ética

¿Qué es lo que hace feminista a una productora? ¿Que la representación que hace de la sexualidad rompa con lo hegemónico, o que las condiciones en las cuales se graba sean dignas para sus trabajadores? Para mí, la respuesta es clara: han de darse ambas condiciones. Por muy alternativa y transgresora que sea una película, si esta ha sido grabada en condiciones precarias (si se han firmado contratos abusivos, los *performers* no han recibido una remuneración equivalente al trabajo realizado, etc.), no sería justo considerarla feminista. Es aquí donde entra en juego otro concepto que debería ser la base de cualquier debate sobre este tema. Hablo del porno ético.

La primera vez que oí hablar de esta idea fue a través del discurso de la directora y activista Tristan Taormino, mientras recalcaba la importancia de atender los derechos laborales de los *performers*. Y es que el porno ético hace referencia principalmente a lo que sucede detrás de las cámaras, no delante de ellas. En concreto, Taormino afirma que en el porno ético los actores y actrices son tratados con respeto y en igualdad de condiciones. Hay un especial hincapié en hacerles sentir que su trabajo es valioso, su actuación se paga de forma acorde al trabajo que están realizando, existe un marco legal al que pueden acogerse y el ambiente en el que actúan es sano, seguro y consensuado. En resumen, afirma que las condiciones en las cuales se realiza la producción son tan importantes como el resultado de la misma.

La idea del porno ético viene a ser al cine X lo que el sello de «comercio justo» es para la agricultura. Una certificación de que el producto que estás consumiendo ha sido realizado en condiciones dignas para sus trabajadores. Lamentablemente, las circunstancias actuales en las que se desarrolla la industria (falta de asociaciones, convenios colectivos, sindicatos, leyes que recojan los derechos laborales de los trabajadores, etc.) provocan situaciones injustas, mucha precariedad y una vulneración constante de los derechos de las personas que trabajan en ella. El porno ético es prácticamente inexistente.

Más allá de la protección legal e institucional, se me ocurren algunas propuestas que mejorarían sustancialmente las condiciones de los trabajadores en el porno. Por ejemplo, que el uso de condones durante el rodaje sea una decisión tomada por el actor y la actriz, no por la productora. Que independientemente de si se usan o no métodos de barrera, las pruebas de ETS/ITS sean obligatorias y remuneradas por la empresa contratante. Que se respeten los cachés de cada persona, eliminando cualquier tipo de discriminación en torno al género o la raza de los mismos (actualmente, es común que los hombres cobren menos que las mujeres; asimismo, hay casos de actrices que suben su caché al rodar con hombres racializados). También que sea obligación de la productora el proveer comida y agua durante el rodaje. Y, por último, que se haga hincapié en la importancia de preguntar a los actores y actrices sus gustos y juguetes favoritos para diseñar las escenas en torno a esta información. La productora Kink, por ejemplo, entrega a sus *performers* listas detalladas que incluyen todas las prácticas que pueden suceder en pantalla para que antes de grabar cada actor marque aquellas situaciones en las que se siente especialmente cómodo, cuáles le gustaría probar y cuáles están fuera de cualquier negociación. Así las grabaciones se establecen alrededor de sus preferencias y sus límites.

En resumen: sí, para que exista porno feminista es necesario cuestionar la representación hegemónica que el porno convencional hace de la sexualidad, pero también es imprescindible que paralelamente se luche por alcanzar unas condiciones laborales dignas para sus trabajadores.

Es necesario que aparezcan nuevas productoras que apoyen una representación de la sexualidad que se salga de lo normativo. Que se atrevan a innovar y romper con los cánones impuestos. Así es como aparecen los nuevos estilos y géneros. Así es como se apoya la creatividad. Así es como hacemos que cualquier industria patriarcal se vuelva feminista. Pero para llegar hasta este punto primero hace falta visibilización, aceptación y, sobre todo, que el público apoye a esas compañías que están intentando cambiar las cosas.

CONCLUSIÓN

Plantando una semilla

Después de analizar durante muchos cientos de páginas aquellas situaciones que han marcado mi experiencia como mujer en el mundo, acabo este libro revuelta, como si, absorta en la escritura, hubiese invocado sin quererlo un temporal de ideas que ha traído a las orillas de mi cabeza restos de naufragios pasados. Fragmentos de historias que en otros momentos habría preferido olvidar. Ha sido gracias a ellas que he conseguido entender la cumbre de algunas de esas dinámicas que, desgraciadamente, nos atraviesan a todas y cada una de nosotras: el miedo a la violencia, la falta de educación sexual, los problemas a la hora de establecer relaciones sanas, la tiranía de tener que encajar en los modelos de belleza y, en definitiva, cómo nuestro entorno nos ha influido a la hora de establecer nuestra identidad y la visión que tenemos de nosotras mismas.

Ese mismo contexto es el que cataloga nuestro paso por el mundo en categorías estancas que definen nuestro pasado, presente y futuro. Una sociedad que ha hecho de nuestro género un destino y no una cualidad. Todas hemos sido alguna vez vírgenes avergonzadas por nuestra inocencia, amantes con miedo a no llegar a la nota de corte, mujeres comprometidas con un imaginario que se ha olvidado de representarnos. Hemos sido las histéricas, las exnovias, las madrastras, las putas. Siempre ocupando el espacio de *las otras*. Y es que la condición femenina, por haber sido históricamente establecida y limitada por códigos ajenos, siempre ha estado posicionada en la alteridad. Hemos ocupado en soledad y sin rechistar los lugares que nos han sido designados, calladas por el miedo y la culpa. Aisladas en un mundo que nos ha convencido de que la protección está supeditada al encierro.

Si pienso en la mejor manera de representar visualmente el exilio forzoso que hemos vivido, el primer nombre que me viene a la cabeza es el de Edward Hopper. Las mujeres de sus cuadros se encuentran siempre solas, absortas en su cotidianidad. Viven paradas en el tiempo, demasiado centradas en sus propios pensamientos como para percibir siquiera dónde están. Miran una taza de café, buscan por la ventana y observan los rayos de luz que se filtran por la puerta entreabierta, sin ninguna intención más que la de permanecer en ese mismo lugar atemporal para siempre.

No, no están tristes, sino expectantes. Algo les ha sido arrebatado, y están esperando a que las cosas cambien. De la misma manera que los insectos aguardan a que la pupa se abra y su realidad se vea modificada para siempre, nosotras hemos dejado que nuestras vivencias palpitasen durante siglos sin llegar a abrir nunca la crisálida. Sin hablar, sin compartir esas situaciones que tanto nos han afectado.

Afortunadamente, el silencio y la soledad han dado paso a la comprensión. Volviendo a la metáfora de las pinturas, las mujeres de Hopper ahora son conscientes de que están rodeadas de otros cuadros anexos que se encuentran en su misma situación. Y, sobre todo, que cada una de esas escenas no ha de ser entendida como una revelación personal, sino como un punto más dentro de una red atravesada por prismas comunes: la violencia, el abuso de poder, la necesidad de complacencia…

La unión de todos estos nexos conforma la historia de nuestro género, haciendo que los relatos individuales se conviertan en información valiosa a la hora de analizar y solucionar las desigualdades. Por eso, es tan importante que aprendamos a hablar de nuestras experiencias. Ese fue el motivo por el que me senté, hace ahora un año, a escribir este libro.

He comprendido en profundidad algunas cosas que ya sabía, y otras que me ha costado un poco más encontrar. He entendido cuánto necesitamos empezar a mirar a las mujeres igual que a un peliculón de Hollywood. Ser mujer tiene que ser un éxito en taquilla. No un corto de bajo presupuesto donde los extras tienen miedo de no cobrar. Ser mujer tiene que entenderse como un atributo que nos haga levantar la cabeza con el orgullo de la legitimidad, y no un incentivo para llevar las llaves escondidas en el puño cuando llegas de noche a tu portal. Ser mujer tiene que convertirse, sobre todo, en un viaje divertido. Un trayecto que tengamos muchas, muchísimas ganas de compartir. Una excursión en la que dejar atrás el miedo a transgredir las normas sociales y esas categorías que con tanta vehemencia nos han impuesto, para llegar a convertirnos en lo que queremos ser.

También he aprendido que los problemas de verdad no se solucionan en la tele, ni en las redes sociales. Tampoco en los libros. Se solucionan en las cabezas pensantes, en los cerebros de aquellos dispuestos a hacer un esfuerzo por comprender la situación, y después actuar. Esta última parte es importante; si las ideas no se ponen en práctica, se quedan girando en el caleidoscopio mental. Permanecen ancladas a las páginas, a las pantallas y a nuestro ego, que cada vez va creciendo más. Y así, nos quedamos como Narciso, encerrados en nuestra vanidad y ahogados en la autocomplacencia; pensando que resolvemos el mundo a golpe de retuit.

Por último, he entendido que la metamorfosis de los ideales no puede imponerse, tampoco forzarse. Aquel incapaz de mirar es incapaz de comprender. Lo que sí podemos hacer en las mentes fértiles es plantar una semilla y dejarla florecer.

Ojalá este libro sea un árbol que crezca en tu mente.

AGRADECIMIENTOS

A Pablo, por las conversaciones filosóficas a altas horas de la madrugada. Por darme paciencia y amor (y por dejarme escribir encerrada en tu habitación). A mi madre, por el apoyo constante, y a mi padre por la capacidad de reflexión. A Ana Lafuente y Sara Torrico, por ayudarme a encontrar la dirección que quería seguir con este libro. A Raj Redlich, por leer los capítulos dedicados al trabajo sexual y ayudarme a recopilar datos e información veraz. A Sandra y Pilar, por echarle un vistazo a estas páginas antes que nadie, y darme miles de consejos que me han ayudado a corregir el texto. Al organismo, simplemente por existir. A Caro, por nuestras charlas interminables en la furgoneta. Por tu cariño y tus palabras, que siempre me hacen pensar. A Gaby, por ayudarme a reflexionar desde el respeto, hasta en aquellos temas donde no estamos de acuerdo. A R., por poner un altavoz en mis manos y, sobre todo, por ayudarme a creer que mi discurso tenía cabida en el mundo.

A todos los que me habéis regalado libros, críticas constructivas y debates civilizados. Gracias a vosotros, mi discurso ha crecido.

A mis seguidores, por hacer posible que me dedique a algo que me hace tan feliz.

Y en especial, a todos mis usuarios de Patreon, por darme el apoyo que me ha permitido estar todos estos meses centrada en escribir. Por leer mis reflexiones y ayudarme a crear una comunidad en la que no tengo miedo a decir lo que pienso: Abril, Caleb W Garten, Chou Yu Ting, Ian S., Maurizio Cunico, Flora Ninimma, Lars, Ascension Garcia Delgado, Ismael Escribano Córdoba, Mike Ramsey, Maximilian Gutberlet, Soli Johnson, Kenneth Murphy, Anónimo Barry, Antonio Puyol Usón, Fernando Caldera, Carlos Treviño, Alejandro González, Juan R Diaz Troche, Elisabet García, Macarena García, Romero Ebusitanus, Hillary Langtry, John U, Fernanda Santiesteban, Flavio Careta, Bill Eby, Max Wing, Mark Levin, Michael Boydee, Rafael Ariza Ariza, Damien, Lissette Ventura, Coral Suero, Alberto Marcos, Ana María Marcos Galera, Joe Glenn, John V, Frank Mendoza, Howard Cypress, Raquel Garcia Leyva, Raul Jesus Barcia Ortiz, Tres en un Burro, Rocio, Liliana Gómez Montoya, Federica Jas Solari, Edward Iglesias, Quendil, Tarek Laos, Edgar M. Toro, Diana Romero, Silvia Almenar, La Dama del Pink, Laia Felis, Grecia Paola Figueroa Manrique, Luciferina, Claudia Gardner, Eduardo Martínez Torrado, Forever Aileen, Bastien Meyrieux, Cauchpotato, Larissa Murray, Larissa Murray, Marta Marne, SinKarma, Nathan Tipple, Roberto Vergara, Victor Adarve-Ocampo, Paula, Joshua Oliver, Stephane Big Belly, Isidoro Treviño, Xavier Rovira, Sergey, Doug, Gregory Cajiao, Tessa, Clare Irnor, Hanna Armas Pérez, Berta, Odette Kuri, Manuel Barrero Iglesias, Enrique Carnicero, Anna Ramos Ayats…

Y a ti, que estás leyendo este libro, gracias.

BIBLIOGRAFÍA

AGUNDEZ del CASTILLO, S., «Mis hermanas las putas». *Pikara Magazine*. Recuperado de *https://www.pikaramagazine.com/2018/05/mis-hermanas-las-putas/* (19 de mayo de 2018).

AKIRA, A., *Insatiable: Porn - A Love Story* [«Insaciable: Porno - Una historia de amor»]. Grove Press, Nueva York, 2014.

ALBORCH, C., *Malas: Rivalidad y complicidad entre las mujeres*. Aguilar, Madrid, 2002.

AMNISTÍA INTERNACIONAL, «Harmfully isolated: Criminalizing sex work in Hong Kong» [archivo PDF]. Recuperado de *https://www.amnesty.org/download/Documents/ASA1741442016ENGLISH.PDF* (2016).

— «Lo que hago no es un delito: El coste humano de penalizar el trabajo sexual en la ciudad de Buenos Aires» [archivo PDF]. Recuperado de *https://www.amnesty.org/download/Documents/AMR1340422016SPANISH.PDF* (2016).

— «Outlawed and abused: Criminalizing sex work in Papua New Guinea» [archivo PDF]. Recuperado de *https://www.amnesty.org/download/Documents/ASA3440302016ENGLISH.PDF* (2016).

— «The human cost of "crushing" the market: Criminalization of sex work in Norway» [archivo PDF]. Recuperado de *https://www.amnesty.org/download/Documents/EUR3641302016ENGLISH.PDF* (2016).

ATWOOD, M., *El cuento de la criada* (trad. de E. Mateo). Salamandra, Barcelona, 2017 (obra original publicada en 1985).

BARBA, A. y MONTES, J., *La ceremonia del porno*. Anagrama, Barcelona, 2007.

BERGER, J., *Modos de ver* (trad. de J. González Beramendi). Gustavo Gili, Barcelona, 2005 (obra original publicada en 1972).

BLANCO, M., *Afrodita desenmascarada*. Deusto, Barcelona, 2017.

BROWNMILLER, S., *Contra nuestra voluntad: hombres, mujeres y violación* (trad. de S. Constante). Planeta, Barcelona, 1981 (obra original publicada en 1975).

CHRISTIE, B., *Un libro para ellas* (trad. de R. da Costa). Anagrama, Barcelona, 2017 (obra original publicada en 2015).

DASHA, RUIZ JEREZANO, C. y HIERRO, G., *La mujer y la soledad* [Estudios de género]. Facultad de Filosofía y Letras de la Universidad Autónoma de Nuevo León, 1999.

DE MIGUEL, A., *Neoliberalismo sexual.* Cátedra, Madrid, 2015.

DEFENSOR DEL PUEBLO, EL, «La trata de seres humanos en España: Víctimas invisibles» [archivo PDF]. Recuperado de *https://ec.europa.eu/anti-trafficking/sites/antitrafficking/files/human_trafficking_in_spain_invisible_victims_es_2.pdf* (2012).

DESPENTES, V., *Teoría King Kong* (trad. de B. Preciado). Melusina, Barcelona, 2007 (obra original publicada en 2006).

DOLERA, L., *Morder la manzana.* Planeta, Barcelona, 2018.

DUNHAM, L., *Not That Kind of Girl* [«No soy ese tipo de chica»]. Penguin Random House, Nueva York, 2014.

EASTON, D. y HARDY, J. W., *Ética promiscua* (trad. de M. Vagalume). Melusina, Barcelona, 2013 (obra original publicada en 2009).

FOLLETT, K., *Los pilares de la tierra*, Plaza & Janés, Barcelona, 1989.

GRANT, M. G., *Playing the Whore: The Work of Sex Work* [«Haciendo de puta: La labor del trabajo sexual»]. Verso Books, Londres, 2014.

GRETA, «Report concerning the implementation of the Council of Europe Convention on Action against Trafficking in Human Beings by Spain» [archivo PDF]. Recuperado de *https://rm.coe.int/greta-2018-7-frg-esp-en/16808b51e0* (2018).

HAWKINS, R. D., *Dejar ir: El camino de la entrega* (trad. de M. Iribarren Berrade). El Grano de Mostaza, Barcelona, 2014 (obra original publicada en 2012).

HOUSTON, N., *Reflejos en el ojo de un hombre* (trad. de N. Sobregués). Galaxia Gutenberg / Círculo de Lectores, Barcelona, 2013 (obra original publicada en 2012).

HUSCHKE, S. y SCHUBOTZ, D., «Commercial sex, clients and Christian morals: Paying for sex in Ireland». *SAGE Journal, 19* (7), 869-887. Recuperado de *https://doi.org/10.1177/1363460716638094* (2016).

ILO, «Special Action Programme to combat Forced Labour (SAP-FL)» [archivo PDF]. Recuperado de *https://www.ilo.org/wcmsp5/groups/public/---ed_norm/---declaration/documents/publication/wcms_203832.pdf* (2013).

JAMES, E. L., *Cincuenta sombras de Grey*, Random House, Barcelona, 2015.

JEFFERS, S., *Aunque tenga miedo, hágalo igual* (trad. de L. Mirlas). Swing, Barcelona, 2007 (obra original publicada en 2007).

LAMAS, M., «Feminismo y prostitución: la persistencia de una amarga disputa» *Debate Feminista*, *51*, 18-35. Recuperado de *https://doi.org/10.1016/j.df.2016.04.001* (2016).

MCCLELLAND, S. I., «Intimate Justice: A Critical Analysis of Sexual Satisfaction». *Social and Personality Psychology Compass*, *4* (9), 663-680. Recuperado de *https://doi.org/10.1111/j.1751-9004.2010.00293.x* (2010).

MERNISSI, F., *El harén en Occidente* (trad. de I. Belaustegui Trías). Espasa Calpe, Madrid, 2013 (obra original publicada en 2000).

MESTRE, R. [Prostitutas Sevilla], «Ruth Mestre: Trabajo sexual y trata - o por qué hay que discutir sobre el concepto de explotación» [archivo de vídeo]. Recuperado de *https://youtu.be/_-qhUsCq0zQ* (12 de diciembre de 2019).

MILLER, A., «La guía responsable para hablar del trabajo sexual en los medios» [archivo PDF]. Recuperado de *https://drive.google.com/drive/u/3/folders/1G9Vng9ZGi7Ah8fvxmUj04kfhJmtBkNhU* (2018).

MIZRAHI, L., *Las mujeres y la culpa*. Grupo Editor Latinoamericano, Buenos Aires, 2003.

MORAN, C., *Cómo ser mujer* (trad. de M. Salís Cansa). Anagrama, Barcelona, 2013 (obra original publicada en 2011).

MOSCACOJONERA. «¿Se le puede poner límites a otra persona en una relación poliamorosa?» [publicación del blog]. Recuperado de *http://www.golfxs-conprincipios.com/lamoscacojonera/se-le-puede-poner-limites-a-otra-persona-en-una-relacion-poliamorosa/* (30 de agosto de 2016).

O'CONNELL DAVIDSON, J., «Will the real sex slave please stand up?». *Feminist Review, 83,* 4-22. Recuperado de *https://doi.org/10.1057/palgrave.fr.9400278* (2006).

OLSON, B. [BreeOlson], «To all the young women that are interested in getting into porn». Twitter (17 de junio de 2015).

PALENCIANO JÓDAR, P., «No solo duelen los golpes» [archivo de vídeo]. Recuperado de *https://youtu.be/VjZ_127lIuk* (9 de febrero de 2017)..

PANERO, L. M., «Diario de un seductor». *El que no ve.* Recuperado de *https://verseando.com/blog/diario-de-un-seductor-leopoldo-maria-panero/* (1980).

PERRY, G., *La caída del hombre* (trad. de A. Echevarría). Malpaso Ediciones, Barcelona, 2018 (obra original publicada en 2016).

REDLICH, R., «¿En qué consiste el modelo proderechos en prostitución?». *Revista Contexto* (246). Recuperado de *https://ctxt.es/es/20191106/Politi-*

ca/29352/Raj-Redlich-prostitucion-regulacion-proderechos-abolicion.htm (6 de noviembre de 2019).

SALAZAR. O., *El hombre que no deberíamos ser*. Planeta, Barcelona, 2018.

SERRA, C., *Leonas y zorras.* Catarata, Madrid, 2018.

— «Deseo y consentimiento no siempre coinciden». *Revista Contexto*, (178). Recuperado de *https://ctxt.es/es/20180718/Firmas/20900/Clara-Serra-tribuna-feminismo-consentimiento-violencia-machista.htm* (23 de julio de 2018).

— «Hegemonía y deseo». *La Circular.* Recuperado de *https://www.lacircular.info/index.html%3Fp=577.html* (3 de agosto de 2015).

SOLÁ, M. y URKO, E., *Transfeminismos: Epistemes, fricciones y flujos.* Txalaparta, Navarra, 2013.

SONTAG, S., *Contra la interpretación y otros ensayos* (trad. de H. Vázquez Rial). Debolsillo, Barcelona, 1984 (obra original publicada en 1966).

SORTZEN CONSULTORÍA S. L., «Agresiones sexuales: Cómo se viven, cómo se entienden». [Estudio cualitativo exploratorio realizado en la Comunidad Autónoma de Euskadi, Departamento de Interior-Gobierno Vasco] [archivo PDF]. Recuperado de *http://www.emakunde.euskadi.eus/contenidos/informacion/violencia_guias/es_def/adjuntos/pub.agresiones.sexuales.como.viven.cas.pdf* (2011).

SPRINKLE, A. y CODY, G. (Eds.), *Hardcore from the heart* [«Duro desde el corazón»]. Continuum International Publishing Group, Londres, 2001.

TAORMINO, T., *Opening up* (trad. de M. Vagalume). Melusina, Barcelona, 2015 (obra original publicada en 2008).

TED, *The laws that sex workers really want: Juno Mac* [archivo de vídeo]. Recuperado de *https://www.youtube.com/watch?v=vc-n852sv3E* (13 de junio de 2016).

UNAMUNO, M. DE, *La tía Tula,* Austral, Madrid, 2010.

UNODC, «Trata de personas hacia Europa con fines de explotación sexual» [archivo PDF]. Recuperado de *https://www.unodc.org/documents/publications/TiP_Europe_ES_LORES.pdf* (2010).

VELOCCI, C. [Ipar Hegoa Fundazioa], «Trabajo sexual: ¿Criminalización o reconocimiento? #01 Clarisa Velocci» [archivo de vídeo]. Recuperado de *https://youtu.be/6HqdvNa695M* (25 de noviembre de 2019).

WOLF, N., *El mito de la belleza* (trad. de L. Moreno). Salamandra, Barcelona, 1992 (obra original publicada en 1990).

WOOLF, V., *Una habitación propia* (trad. de L. Pujol). Seix Barral, Barcelona, 1986 (obra original publicada en 1929).

ZIGA, I., *Devenir perra*. Melusina, Barcelona, 2009.